揚巻
助六
歌舞伎の
世界がますます
好きになる!

# マンガでわかる歌舞伎

監修:漆澤その子 イラスト:永田ゆき
マンガでわかる歌舞伎編集部:編

# もくじ

## この本の読み方

• 大きく「PARTⅠ 歌舞伎を観る前に」と「PARTⅡ 50演目を観てみよう」の2つに分かれています。

• PARTⅠでは、歌舞伎の基本的な知識をまとめました。

• パートⅡでは、現在、比較的上演が多いことを前提に、歌舞伎を知る上で知ってほしいといった視点も持ち合わせて50演目を選びました。そして、それぞれのあらすじ、鑑賞ポイント、豆知識などを紹介しています。

• パートⅡでは、上段約4分の3がマンガ、下段約4分の1が解説文という構成になっています。マンガで大まかなあらすじや鑑賞ポイントなどを紹介し、解説文で作品の概要などより詳しいことが分かるようにしました。

• パートⅡの各演目ページで、その演目を知る上で大切な用語などは、パートⅠや他の演目で紹介・説明していても再度紹介・説明しています。

• 本書は、「興味はあるけれど歌舞伎は難しそう……」と感じている方にも親しみを持っていただけるような内容を目指しました。一方で、歌舞伎をより楽しむための知識・情報を提供することも目指しました。

• 本書が、一人でも多くの方にとって「歌舞伎を観たい!」と思うきっかけになるなら、歌舞伎ファンの一人としてこんなに嬉しいことはありません。

# PART I

# 歌舞伎を観る前に

# 1 演目の種類を知ろう

えっーと
歌舞伎座
「歌舞伎三大名作の一つ『義経千本桜《よしつねせんぼんざくら》』は、時代物《じだいもの》の義太夫狂言《ぎだゆうきょうげん》」…どーゆー意味だにゃ？
ジダイモノ？
ギダユウキョウゲン？
歌舞伎
せっかく歌舞伎座に迷いこんだんだから歌舞伎を観ようと思ったけど、作品の説明でいきなりわけ分かんない…
観ても難しいんだろうにゃ～
ポイ
帰るか
テンテンテンテン
ちょっと待った、お若いのぉ～
!?
歌舞伎のジャンルは時代物、世話物《せわもの》、舞踊《ぶよう》の三つに大きく分けられるにゃん
3つ
歌舞伎のジャンル
世話物
舞踊
時代物
へぇー。で、時代物は？
平安時代
鎌倉時代
室町時代
安土桃山時代
江戸時代
時代物
世話物
時代物は江戸時代より古い時代を描いた話。それに対する世話物は江戸時代の町人や庶民の世界を描いた話だにゃん
舞踊の説明とか、詳しくは下でね
ジャンルの分け方を知っていると、時代物っていう難しそうな言葉も、それを見ただけで内容が分かるようににゃるだろ？
うん、そうかも！
はっ、ところで、だれ？

## 内容で分類

**代表的な分け方**

歌舞伎の演目は、その切り口でいろいろな分け方がある。中でも代表的なのは、**作品の内容による分類**だ。

**①時代物《じだいもの》**

江戸時代以前、厳密には織田信長より前の時代の**公家や武家社会を描いた**もの。格式のある歌舞伎の様式を堪能できるのが魅力でもある。

**・江戸の出来事なのに時代物？**

江戸時代の人から見た、同時代の武家社会に起こった事件をそのまま劇化することは、幕府にはばかられていた。そこで、古い時代に置き換えて作品が作られた。例えば、赤穂浪士の討ち入り事件を題材にした**『仮名手本忠臣蔵《かなでほんちゅうしんぐら》』**は足利時代、仙台藩のお家騒動を題材にした**『伽羅《めいぼく》**

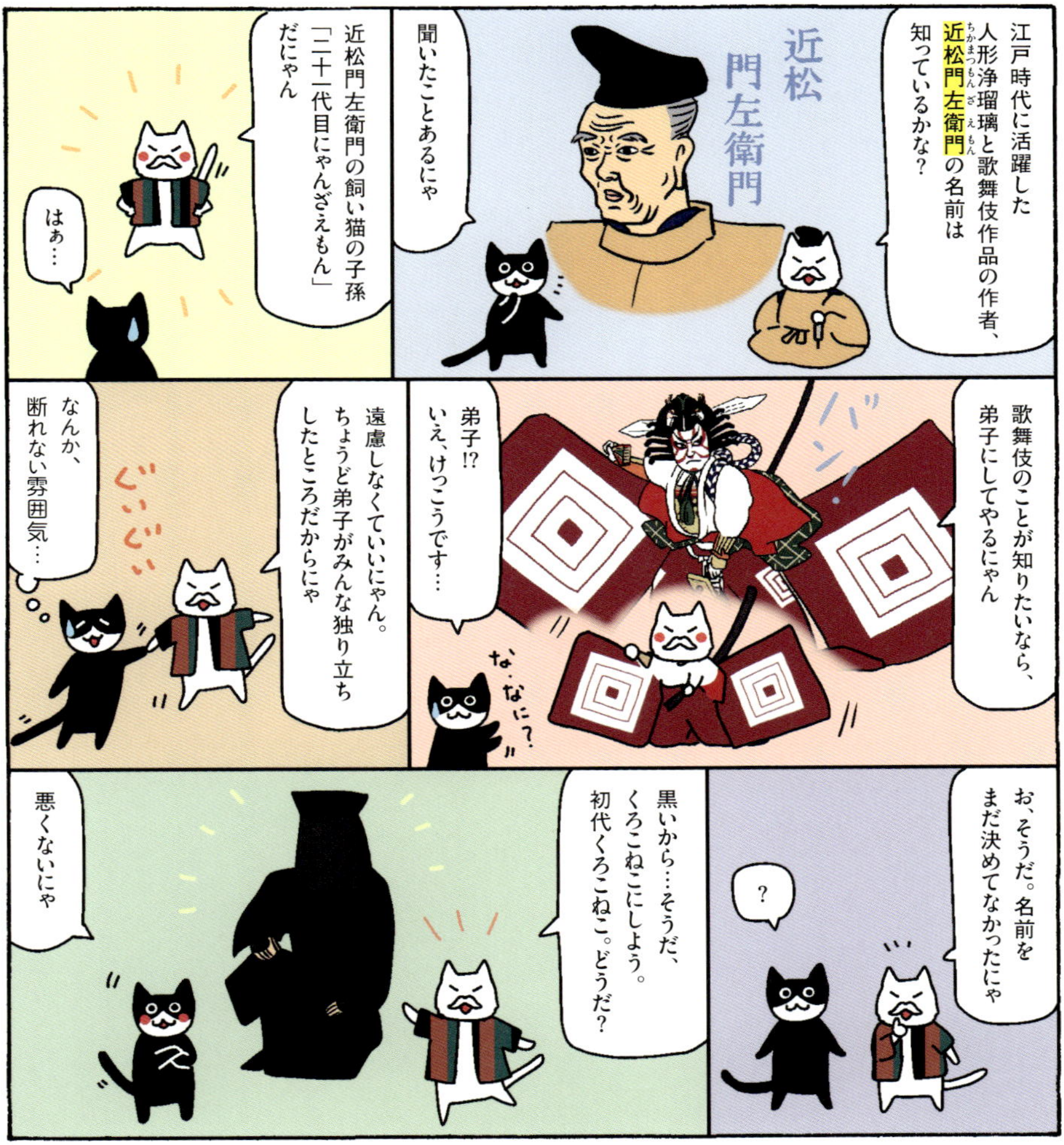

江戸時代に活躍した人形浄瑠璃と歌舞伎作品の作者、近松門左衛門《ちかまつもんざえもん》の名前は知っているかな？
近松門左衛門
聞いたことあるにゃ
近松門左衛門の飼い猫の子孫「二十一代目にゃんざえもん」だにゃん
はぁ…
歌舞伎のことが知りたいなら、弟子にしてやるにゃん
バン
な、なに？
弟子!? いえ、けっこうです…
遠慮しなくていいにゃん。ちょうど弟子がみんな独り立ちしたところだからにゃ
なんか、断れない雰囲気…
お、そうだ。名前をまだ決めてなかったにゃ
？
黒いから…そうだ、くろこねこにしよう。初代くろこねこ。どうだ？
悪くないにゃ

先代萩《せんだいはぎ》』は鎌倉時代に置き換え、法の目をくぐって上演された。

主な演目：『義経千本桜《よしつねせんぼんざくら》』『仮名手本忠臣蔵』『菅原伝授手習鑑《すがわらでんじゅてならいかがみ》』など。

**②世話物《せわもの》**

江戸の町人や庶民の世界を描いたもの。江戸時代の現代劇なので、ストーリーやセリフが分かりやすい。侠客《きょうかく》や遊女《ゆうじょ》など当時の風俗が分かるのも面白さの一つ。元禄期に活躍した近松門左衛門以降、心中事件のような世間を騒がせた実際の事件を劇化することも増えていく。

主な演目：『曽根崎心中《そねざきしんじゅう》』『四谷怪談』『白浪五人男《しらなみごにんおとこ》』など。

**③舞踊《ぶよう》**

踊りを主体にしたもので、歌舞伎舞踊は、舞踊の要素を独立させて発展してきた。演劇と踊りを様式化した美しさが魅力。

主な演目：『鏡獅子《かがみじし》』『鷺娘《さぎむすめ》』『藤娘《ふじむすめ》』『紅葉狩《もみじがり》』『娘道成寺《むすめどうじょうじ》』など。

「『義経千本桜《よしつねせんぼんざくら》』は、時代物《じだいもの》の義太夫狂言《ぎだゆうきょうげん》」。えーと、時代物ということは、江戸時代より前の時代の話ってことだよにゃ
信長以前
ふむ ふむ
歌舞伎
その通り！のみこみが早いにゃん
ところで、義太夫狂言は？
人形浄瑠璃《にんぎょうじょうるり》※1の作品を歌舞伎にしたものだにゃん
人形浄瑠璃は義太夫節※2の演奏で演じられるんだけど、人形浄瑠璃作品を歌舞伎にするとき、内容だけでなく義太夫節も取り入れたにゃん
義太夫
そもそも歌舞伎では、物語の要素が強い作品を「狂言《きょうげん》」というにゃんよ
義太夫＋狂言＝義太夫狂言
なるほどー！
義太夫節を作ったのは元禄期に活躍した竹本義太夫《たけもとぎだゆう》という人で、その人と近松門左衛門が組んで次々ヒットを出したにゃん
近松門左衛門
竹本義太夫
ヒット連発！
えっへん
ほう ほう
近松の死後も人形浄瑠璃は大流行したんだな。その人気にあやかって、十八世紀半ば頃、たくさん歌舞伎化されたにゃんよ
『義経千本桜』の初演は一七四八年だから…まさに、この時代だにゃ
ぺら
歌舞


## 作られた経緯で分類

**① 義太夫狂言《ぎだゆうきょうげん》**

人形浄瑠璃《にんぎょうじょうるり》の作品を歌舞伎化したもので丸本物《まるほんもの》とも言う。

主な演目：『仮名手本忠臣蔵《かなでほんちゅうしんぐら》』『菅原伝授手習鑑《すがわらでんじゅてならいかがみ》』『義経千本桜《よしつねせんぼんざくら》』『夏祭浪花鑑《なつまつりなにわかがみ》』『本朝廿四孝《ほんちょうにじゅうしこう》』

**・人形浄瑠璃※1**

太夫（語り手）・三味線・人形遣《つか》いで成り立っている伝統芸能の一つ。竹本義太夫《たけもとぎだゆう》による義太夫節《ぎだゆうぶし》と近松門左衛門《ちかまつもんざえもん》の作品のコラボレーションで、人形浄瑠璃は大人気となる。

近松門左衛門死後の18世紀半ばになると、全盛期を迎えた。

その後は衰退し、明治時代、大阪の文楽座《ぶんらくざ》が唯一の人形浄瑠璃の劇場となり、「文楽」が人形浄瑠璃の代名詞のようになった。

歌舞伎作品は四百くらいあるんだけど、そのうち三割は義太夫狂言にゃんだ
義太夫狂言
3割
歌舞伎作品
四百！
えっ、そっちの数字（汗）
実際上演されているのは、百くらいだにゃん
それでも多いにゃ
人形浄瑠璃って人形だよね。それを人間が演じる歌舞伎に移せるのかにゃ？
ほぉ、いいところに気がついた
人形浄瑠璃の人形は動きだけで、セリフも状況描写も義太夫節で語られる
・・・
動きだけ
セリフ、状況描写
人形浄瑠璃
だけど歌舞伎では、登場人物の心情とか状況描写は義太夫節が語るけど、たいていのセリフは役者がしゃべるようしたにゃんよ
セリフ
心情 状況描写
義太夫節の演奏と役者の演技がからみ合う演出が、義太夫狂言のおもしろさでもあるにゃん
歌舞伎
義太夫狂言に対して、歌舞伎オリジナル作品は「純歌舞伎《じゅんかぶき》」と言うこともあるにゃん
歌舞伎作品
義太夫狂言
純歌舞伎
例えば、義太夫狂言には時代物があれば世話物もある。歌舞伎オリジナルの純歌舞伎にも時代物があれば世話物もある、ということかにゃ？
おっ、さすが私の弟子。他にも知っていれば歌舞伎の世界を理解しやすいジャンル分けがあるから、次ページでまとめて見てみよう
テンテンテン
おー！

**・義太夫節** ※2

浄瑠璃（三味線を伴奏楽器として太夫が語る音曲）の一種で、人形芝居と結びついた劇音楽ともなっている。竹本義太夫の名を取り「義太夫節」と呼ばれる。

**・義太夫節を演奏する「竹本《たけもと》」**

歌舞伎では義太夫節を演奏する人を「竹本」と呼ぶ。義太夫狂言では、登場人物のセリフは役者自身が語るが、状況説明などは竹本が担当している。

**②純歌舞伎**

歌舞伎のために作られた作品。古くは**歌舞伎十八番**のような作品から、幕末から明治にかけて活躍した河竹黙阿弥による**白浪物**（盗賊を主人公にした作品）と呼ばれる作品群まで多様にある。

主な演目：**『助六《すけろく》』『暫《しばらく》』『四谷怪談』『桜姫』『切られ与三《よさ》』『白浪五人男』**

# 1　演目の種類を知ろう

ジャンルでは時代物と
世話物が代表的だけど、
さらに作品の特徴などで分けた
「〜物」と呼ばれるジャンルが
他にもあるにゃん

### 王朝物
（おうちょうもの）

時代物の中でも平安時代までの歴史物語を題材にした作品は、「王朝物（おうちょうもの）」または「王代物（おうだいもの）」と呼ばれる場合がある。

**主な演目**：『吉野川（よしのがわ）』『菅原伝授手習鑑（すがわらでんじゅてならいかがみ）』

### 曽我物
（そがもの）

鎌倉時代に曽我兄弟が父の敵・工藤祐経（くどうすけつね）を討った仇討ち事件を題材にした作品。江戸時代の江戸では、正月に曽我物を上演するのが慣わしだった。

**主な演目**：『対面（たいめん）』『矢の根（やのね）』『外郎売（ういろううり）』『助六（すけろく）』

→曽我兄弟の
弟・五郎
（『対面』）
←曽我兄弟の
兄・十郎
（『対面』）

### 松羽目物
（まつばめもの）

松羽目は、能舞台をまねて舞台の正面に老松（おいまつ）を描いた舞台装置のこと。能や狂言をもとにした松羽目が使われる舞踊のことを松羽目物と呼ぶ。

**主な演目**：『勧進帳（かんじんちょう）』『船弁慶（ふなべんけい）』『土蜘（つちぐも）』『身替座禅（みがわりざぜん）』

いろいろあるから
自分の好みの演目も
きっと見つかるにゃ
←根付きの
老松
↓臆病口
（おくびょうぐち）という
小さな引き戸

↑五人男が勢ぞろい
（『白浪五人男』）

特徴が分かると
おもしろいにゃ

### 白浪物
（しらなみもの）

盗賊のことを白浪と言うことから、盗賊を主人公とした作品を白浪物と呼ぶ。幕末期に流行し、河竹黙阿弥の作品で知られる。
**主な演目**：『白浪五人男（しらなみごにんおとこ）』『三人吉三（河竹黙阿弥）

### 心中物
（しんじゅうもの）

心中や情死を題材にしたジャンル。近松門左衛門の作品で知られる。
**主な演目**：『曽根崎心中（そねざきしんじゅう）』『心中天網島（しんじゅうてんのあみじま）』（近松門左衛門）

←桜姫と権助
（『桜姫』）

→梅川と忠兵衛
（『新口村』）

### 生世話物
（きぜわもの）

世話物の中でも特に、写実的な演技や演出が特徴で、当時の庶民の生活がリアルに描写されている。鶴屋南北（つるやなんぼく）や河竹黙阿弥（かわたけもくあみ）が作りあげた。
**主な演目**：『四谷怪談』『桜姫』（鶴屋南北）、『三人吉三（さんにんきちさ）』『切られ与三（きられよさ）』（河竹黙阿弥）

### 「新歌舞伎」と呼ばれるジャンル

明治26年に河竹黙阿弥が亡くなると、歌舞伎専門の有力な作者が現れなかったため、小説家などが作品を手掛けるようになった。
**主な演目**：『修禅寺物語（しゅぜんじものがたり）』『番町皿屋敷（ばんちょうさらやしき）』（岡本綺堂（おかもときどう））、『桐一葉（きりひとは）』（坪内逍遙（つぼうちしょうよう））、『一本刀土俵入（いっぽんがたなどひょういり）』（長谷川伸（はせがわしん））、『元禄忠臣蔵（げんろくちゅうしんぐら）』（真山青果（まやませいか））。

←竹の絵
↓五色の揚幕
（あげまく）

明治中期から
昭和初期にかけて、
劇場とは関係のない
外部の作者たちが書いた
作品のことを
「新歌舞伎」というにゃん

# 2 登場人物は見た目が9割?

時代物と世話物、最初に観るのはどっちがいいかにゃ〜
ワクワク
世話物はセリフが話し言葉だったりするから分かりやすい、ってよく言われるにゃんよ
時代物は難しいってこと?
だいじょうぶ。歌舞伎は物語を理解しやすいように役柄がパターン化されているにゃん
特に時代物は様式化が進んでいるから、見た目で役柄が分かりやすいにゃん。例えば、隈取《くまどり》※1
パッ
隈取は歌舞伎独特の化粧法で、大きくは、赤は正義、青（藍色）は悪、茶は人間以外の不気味な役に使われるにゃん
←『暫』の権五郎
赤
青
←『紅葉狩』の鬼女
←『菅原伝授手習鑑』の藤原時平
茶
歌舞伎では、善人の男性役は立役《たちやく》、悪人は敵役《かたきやく》と呼ぶにゃんよ
立役
敵役
ドキドキ
じゃ、赤の隈取は立役で、青の隈取は敵役だにゃ

## 見た目で分かる役柄

### 役柄の個性がわかる隈取《くまどり》※1

初代市川團十郎が人形浄瑠璃をヒントに、顔の血管や筋肉を誇張するために創作したのが始まり。二代目市川團十郎が、牡丹の花をヒントに「ぼかし」という技法を考案するとデザインは洗練され、現在五十種類はあると言われている。

### 江戸の荒事《あらごと》、上方の和事《わごと》

**荒事**は荒武者事の略で、元禄期、初代市川團十郎に始まる演技スタイル。誇張された扮装、派手な隈取、大きな見得のポーズが特徴で、舞台は豪快で力強い。

江戸の荒事に対するのが、上方（京都・大坂）で誕生した**和事**と呼ばれる演技スタイル。女性的でやわらかい芸風が特徴。元禄期、初代坂田藤十郎によって完成した。

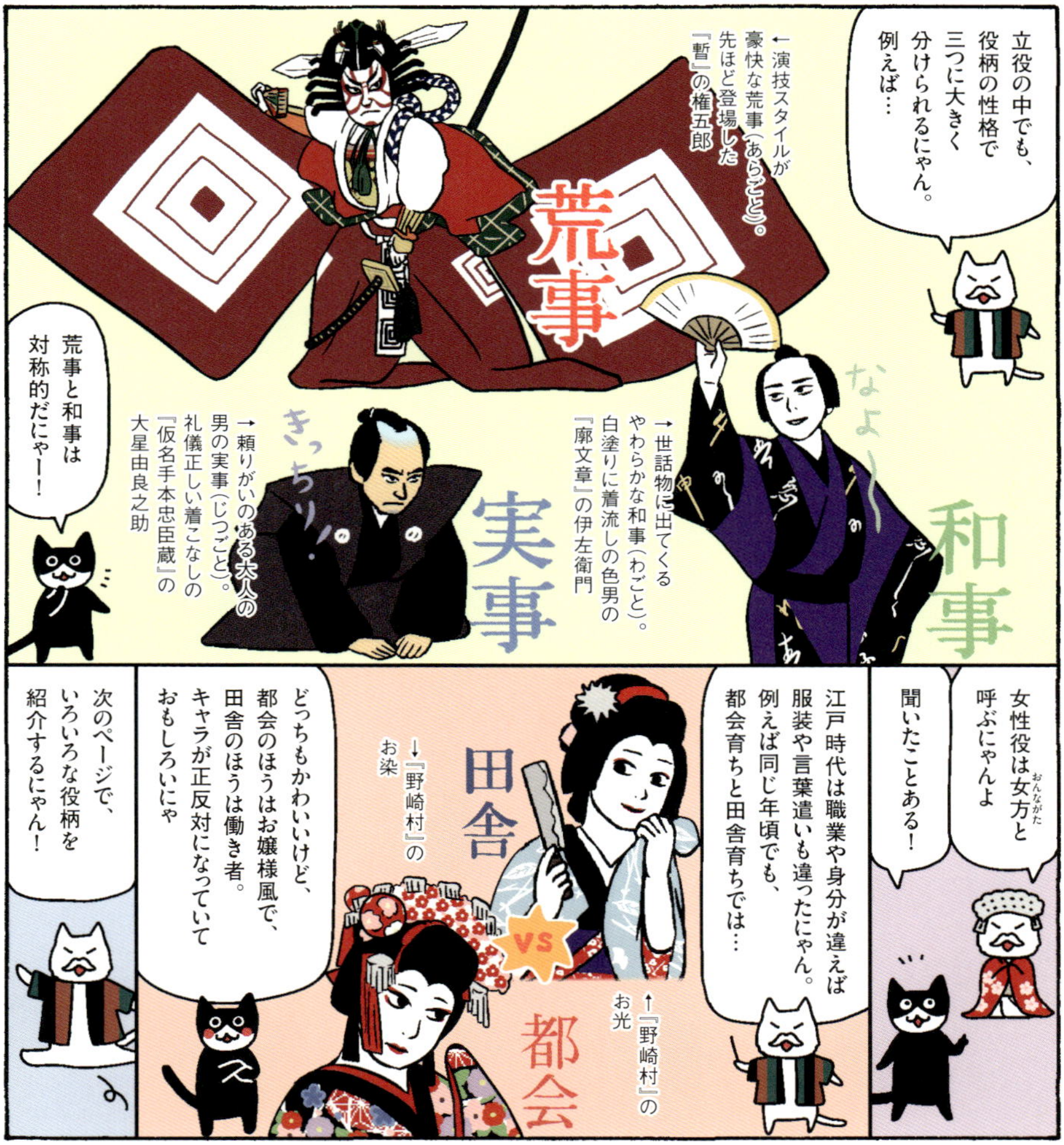
立役の中でも、役柄の性格で三つに大きく分けられるにゃん。例えば…
←演技スタイルが豪快な荒事（あらごと）。先ほど登場した『暫』の権五郎
荒事
なよ～
和事
→世話物に出てくるやわらかな和事（わごと）。白塗りに着流しの色男の『廓文章』の伊左衛門
→頼りがいのある大人の男の実事（じつごと）。礼儀正しい着こなしの『仮名手本忠臣蔵』の大星由良之助
きっちり!!
実事
荒事と和事は対称的だにゃー！
女性役は女方《おんながた》と呼ぶにゃんよ
聞いたことある！
江戸時代は職業や身分が違えば服装や言葉遣いも違ったにゃん。例えば同じ年頃でも、都会育ちと田舎育ちでは…
↑『野崎村』のお光
都会
VS
田舎
↓『野崎村』のお染
どっちもかわいいけど、都会のほうはお嬢様風で、田舎のほうは働き者。キャラが正反対になっていておもしろいにゃ
次のページで、いろいろな役柄を紹介するにゃん！

**役柄と役者の関係**

一座で最高位の役者は座頭《ざがしら》役者と呼ばれた。座頭役者が演じるのは立役か、敵役の「実悪《じつあく》」や「公家悪《くげあく》」。一方、女方のトップは立女方《たておやま》と呼ばれている。「傾城《けいせい》」や「片はずし」を演じる。

**歌舞伎ならではの「女方」はこうして誕生した**

江戸時代初期、出雲の阿国《おくに》の「かぶき踊り」が人気を呼ぶと、それにあやかって遊女などによる「女歌舞伎」が流行する。風俗が乱れるという理由で幕府から禁止されてしまうと、今度は少年だけの「若衆歌舞伎」が流行。それも風俗の乱れを理由に禁止されたため、成人男性だけの「野郎歌舞伎」が始まった。若衆歌舞伎のときも女性役を演じる役者はいたが、野郎歌舞伎では女性らしさを表現する技術が磨かれるようになり、今日の女方へと発展していく。

# 2　登場人物は見た目が9割？

## 男性編

**〔立役 主な3タイプ〕**

### 理想の上司キャラ
### 実事（じつごと）

『仮名手本忠臣蔵』の由良之助が代表的。その他、『実盛物語』の斉藤実盛など。

### 二枚目のダメ男
### 和事（わごと）

商家の若旦那が落ちぶれていく…という設定が多い。『廓文章』の伊左衛門の他、『河庄（かわしょう）』の治兵衛など。また、『菅原伝授手習鑑』の桜丸は時代物の和事。

### 正義のヒーロー
### 荒事（あらごと）

超人的な力で悪を倒す設定が多い。『暫』の権五郎の他、『対面』の曾我五郎、『菅原伝授手習鑑』の梅王丸など。

**〔敵役《かたきやく》 主な3タイプ〕**

### 公家のように身分の高い悪人 公家悪（くげあく）

『暫』の清原武衡、『菅原伝授手習鑑』の藤原時平など。

### 悪だけど魅力たっぷりの二枚目 色悪（いろあく）

鶴屋南北作品に登場し、江戸時代後期に完成した敵役。『四谷怪談』の伊右衛門、『かさね』の与右衛門など。

### 天下を狙う大物の悪（わる） 実悪（じつあく）

『伽羅先代萩（めいぼくせんだいはぎ）』の仁木弾正、『金閣寺』の松永大膳が代表的。国を乗っ取ろうとする実悪は国崩（くにくず）しとも呼ばれる。

←「公家荒れ」と呼ばれる青い隈取

清原武衡（『暫』）

↑長い髪を後ろに垂らした「王子（おうじ）」と呼ばれる鬘

←白塗り

←黒紋付の浪人姿

伊右衛門（『四谷怪談』）

↓「燕手（えんで）」と呼ばれるツバメのように両側に張り出した鬘（かつら）

←白塗り

仁木弾正（『伽羅先代萩』）

悪人の家来や手下は、赤《あか》っ面《つら》というにゃん。『暫』の成田五郎や『俊寛』の瀬尾太郎が代表的だにゃん

成田五郎（『暫』）

キレイだにゃ!

## 女性編

**〔オトナの女 主な3タイプ〕**

### 御殿女中や武家女房 片はずし

武家屋敷で働く御殿女中や武家女房の典型的な髪型を「片はずし」と呼ぶことから、この役柄のことも同様に呼ぶようになった。立役に匹敵する立女方の役どころで、時代物によく登場する。『伽羅先代萩』の政岡、『仮名手本忠臣蔵』の戸無瀬など。

↓「片はずし」と呼ばれる髷

政岡（『伽羅先代萩』）

### 色香と品格を兼ね備えた 傾城（けいせい）

江戸時代の傾城（位の高い遊女）は、きちんと教育も受けたハイクラス層。代表的なのは『助六』の揚巻、『籠釣瓶（かごつるべ）』のハツ橋など。

↓伊達兵庫（だてひょうご）という傾城の髪型

揚巻（『助六』）

→簪（かんざし）や櫛（くし）など20本近い髪飾り

←俎板帯（まないたおび）は花魁道中の正装。揚巻の俎板帯には端午の節供を表す鯉の滝登りが刺繍されている

←金銀の御幣（ごへい）（割いた麻や切った紙を細長い木に挟んで垂らした捧物）をあしらった打掛（うちかけ）

↑三枚歯の下駄

石持《こくもち》は家紋を染めるところが
白丸になっている着物で、
身分の低い人や
事情があって身分を
隠している人が着るにゃん

無造作に差しているわけじゃなくて、
玉かんざし二本と、松葉のかんざし二本を
縦方向に差す決まりがあるにゃん

### 夫や親に尽くす 世話女房

『菅原伝授手習鑑』の戸浪が典型的。他に、『吃又（どもまた）』のおとく、『心中天網島』のおさん、『四谷怪談』のお岩など。

←石持（こくもち）は世話女房の典型的な衣裳。世話物の商家の女房の場合、丸髷に地味な着物が多い

戸浪（『菅原伝授手習鑑』）

# 3 「歌舞伎ならでは！」独特の演出

## オリジナル表現

演出にも、歌舞伎独特のものがいろいろあるにゃんよ
独特の演出？
？
有名なのは、演技をいったん止めてポーズをとる「見得《みえ》」
見得
ビシッ
→『勧進帳』の弁慶
重要な場面とか、登場人物の気持ちの高まりを表したいときに、行うにゃん
やり切った～
次に、歩いたり走ったりするときの手足の動きを、誇張して美しく表現したのが「六方《ろっぽう》」
六方
→大きく手を振って、足を力強く踏みながら歩く
六方は、右手と右足、左手と左足…と、同じ方向の手足を同時に動かすにゃんよ
むずかしそう…
ダン！

**見得の種類**

見得には多様な種類があり、場面などによって使い分けられる。中には、名称のついたものもある。

**元禄見得《げんろくみえ》**：荒事の典型的な見得の一つ。右手は水平に伸ばし、左手はひじを曲げて上にあげ、左足を大きく踏み出すポーズ。『**暫**』の鎌倉権五郎など。

**石投《いしな》げの見得**：石を投げたようなポーズ。『**勧進帳**』の弁慶など。

**柱巻《はしらま》きの見得**：建物の柱などに手足を巻きつけるポーズ。『**鳴神《なるかみ》**』の鳴《なる》神上人《かみしょうにん》など。

**天地《てんち》の見得**：一人は高い場所、もう一人は低い場所で、二人同時にポーズを決める。『**山門**』の石川五《ご》右衛門《えもん》と真柴久吉《ましばひさよし》など。

**不動《ふどう》の見得**：不動明王《ふどうみょうおう》のようなポーズ。『**鳴神**』の鳴神上人、『**勧進帳**』の弁慶など。

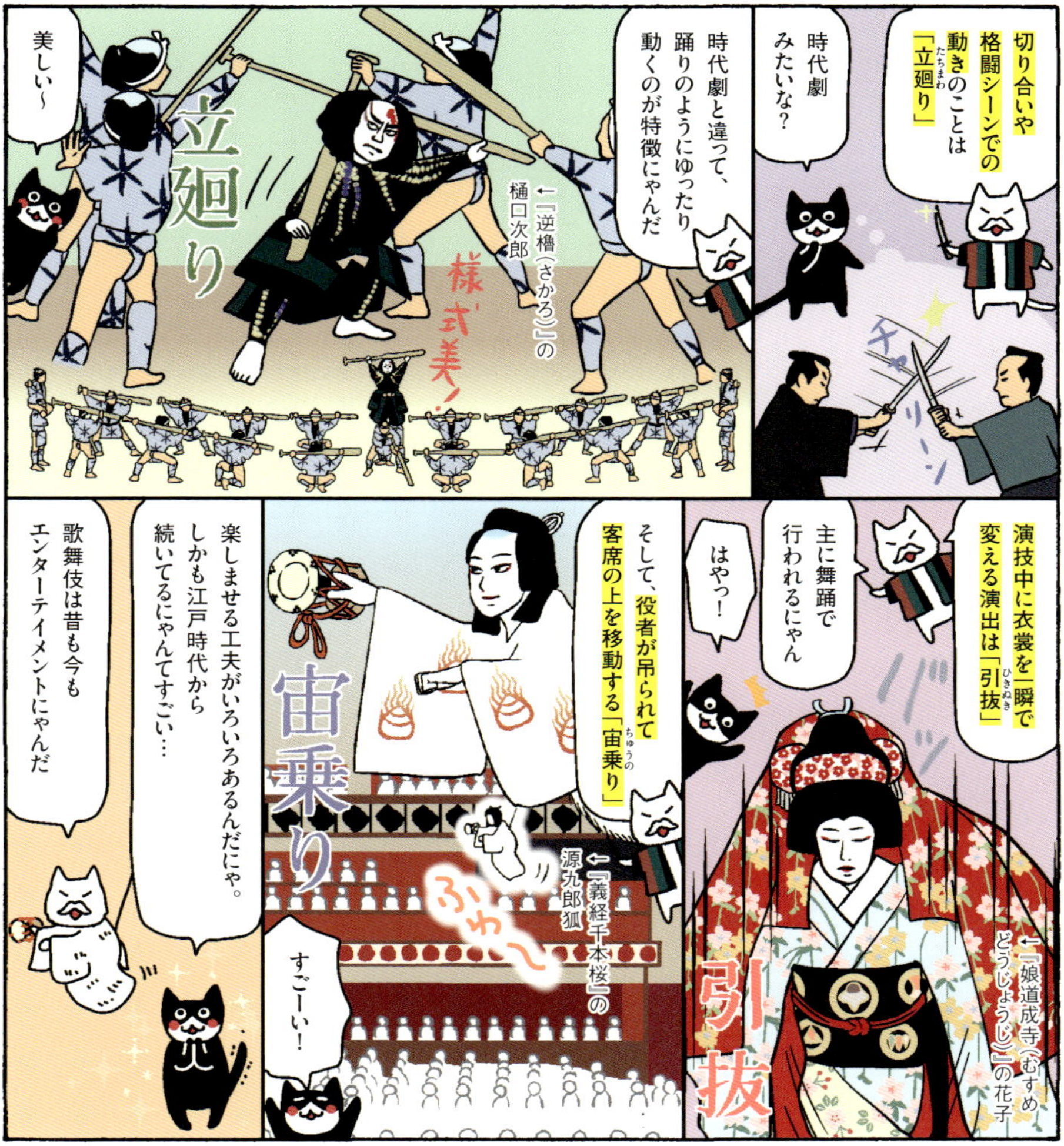
切り合いや格闘シーンでの動きのことは「立廻り《たちまわり》」
時代劇みたいな?
チャリーン
時代劇と違って、踊りのようにゆったり動くのが特徴にゃんだ
←『逆櫓（さかろ）』の樋口次郎
立廻り
様式美!
美しい～
演技中に衣裳を一瞬で変える演出は「引抜《ひきぬき》」
主に舞踊で行われるにゃん
はやっ!
バッ
←『娘道成寺（むすめどうじょうじ）』の花子
引抜
そして、役者が吊られて客席の上を移動する「宙乗り《ちゅうのり》」
←『義経千本桜』の源九郎狐
宙乗り
ふわ～
すごーい!
楽しませる工夫がいろいろあるんだにゃ。しかも江戸時代から続いてるにゃんてすごい…
歌舞伎は昔も今もエンターテイメントにゃんだ

**六方は、花道を通り引っ込むときに演じられる**

六方で知られるのが「飛び六方」。片手を大きく振り、足を勢いよく踏み鳴らしながら花道を引っ込む。『勧進帳』の弁慶や『鳴神』の鳴神上人が有名。その他、『義経千本桜』の源九郎狐《げんくろうぎつね》が狐のようなしぐさで花道を引っ込む「狐六方《きつねろっぽう》」も有名。

**引抜では後見が活躍**

あらかじめ衣裳を重ね着して仕付け糸で留めておき、直前に後見《こうけん》（舞台上で役者をサポートする人）が仕付け糸を抜き取ると、下に着ていた衣裳が現れるという仕組み。

**歌舞伎を代表する奇抜演出**

義太夫狂言で、役者が人形の動きをまねて演じる「人形振り《にんぎょうぶり》」も、歌舞伎独特の演出の一つ。人形振りや、引抜、宙乗りは、観客を驚かせる奇抜な演出を意味する「ケレン」と呼ばれる。

# 3 「歌舞伎ならでは!」独特の演出

## 裏方ジャンル

先輩だにゃ!
せっせ


↓『白浪五人男』で、役者が脱ぐ衣裳をたたんで片付ける黒衣

### 後見の役割の1つ
### 黒衣（くろご）

舞台上で役者をサポートする後見には、紋付袴（もんつきはかま）や裃（かみしも）姿で素顔を出している場合と、全身黒い衣で顔を隠している場合がある。舞台上で小道具を渡したり、衣裳の着替えを手伝ったり、演技をしやすいようにサポートする役割はどちらも同じ。

前者は、舞踊などの演目や『助六』などの様式性を重んじる演目などで見られる。一方、後者は特に黒衣（くろご）と呼ぶ。歌舞伎では、黒は見えないという約束事があるので、黒衣も舞台上では見えないことになっている。

雪や海の場面では黒い衣裳だと目立つから、白や水色に変えることもあるにゃん。その場合はそれぞれ「雪衣《ゆきご》」、「水衣《みずご》」と呼ぶにゃんよ
ひらひら


↑『鏡獅子』で蝶をあやつる後見

### 蝶などをあやつる
### 差金（さしがね）

蝶や鳥、火の玉などの小道具をあやつるために使う黒い棒のこと。差金をあやつるのも後見の役目。

# 変身ジャンル

←更科姫

←戸隠山の鬼女
（『紅葉狩』）

### まるで別人になる「ぶっかえり」

引抜の1つの手法。登場人物が隠していた本性を現すなど、その役の性格ががらりと変わったことを見た目にも表現する。衣裳の上半身部分を糸で留めておき、この糸を引き抜くと上半身の衣裳がパッと下に垂れ、一瞬で別の衣裳に替わったように見せる仕掛け。『関の扉（せきのと）』の関兵衛実は大伴黒主、『鳴神』の鳴神上人、『紅葉狩』の更科姫実は戸隠山の鬼女などが有名。

### キャラクターまで早替り

ひとりの役者が短時間で異なる役に変わること。単に衣裳を替えるだけでなく、キャラクターまですっかり変わって変身するのが見どころ。早替りが見られる代表的な演目は、『お染の七役（ななやく）』『伊達（だて）の十役（じゅうやく）』など。

『お染の七役』

「だんまりを決め込む」
「アイツの差し金か!」
「引退の花道を飾る」…とか。
歌舞伎の専門用語が
もとになっている言葉って
けっこうあるにゃんよ

# 場面ジャンル

### スローモーションで見せる「だんまり」

暗闇の中で宝などを手探りで奪い合う様子を見せる場面のこと。登場人物が何もしゃべらず、ゆったりと様式的に動くのが特徴。見得がストップモーションなのに対し、「だんまり」はスローモーションだ。暗闇を表す場合、照明を落として舞台を暗くするのが一般的だけれど、「だんまり」の場面はとても明るい。歌舞伎の照明は影を作らないという美意識があるためで、この独自の美意識から「だんまり」というユニークで美しい場面が生まれた。

『四谷怪談』

# 4 歌舞伎の音

歌舞伎の音楽もいろいろありそうだにゃぁ
でも、主な歌舞伎音楽は四つだにゃん
4っ
えっ、そうなの?
長唄《ながうた》、竹本《たけもと》、常磐津《ときわず》、清元《きよもと》。これらは、歌い物（三味線を伴奏に歌う）の長唄と、語り物（三味線を伴奏に語る）の竹本・常磐津・清元に、大きく分けられるにゃんよ
歌い物 長唄
語り物 竹本 常磐津 清元
フムフム
まずは長唄 赤い布をかけた雛壇《ひなだん》に、唄、三味線、太鼓、笛…の担当がずらりと並ぶ大編成だにゃん
ぴぃ〜
シャンシャン
←歌舞伎舞踊の人気曲『娘道成寺』
花の都は歌でやわらぐ
長唄
三味線には細棹《ほそざお》、中棹《ちゅうざお》、太棹《ふとざお》の三種類があって、長唄で使うのは細棹
明るいリズミカルな曲調で、風景描写が得意にゃんよ
花の吹雪は吉野山〜散りくる散りくる嵐山
他の竹本、清元、常磐津はみんな浄瑠璃の一派
浄瑠璃は、三味線の伴奏に合わせて太夫《たゆう》と呼ばれる語り手が、登場人物の心情や情景を語る劇場音楽だにゃん

## 歌舞伎音楽

**歌舞伎音楽の歴史**

江戸時代前期、**歌舞伎舞踊の音楽として長唄が登場**。歌舞伎舞踊は女方が中心だったが、江戸中期になると立役も演じるようになり、**常磐津の舞踊劇が流行**する。江戸後期には**清元が誕生し人気**を得た。

**竹本は「義太夫節《ぎだゆうぶし》」と言われ、人形浄瑠璃の音楽**として江戸時代初期に誕生。歌舞伎では竹本とも呼ばれ、義太夫狂言以外にも舞踊の音楽として演奏される場合もある。

**演奏する場所が決まっている**

長唄連中（連中は演奏者のこと）は正面の雛壇か、下手（舞台向かって左）の「**黒御簾《くろみす》**」と呼ばれるスペースに隠れて演奏する。太夫と三味線による二人編成の竹本は、上手（舞台に向かって右）の「**ぶん回し**（回転扉）」か、その上の「**床**」と呼ば

竹本はもともと人形浄瑠璃の音楽。人形浄瑠璃の作品を歌舞伎化するようになって音楽も歌舞伎化されたにゃん
義太夫狂言！
その通り
太夫と三味線という編成は、竹本も常磐津も清元も同じだけど使う三味線は違うにゃん。竹本は太棹で重厚感のある音色
登場人物のセリフや心情を熱く語るのが特徴だにゃん
熱！
ベン
ベンベン
血走るぅぅぅーーー 眼《まなこ》にぃーーー 無念のお涙ぁーーーー
竹本
→『仮名手本忠臣蔵』で切腹する勘平
すごい… 気持ちのこもった熱い語り…
常磐津の三味線は中棹で、ゆったりした曲調。竹本ほど熱っぽくはない、スマートな語りは都会的な感じがするにゃん
常磐津
→『関の扉』の小町姫
スマート！
都会的
かかる山路の関の扉《と》に〜
清元
色気〜
清元の三味線は常磐津と同じ中棹だけど、太夫の高い声が特徴的。色気があって、恋の思いも哀切たっぷりに伝えるにゃん
もしやにかかる恋の欲 とかく浮世がままにもならば〜
→『かさね』のかさね
ベベン
音楽で舞台が盛り上がるんだにゃ〜

れるスペースに隠れて演奏する。常磐津と清元は舞台下手に位置することが多い。観客に見えるところで演奏するのを、長唄連中では「**出囃子**《でばやし》」、語り物の場合は「**出語り**《でがたり》」と言う。

### 複数の音楽を一緒に演奏する演目もある

それぞれの音楽が単独で演奏されることが多いが、二、三種類の音楽をともに演奏する「**掛合**《かけあい》」という形式もある。例えば『**身替座禅**《みがわりざぜん》』は長唄と常磐津、『**紅葉狩**《もみじがり》』は長唄、竹本、清元の三方掛合。

### その他の音楽

**勇壮な旋律の「大薩摩節《おおざつまぶし》」**は『矢の根』『山門』などで演奏される。唄方と三味線方が立ったまま演奏する様子が、迫力があって印象的。浄瑠璃の一派だったが長唄に吸収された。**浄瑠璃の一派「河東節《かとうぶし》」**は、**市川團十郎家が『助六』を演じる時だけ**、演奏される。

# 4　歌舞伎の音

## いろいろな効果音

チョン!
バタバタッ
いよ〜っ
ポンポン
ドーンドンドン!
チャンチキコンチキ
そういえば歌舞伎って、いろんな音が聞こえるよにゃ
歌舞伎では、音で雨が降っているのが分かったり、芝居の始まりや変化が分かったりできるにゃん

舞台


舞台上手の端にあるツケ場

### 演技を強調し盛り上げる「ツケ」

ツケ板という板に木を打ち付けて出す効果音のこと。動きを強調する効果があるツケは、見得や六方に欠かせない。見得に伴うバタバタ、バッタリ!という音は「バッタリ」、役者が駆けて出るときのバタバタバタという小刻みな音は「バタバタ」と呼ばれるなど、いくつかの種類がある。

### 舞台の進行を知らせる「柝（き）」

幕開けや幕切れに、拍子木で打つ音を柝という。幕開けを知らせる音は「直（なお）し」、「幕切（まくぎれ）」、役者の最後のセリフや動きの直前に打つ音は「柝頭（きがしら）」と呼ばれる。柝を打っているところは観客からは見えない。

バッタリ
バタバタ

チョンチョン!

## 音で舞台の雰囲気を創る下座音楽(げざおんがく)

黒御簾の中で演奏する様子

舞台下手(客席から向かって左側)にある簾(すだれ)のかかった小部屋は「黒御簾」と呼ばれて、下座音楽を演奏するところ。黒御簾の中で演奏される音楽を「下座音楽」、または「黒御簾音楽」とも呼ばれる。また、下座音楽の演奏者は観客からは見えないことから「陰囃子(かげばやし)」とも呼ばれる。長唄が黒御簾で演奏される場合は、下座音楽に含まれる。

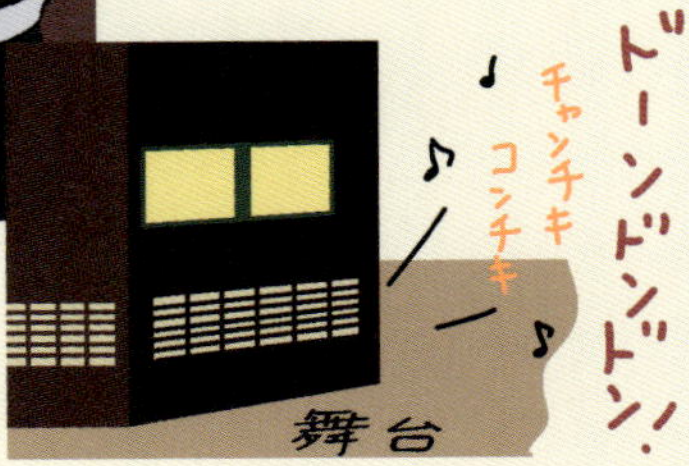


舞台の下手(客席から向かって左)にある黒御簾

## 下座音楽は大きく3種類

**唄**:三味線で伴奏される歌詞付きの曲のこと。

**合方**(あいかた):唄のない三味線の曲のこと。

**鳴物**(なりもの):三味線以外の楽器による演奏を鳴物という。もしくはそれらの楽器のことで、太鼓、大鼓(おおつづみ)、小鼓(こつづみ)、笛、鉦(かね)などがある。伴奏の他、雨や風などの自然現象、幽霊の出現などを音で表す。

## 歌舞伎ワールドを創る

# 舞 台 装 置

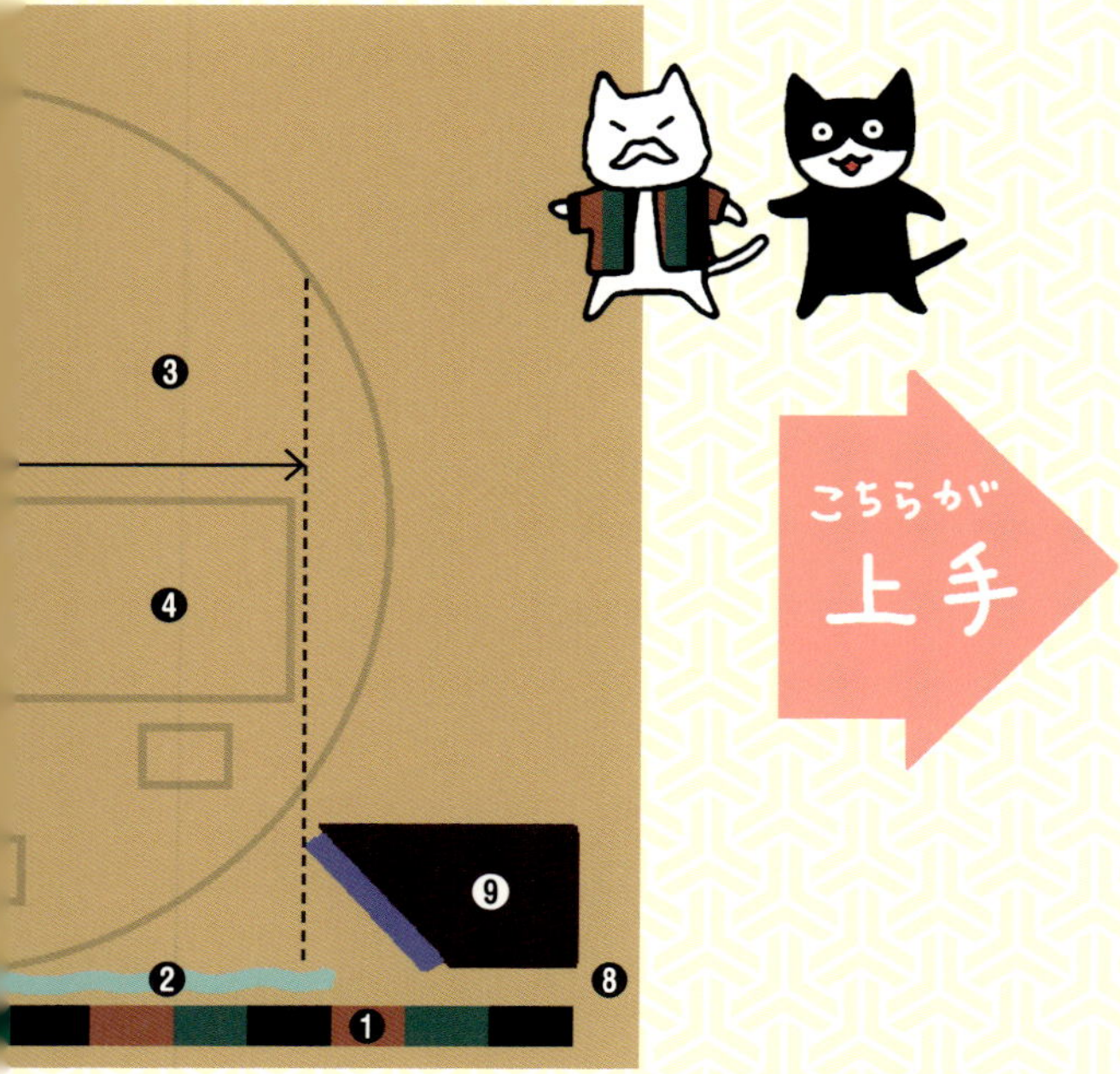

3
4
9
2
8
1
こちらが
上手


### ❶定式幕
（じょうしきまく）

代表的な引幕（ひきまく）のこと。江戸時代、『江戸三座』（中村座・市村座・森田座）と呼ばれる幕府の許可を得た芝居小屋だけに許されていた。ちなみに各座の定式幕は、中村座は黒・白・柿、市村座は黒・萌黄（もえぎ）・柿、森田座は黒・柿・萌黄。現在の歌舞伎座の定式幕は、森田座のデザイン。この3色は、歌舞伎のシンボルのようにもなっている。

### ❷浅葱幕
（あさぎまく）

浅葱色（あさぎいろ　※鮮やかな水色）の幕。舞台全体を覆うようにして吊り下げ、場面や舞台の変化を視覚的に楽しんでもらうために使う。

**振落（ふりおと）し**…浅葱幕をパッと落とすことで、一瞬で舞台が見える状態にする演出。

**振りかぶせ**…舞台が見えている状態で、天井から浅葱幕を落とし、一瞬で舞台を覆う演出。

6
廻り舞台もセリも、江戸時代に狂言作者の並木正三が考案したにゃん

今では世界中に広まっているアイデアを、江戸時代から使っていたにゃんて…歌舞伎のオリジナル力、すごい！


### ❹セリ
（せり）

舞台の床の一部をくりぬいて上下に動かす舞台機構のこと。大道具全体を上下させるものは「大ゼリ」、登場人物だけを上下させるものは「小ゼリ」という。

### ❸廻り舞台
（まわりぶたい）

舞台中央の床を大きく円形に切り取って回転させる舞台機構のこと。大道具ごと動かせるので舞台転換がスピーディにできるし、観客の目の前で場面変化を見せることもできる。18世紀半ばの江戸時代に、大坂の狂言作者・並木正三（なみきしょうざ）が独楽（こま）の回転をヒントに考えたと言われている。

**⑫スッポン**
（すっぽん）

花道の七三にあるセリのこと。幽霊や妖怪、妖術使いなど、人間以外の役が現れたり消えたりするときに使われる。役者が登場するとき、首から見えるところがスッポンを連想ことからこの名がついたとも言われている。

**⑪七三**
（しちさん）

花道の途中で、役者が立ち止まって演技をする定位置。花道を10等分して舞台から3の位置にあるので、七三と呼ぶ。

こちらが
下手

**⑩花道**
（はなみち）

本舞台から客席の中を通り、揚幕まで続くところ。主に役者が登場・退場するときに利用される。花道は演じられる場面に応じて、道、川岸、海などさまざまな場所に変化する。

**⑨床**
（ゆか）

「竹本」が演奏されるところ。

**⑧ツケ場**
（つけば）

ツケを打つ場所。

**⑦黒御簾**
（くろみす）

「下座音楽」が演奏されるところ。

**⑬揚幕**
（あげまく）

花道の突き当たりにある鳥屋（とや）という小部屋にかかっている幕。舞台上手に設けられる「上手揚幕（かみてあげまく）」と区別して、正しくは「鳥屋揚幕（とやあげまく）」と呼ぶ。揚幕は金属の輪で吊られているので、開閉時には「チャリン」という独特の音がする。

**⑥奈落**
（ならく）

本舞台や花道の床下部分のこと。今では「セリ」や「廻り舞台」を動かすのは機械作業だが、江戸時代は、床下に人が入って人力で動かしていた。ジメジメして暗く地獄を連想したことから、地獄を意味する「奈落」と呼ばれるようになったと言われている。現在、奈落には廻り舞台などの装置が置かれ、小ゼリやスッポンを使う役者が行き来するためにも使われている。

鳥屋揚幕からチャリン！という音がすると、「役者が出てくるんだ！」と分かって、観客は花道に注目するにゃんよ
⑤
⑦
⑪
⑫
⑩
⑬


**⑤本舞台**
（ほんぶたい）

花道などをのぞいた正面の舞台のこと。

# 歌舞伎十八番とは?

他の家にも、お家芸はあるのかにゃ?

## 「歌舞伎十八番」の演目一覧

**現在でもよく演じられるもの**

『勧進帳』『助六』『暫』『鳴神』「毛抜」『外郎売《ういろううり》』『矢の根』

**その他**

『関羽《かんう》』『不動《ふどう》』『象引《ぞうひき》』『七《なな》つ面《めん》』『解脱《げだつ》』『嫐《うわなり》』『蛇柳《じゃやなぎ》』『鎌髭《かまひげ》』『景清《かげきよ》』『不破《ふわ》』『押戻《おしもどし》』

## 市川團十郎家のお家芸18種類

七代目市川團十郎が市川家のお家芸を18種類集めて、1832(天保3)年に制定したもの。いわゆる「市川團十郎家のお家芸」です。代々の團十郎は荒事《あらごと》を得意としたため、「歌舞伎十八番」の役はほとんどが荒事です。

助六(『助六』)

武蔵坊弁慶
(『勧進帳』)

▸ 主な歌舞伎の家の芸

| | |
|---|---|
| 市川猿之助家 | 「猿翁十種《えんおうじっしゅ》」「澤瀉十種《おもだかじっしゅ》」「猿之助四十八撰《えんのすけしじゅうはっせん》」 |
| 尾上菊五郎家 | 「新古演劇十種《しんこえんげきじっしゅ》」 |
| 片岡仁左衛門家 | 「片岡十二集《かたおかじゅうにしゅう》」 |
| 中村鴈治郎家 | 「玩辞楼十二曲《がんじろうじゅうにきょく》」 |
| 中村吉右衛門家 | 「秀山十種《しゅうざんじっしゅ》」 |

**にゃんざえもんのワンポイントアドバイス**

明治以降、さまざまな役者が家の芸を決めるようになったにゃんよ。

PART Ⅱ

50演目を観てみよう

第1章

# 歌舞伎ワールドへようこそ!

01

# 助六

SUKEROKU

本名題『助六由縁江戸桜《すけろくゆかりのえどざくら》』

## 江戸のスーパーヒーロー＆理想の恋人

〔 人物相関図 〕

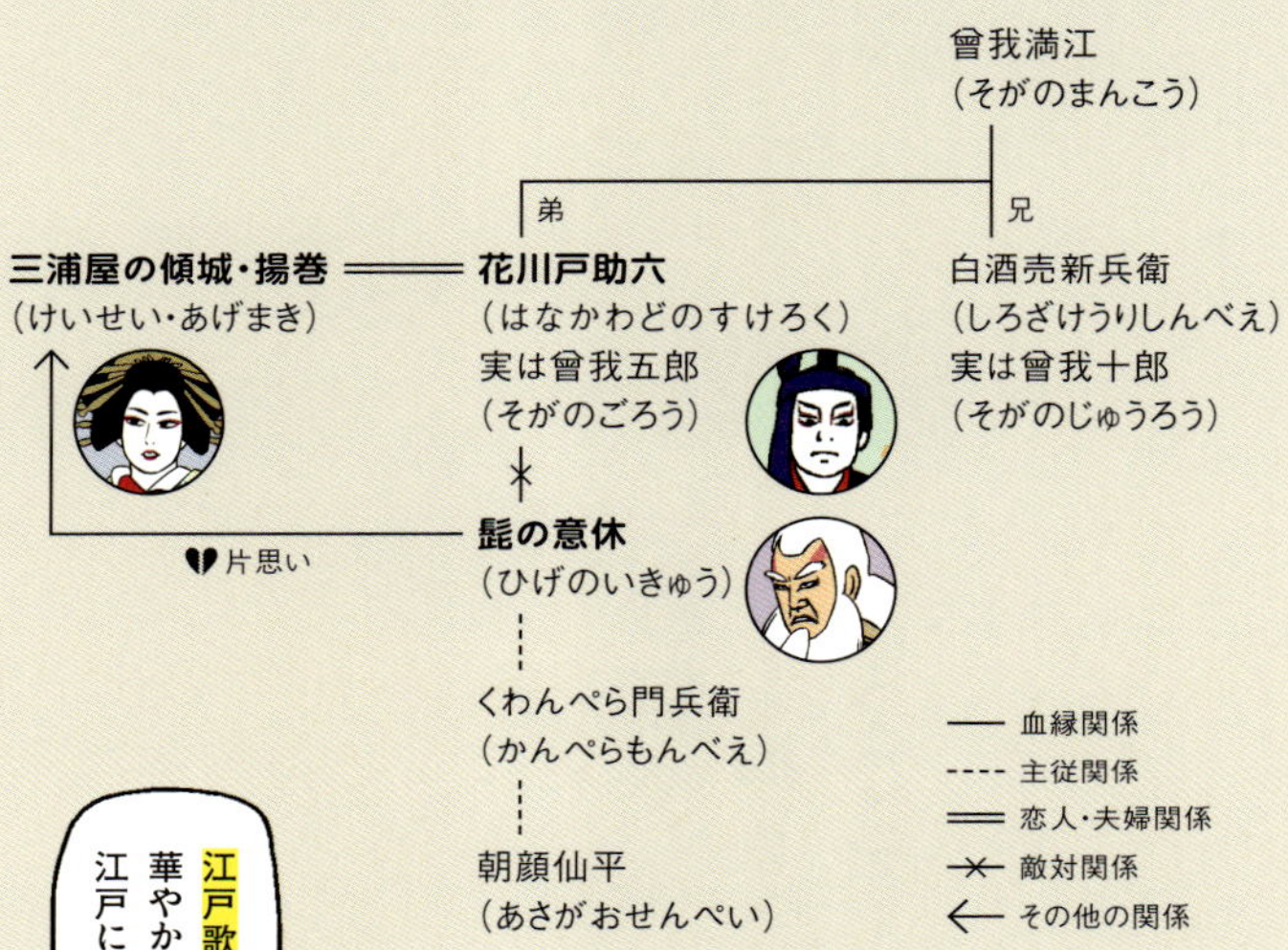

曾我満江
（そがのまんこう）
弟
兄
三浦屋の傾城・揚巻
（けいせい・あげまき）
花川戸助六
（はなかわどのすけろく）
実は曾我五郎
（そがのごろう）
白酒売新兵衛
（しろざけうりしんべえ）
実は曾我十郎
（そがのじゅうろう）
髭の意休
（ひげのいきゅう）
片思い
くわんぺら門兵衛
（かんぺらもんべえ）
朝顔仙平
（あさがおせんぺい）
血縁関係
主従関係
恋人・夫婦関係
敵対関係
その他の関係


▽**あらすじ**

曾我五郎《そがのごろう》は助六と名を変え庶民になり、父の敵《かたき》を討つのに必要な源氏の宝刀《ほうとう》・友切丸《ともきりまる》を探すため、江戸の遊郭《ゆうかく》・吉原に出入りしていた。最高位の傾城《けいせい》・揚巻《あげまき》と恋仲になった助六は、お金持ちの髭《ひげ》の意休《いきゅう》が友切丸を持っていることをつきとめる。

江戸歌舞伎を代表する作品。
華やかな世界にひたって、
江戸にタイムスリップだにゃん！


作者：不詳

初演：一七一三（正徳三）年四月、江戸・山村座で二代目市川團十郎が『花館愛護桜《はなやかたあいごのさくら》』の助六を演じたのが原型と言われている。

概要：「**歌舞伎十八番**」の一つだが、**世話物の要素**を持つ。上演時間はたっぷり二時間。

**町人が武士をやっつける**

粋ないい男の助六はスーパーヒーロー。意地と張りを備えた揚巻は理想の恋人。江戸町人を代表する二人が、武士代表の意休をやっつける。その心地良さに江戸の観客は大喝采だっただろうと想像するのも、助六を観る楽しさの一つ。

**助六は和事《わごと》も備えた役柄**

二代目團十郎が活躍した当時、「團十郎といえば**荒事**」というイメージ

本名題ってにゃんだ？
本名題《ほんなだい》は正式のタイトルだにゃん。「助六」は通称で、通称のほうが知られていることが歌舞伎ではよくあるにゃんよ
チャリン
花道から大勢のお供を引き連れた花魁道中《おいらんどうちゅう》の揚巻が登場
ゆらりゆらり
美！
吉原トップの傾城・揚巻
うわぁ、ゴージャス〜！
揚巻は女方のトップが演じる大役。ゴージャスな衣裳に見合った美しさと貫禄で、観客を魅了するにゃん！
BACK
打掛の背中部分には門松や伊勢海老など
まるでお正月飾り！
揚巻の衣裳は五節供《ごせっく》（正月・桃の節供・端午の節供・七夕・重陽《ちょうよう》の節供）にちなんでるにゃん
舞台は吉原の遊女屋「三浦屋」の格子先《こうしさき》―
傾城・白玉（しらたま）
揚巻
髭の意休
三浦屋
白玉
揚巻
意休は揚巻に夢中で連日通っているのに相手にされない。その悔しさから、助六の悪口を言いまくるが…
けんかの度に相手の刀に手をかける盗人めっ！
たとえて言わば雪と墨…暗がりで見ても、お前と助六さん、取り違えてなるものかいなァ
雪と墨って…正反対ってこと？そこまでハッキリ言うなんて強いにゃ〜
タンカを切るとはいえ、上品さや美しさは捨ててはいけない。立女方《たておやま》の貫禄が試される大事な場面にゃんだ
ポイント
堂々と言い返す揚巻

があったが、二代目はあえて**和事**のエッセンスを加えた。例えば出端《では》（登場が独立した見せ場になっていること）の振りのやわらかさに、**和事**を兼ね備えた性格が見られる。

## 本名題と出端の音楽は家で違う

市川團十郎家が助六を務めるときの本名題は**『助由六縁江戸桜』**で、出端の音楽は河東節《かとうぶし》。尾上菊五郎家は**『助六曲輪菊《すけろくくるわのももよぐさ》』**で清元節、松本幸四郎家は**『助六曲輪江戸櫻《すけろくくるわのえどざくら》』**で長唄となる。河東節が演じられる場合、幕開きは口上から始まる。

## 個性的なキャラが次々登場

ただの憎まれ役ではない大人の風格を感じる意休。おっとりした**和事**の役柄だが、お茶目な一面もある白酒売り（実は兄十郎）。いばりキャラなのに憎めない、くわんぺら門兵衛など、魅力的なキャラばかり。随所に笑いのある、飽きない二時間だ。

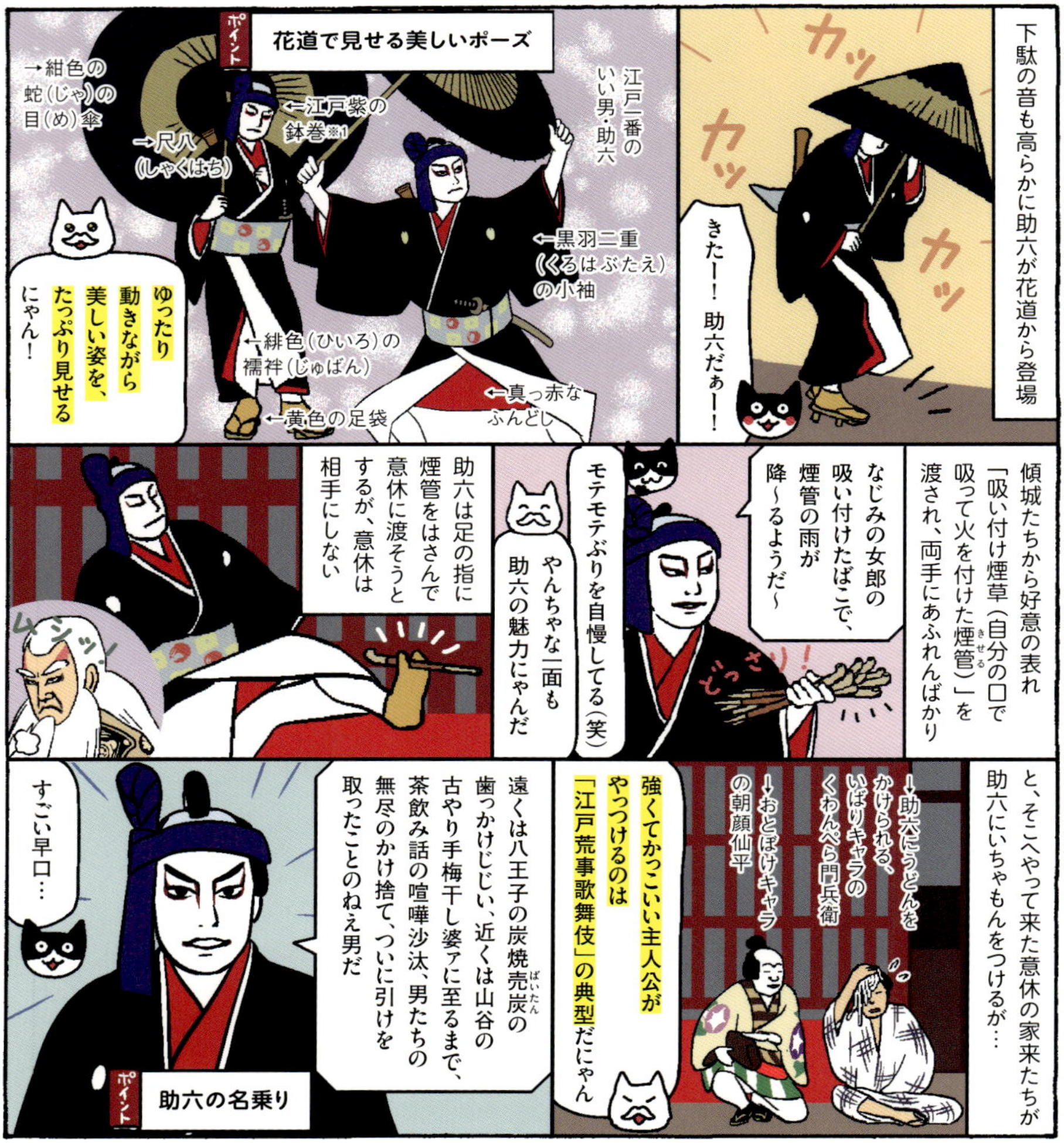

下駄の音も高らかに助六が花道から登場
カッ
カッ
カッ
カッ
きたー！ 助六だぁー！
ポイント
花道で見せる美しいポーズ
江戸一番のいい男・助六
←黒羽二重(くろはぶたえ)の小袖
←江戸紫の鉢巻※1
→紺色の蛇(じゃ)の目(め)傘
→尺八(しゃくはち)
←緋色(ひいろ)の襦袢(じゅばん)
←黄色の足袋
←真っ赤なふんどし
ゆったり動きながら美しい姿を、たっぷり見せるにゃん！
傾城たちから好意の表れ「吸い付け煙草（自分の口で吸って火を付けた煙管《きせる》）」を渡され、両手にあふれんばかり
なじみの女郎の吸い付けたばこで、煙管の雨が降～るようだ～
どっさり！
モテモテぶりを自慢してる（笑）
やんちゃな一面も助六の魅力にゃんだ
助六は足の指に煙管をはさんで意休に渡そうとするが、意休は相手にしない
ムシッ！
と、そこへやって来た意休の家来たちが助六にいちゃもんをつけるが…
↓助六にうどんをかけられる、いばりキャラのくわんぺら門兵衛
↓おとぼけキャラの朝顔仙平
強くてかっこいい主人公がやっつけるのは「江戸荒事歌舞伎」の典型だにゃん
遠くは八王子の炭焼売炭《ばいたん》の歯っかけじじい、近くは山谷の古やり手梅干し婆ァに至るまで、茶飲み話の喧嘩沙汰、男たちの無尽のかけ捨て、ついに引けを取ったことのねえ男だ
すごい早口…
ポイント
助六の名乗り

**鉢巻の結び方でキャラを表現** ※1

紫色の鉢巻きを左側に巻くことを**病鉢巻《やまいはちまき》**と呼び、病んだ状態を表す。助六は逆の右側に巻くことで、奇抜ないでたちでかぶき者（アウトロー）の粋を表している。

**宣伝マンを兼ねていた!?**

意休の手下・朝顔仙平《あさがおせんべい》は、十七世紀後半に確立した**「道化方《どうけがた》」と呼ばれる笑いを誘う役柄**。髪型から着物まで朝顔づくしなのは、初演当時に実在した「朝顔せんべい」の宣伝用。朝顔仙平の役名も、ここからきている。

**通人《つうじん》・里暁《りぎょう》はアドリブOK**

助六と白酒売りが、通人にケンカを売って股くぐりを強要するところは、息抜き的な場面。この役はアドリブで何をしゃべってもいいことになっており、通人役の役者はそれぞれ工夫して観客を笑わせる。

続いて、白酒《しろざけ》売り実は兄の曽我十郎《そがのじゅうろう》が登場
けんかばかりしてダメじゃないか！
事情を聞いた兄は、助六とケンカの練習を始めた。ところが兄弟でケンカを売った相手は、実の母・満江《まんこう》！
母
←母・満江
←隠れてしまった十郎
侍に変装して、助六のケンカをやめさせたいと揚巻に相談に来ていたにゃん
母さんには頭が上がらないんだね（笑）
理由を聞いて納得した母だったが、助六に紙衣《かみこ》※2を着せる
みんなが帰った後、意休が揚巻に会いに来た。揚巻の機転で、助六は床几《しょうぎ》（長椅子）の下に隠れるが見つかってしまう
こしぬけめ！
母の紙衣に手出しのならぬ…
バシッ
意休にぶたれたり悪口を言われても、助六は紙子を着ているから手が出ないにゃん
…
とうとう刀を抜き、香炉《こうろ》をバサッと切る意休
これはまさしく！
←友切丸（ともきりまる）
ポイント
3人そろっての見得
いますぐ討とうとする助六を揚巻が止めに入ったところで、三人で見得！
びしっ
意休が三浦屋に戻ると、揚巻と意休を待ち受ける相談をして、いったんは引きあげる助六だった……
と、現行上演はここで幕
華やかで笑いもあって、気分まで華やぐにゃー

## 助六寿司は助六が由来!?

「いなり寿司」は揚巻の揚げ、「巻き寿司」は揚巻の巻きにちなみ、「助六寿司」と呼ぶのは江戸っ子らしい洒落《しゃれ》という説がある。また、助六が紫の鉢巻きを巻いていることから助六を「巻き寿司」に見立て、二人を寿司で添い遂げさせたという説もある。

**紙衣《かみこ》** ※2

紙で作った着物。助六が激しいケンカをしないよう気遣う母・満江《まんこう》の思いが込められている。

## その後のあらすじ

現在ではほとんど上演されることのないのが、最後の〈水入り《みずい》〉の場。大まかなあらすじは、意休を斬った助六は天水桶《てんすいおけ》（防火用水）の中に隠れるのだが、出てきて気を失った助六を揚巻が介抱する。そこへ追手《おって》が来て、助六と揚巻による引っ張りの見得で幕。

02

# 勧進帳

KANJINCHOU

## 様式美の中で魅せる多彩な見得

作者：作詞＝三世並木五瓶《なみきごへい》、作曲＝四世杵屋六三郎《きねやろくさぶろう》
初演：歌舞伎では一八四〇（天保十一）年三月、江戸・河原崎座。
概要：「歌舞伎十八番」の一つ。能の『安宅《あたか》』を原作とした**松羽目物**。

### 七代目團十郎のチャレンジ精神から生まれた

元禄期に初代市川團十郎が演じていたが台本が残っていなかったため、七代目團十郎が作り直すことに。その際、大きな松を描いた松羽目《まつばめ》の背景があるだけの舞台にするなど、舞台装置や衣裳に能の要素を取り入れ、天保十一年に上演。それが勧進帳の初演とされている。

幕府から高待遇を受けている能を、身分の低い扱いを受けていた歌舞伎に取り入れるというチャレンジングな試みに、当時の人々は驚いた

## 〔人物相関図〕

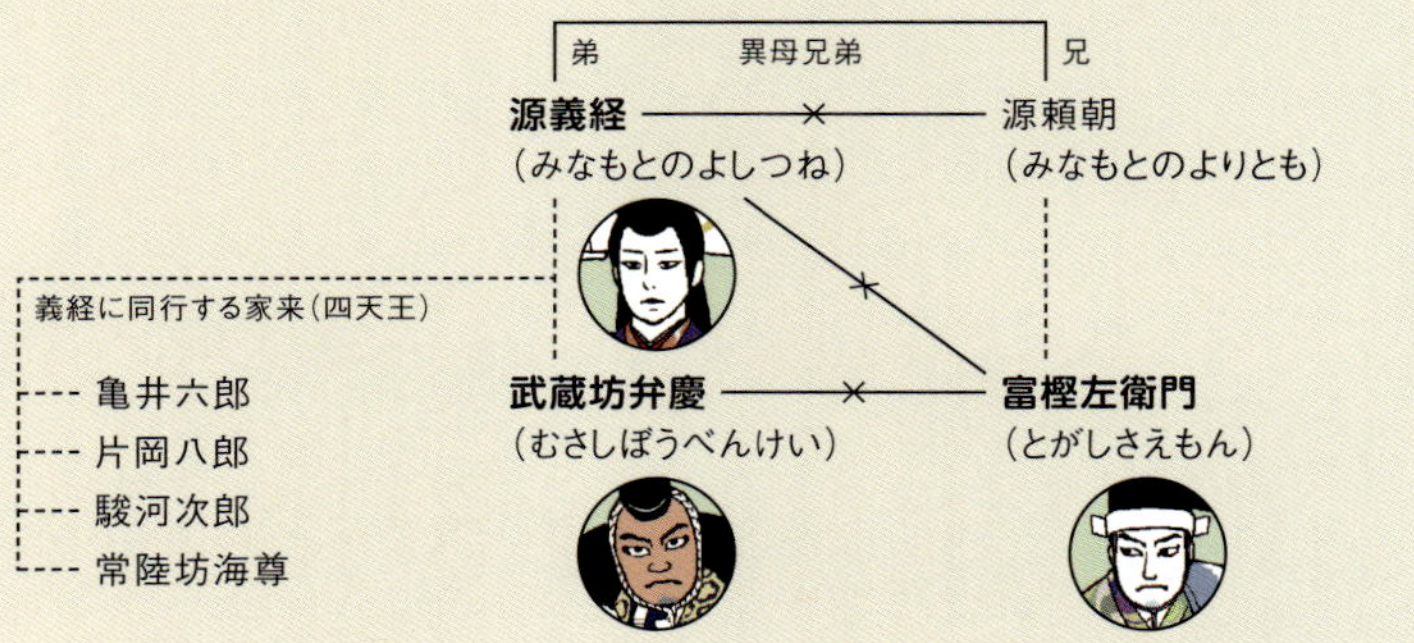

弟
異母兄弟
兄
源義経
（みなもとのよしつね）
源頼朝
（みなもとのよりとも）
義経に同行する家来（四天王）
亀井六郎
片岡八郎
駿河次郎
常陸坊海尊
武蔵坊弁慶
（むさしぼうべんけい）
富樫左衛門
（とがしさえもん）
血縁関係
主従関係
恋人・夫婦関係
敵対関係
その他の関係

何も書いていない巻物を勧進帳と見せかけて読むシーンや、「飛び六方」など有名な見どころがたくさんあるにゃん。弁慶、富樫、義経の三人による人間ドラマが物語の軸になっているにゃんよ

▽**あらすじ**

兄・源頼朝に疑われ追われる身となった源義経。弁慶の他、四天王と呼ばれる家来を伴い、山伏《やまぶし》（修行僧）に変装して平泉（岩手県）の藤原氏のもとへ落ち延びようとしていた。一行が山伏になっている情報は伝わっており、安宅《あたか》の関（現在の石川県）が設けられている。関を守る富樫《とがし》に怪しまれた義経たち。さて、強行突破なるか!?

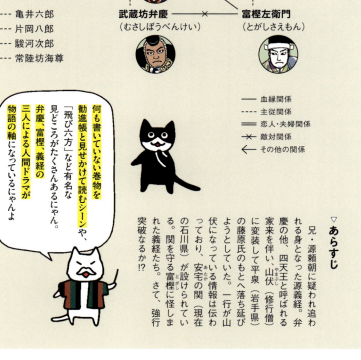

←知恵と勇気を兼ね備えた 武蔵坊弁慶
↓情の厚い イケメンエリート 富樫左衛門
←変装しても 隠しきれない 気品の義経
主な登場人物は この三人だにゃん
安宅《あたか》の関に たどり着いた 義経一行
助六と比べると ずいぶん シンプルな 舞台だにゃ?
能を 歌舞伎流に アレンジした 舞台だから にゃん
本物の山伏なら勧進帳※1を 持っているはずだと迫る 関守の富樫。 弁慶はとっさに適当な巻物を 取り出して読み始める
ポイント 白紙の勧進帳を 堂々と読む弁慶
巻物には何も書いてない設定。 だからこそ、大きな声で 堂々と読むにゃんよ
じりじりと 弁慶に 近づく富樫
富樫が のぞきにきた、ばれちゃうにゃー!! ん? 義経に動きが?
それつらつら、 おもんみれば…
笠を深くかぶる義経、とっさに 巻物を隠す弁慶、にらむ富樫
ポイント 天地人の見得
勧進帳を 読み終えて…
カッ
見得の連続〜!
ポイント 不動の見得

そうだ。その後、明治時代に九代目團十郎が洗練させ、現在に至っている。

## 長唄の名曲の一つ

勧進帳の音楽は長唄で、三味線の他、大鼓、小鼓、太鼓、笛の囃子《はやし》が入る。後半、富樫にふるまわれた酒を弁慶が飲む場面での「人の情けの杯を、受けて心を留むとかや…」の一節をはじめ、聞かせどころが随所にある。

## 白紙の勧進帳※1を読むのはそんなにすごい?

**勧進帳**は、寺院を建てたり修理するときの寄付金を集めるために、その趣旨を記した文書のことで、難しい言葉が長々と書かれている。弁慶がもとは比叡山延暦寺の僧だったとはいえ、相当の知識がなければできない。なおかつ、ウソがばれないよう落ち着いて読むには、勇気と思慮深さ、知識があればこそだ。

追及の手を緩めない富樫は次々質問するが弁慶は見事に答える
山伏のいでたちは!
ポイント
山伏問答※2
不動明王の尊容にかたどるなり
問答を終えて…
くわっ
ポイント
元禄見得
許されて通過しようとしたそのとき。強力《ごうりき》に変装した義経を番卒が怪しみ…
いかにそれなる強力!止まれとこそー!
怒った弁慶は、杖で義経をさんざんたたく
わずかな荷物でヨロヨロするから義経に間違えられるんだ!
真実を察した富樫は、義経一行と知りつつ見逃すことに
今は疑いはれ候《そうろう》～
主君を杖でたたいてまで命を助けようとする弁慶の忠誠心に、富樫は感動したんだにゃん
番卒たちを連れてその場を去る富樫
臆病口《おくびょうぐち》といって能の舞台で使われているものにゃんだ

**情の厚い富樫のキャラは歌舞伎オリジナル**

能の『安宅』では義経一行は力づくで関を通過するが、歌舞伎では富樫が義経だと気づきつつも弁慶の心に感動して通してしまう。また、富樫が酒をごちそうしようと再登場する場面は、能では「人の情けの杯に、浮けて心を取らんとや」と言っているように実は罠《わな》。歌舞伎では「人の情けの杯を、受けて心を留むとかや」と、情がうかがえる。

後半の義経と弁慶の主従愛だけでなく、**情に厚い富樫の存在もまた、人間ドラマとしての『勧進帳』**の魅力を高めている。

**見得のオンパレード**

弁慶、富樫、義経の三人で決める**「天地人の見得」**。勧進帳を読み終えたとき決めるのは、不動明王の姿勢の**「不動の見得」**。問答を終えたときに決めるのは、荒事でよく使われる**「元禄見得」**。石を投げたような

休息する一行。叩いたことを、一度も泣いたことがない弁慶が涙を流して詫びる
昔を懐かしんで舞いを踊り…
ポイント 石投げの見得
須磨明石～
そこへ富樫が戻ってきて、無礼のお詫びにと酒をふるまう
酒
「酒を飲んでいる間に逃げろ」という意味だと悟った弁慶は、豪快に酒を飲んで舞を披露するにゃん
延年の舞※3
舞ながら義経に先に立つよう合図をすると、弁慶以外の一行は去っていく
サササ
とくとく立てや～心許すな関守の人
出発したのを見届けて、富樫に一礼をして後を追う
ぺこり
幕が閉じてから花道に一人残った弁慶に注目だにゃん！
弁慶が、飛び六方で花道を引っ込んでいく
ダン！
ダン！
ポイント 飛び六方の引っ込み
最後まで見どころいっぱいだ～！

格好になる「石投げの見得」、ラストは弁慶の「飛び六方」と、さまざまな見得や六方を見ることができる。

**山伏問答** ※2

弁慶が勧進帳らしい文句を堂々と読み上げても、富樫は簡単には信じない。そして、次々に鋭い質問を投げかける。例えば「山伏の恰好にはどんな意味がある？」と聞くと、「不動明王のありがたい姿にあやかっている」と即答。**スピード感あふれる緊迫したやり取りは「山伏問答」と呼ばれ**、能の『安宅』にはない歌舞伎独自の演出の一つ。

**延年《えんねん》の舞** ※3

寺院で法会《ほうえ》（仏法を説いたり供養を行うための僧侶などの集まり）の後、僧侶や稚児らが演じた芸能のことを「延年」といい、そこで行われる舞のこと。比叡山で修行していたとき、弁慶は稚児として舞ったことがあるという設定。

03

# 暫

SHIBARAKU

鎌倉、鶴岡八幡宮の社前。天下を狙う悪人の公家・清原武衡《きよはらのたけひら》が家臣を引き連れ権勢《けんせい》を誇っているところへ、加茂次郎義綱《かもじろうよしつな》と婚約者の桂の前《かつらまえ》が奉納にやって来た
清原
義綱
桂の前
善人が悪人にいじめられて困っていると「しばらく！」と大声をあげてヒーローが登場し、悪人を片っ端からやっつける。分かりやすいストーリーだにゃん
武衡は言いがかりをつけ、桂の前には自分になびくよう迫る
いろいろな隈取《くまどり》の荒事らしい役が登場するにゃんよ！
清原武衡。青い隈取、位の高さを表す金冠白衣（きんかんびゃくえ）を着た公家悪の典型
←武衡の家来・成田五郎。赤い隈取の赤っ面は実際に暴力をふるう敵役。腹を出しているので「腹出し」とも呼ばれる
↓なまず坊主の入道震斎（にゅうどうしんさい）は武衡にこびを売る半道敵（はんどうかたき）※1。ナマズのひげを表した隈取は戯隈（ざれぐま）の一種
拒絶する二人に怒った武衡が、家来に全員の首をはねるよう命じる。と、花道からさっそうとやって来たのは鎌倉権《かまくらごん》五郎《ごろう》（鎌倉権五郎景政《かまくらごんごろうかげまさ》）
しばらく
しばーらくぅー！！
ポイント
名ゼリフ
花道にどっかと座り、自己紹介を豪快に語り始める
成田不動が申し子にて…
坂東武者《ばんどうむしゃ》、鎌倉権五郎
かーげーまーさー
↓市川團十郎家が演じるときは成田屋（市川團十郎家の屋号）の三枡（みます）の紋（もん）
重装備で戦隊モノのヒーローみたいだにゃ
名前を名乗る「つらね」も荒事のショーの一つだにゃん
ポイント
つらね※2

## 隈取好きにはたまらない！

作者：不詳

初演：一六九七（元禄十）年一月、江戸・中村座での『参会名護屋《さんかいなごや》』が原型だと言われている。

概要：**「歌舞伎十八番」**の一つ。**荒事**の代表的な演目。

**主な役者が勢ぞろい**

江戸時代、劇場と役者の雇用契約は十一月から翌年十月までの一年間。毎年十一月、江戸歌舞伎では**新しい顔ぶれで最初の興行を行う顔見世《かおみせ》**を行う際、現在の『**暫**』の演目にあたる場面を上演していた。一座の主な役者を披露する意味があったため、いろいろな役柄が登場する。

**独立した演目になったのは明治期**

現行演目は、一八九五（明治二十八）年に九代目團十郎が上演してから独立した演目になる。本名題

舞台上の役者たちが「あーりゃ…」と声をかけているのは化粧声《けしょうごえ》※3っていうにゃんよ
あーりゃ
こーりゃ
敵味方関係なく、みんなでヒーローの登場を盛り上げるんだにゃ
悠然と舞台中央まで進んで…
↑紅隈（べにぐま）の中でも最も力強い筋隈（すじぐま）。荒事の典型的な隈取
↑車海老をイメージした車鬢（くるまびん）という髪型
↑白い力紙（ちからがみ）は力の象徴
↑長い太刀（たち）
スケールが大きいーーーー！
ポイント
元禄見得
権五郎が、重宝《ちょうほう》（貴重な宝物）は武衡が持っていると追及すると、武衡は家来たちに権五郎を襲わせる。が、権五郎は巨大な太刀で片っ端から斬っていく
ゴロ
ゴロ
ゴロ
首がゴロゴロと転がった（笑）
これも荒事芸のおもしろさだにゃん
圧倒的な強さを見せつけ、権五郎は意気揚々と花道を六方で引き上げる
『暫』の六方は、力強さを表現するため大きな刀をかついでゆったり行くにゃん
やっとこちゃ
うんとこな
これが荒事なんだにゃー！

は、主人公鎌倉権五郎が登場するときの掛け声をとって『暫《しばらく》』となった。

**半道敵《はんどうかたき》**※1

敵役でありながら観客を笑わせる**道化役**の要素も持つ「半分道化の敵役」という意味からついた呼び方。

**『暫』のつらね※2は役者が考えるオリジナル**

歌舞伎では、主に**荒事**の主役が述べる長ゼリフのことを「つらね」という。『**暫**』のつらねは、この役の役者が自分で作るのが慣例だった。

**化粧声**※3

**荒事**の演技をする主人公に向かって、他の役者たちがかける掛け声のこと。**荒事**の主人公に対し、スケールが大きくて立派に見せるためのほめ言葉でもある。『**暫**』には、化粧声、六方、見得、いろいろな隈取の役柄など、**荒事**の要素がほとんどそろっている。

04

TAIMEN

# 対面

本名題『寿曾我対面《ことぶきそがのたいめん》』

歌舞伎の様式美のエッセンスが凝縮されている『対面』には、歌舞伎独特のキャラクターがそろっているにゃん
顔のこしらえが全然違うにゃー
→曾我兄弟の兄・十郎（曾我十郎祐成（そがじゅうろうすけなり））は穏やかで冷静な和事
兄
→曾我兄弟の弟・五郎（曾我五郎時致（そがごろうときむね））は血気盛んな荒事。むきみ隈という隈取が特徴
弟
チョンチョンチョン…
工藤祐経《くどうすけつね》の館―
源頼朝の信任が厚い工藤祐経は、富士の裾野で行われる巻狩《まきがり》の総奉行を命ぜられた
→工藤祐経は座頭（ざがしら）（一座のトップの役者）が務める役
館には祝い客が集まっている
↑遊女・大磯の虎（座の中心の女方、立女方（たておやま））
↑遊女・化粧坂少将（けわいざかのしょうしょう）。一座の花形の女方が演じる若女方（わかおやま）
↓大名の梶原景時（かじわらかげとき）・景高（かげたか）親子は敵役（かたきやく）
と、そこへ朝比奈の計らいで曾我兄弟が工藤を訪ねて来た
←引出物の島台（おめでたい儀式のときの飾り物）を持って登場した曾我兄弟
あーりゃ
こーりゃ
↓朝比奈はユーモラスな道化役
→浅葱の長袴に赤の着付
曾我兄弟と気づいた工藤は、二人の父がどのような最期を遂げたかを語る。五郎はどんどん感情がたかぶり、杯を乗せた台をつぶして壊してしまう
めき
めき
めきっ


## 歌舞伎の役柄が揃うお正月セレモニー

作者：不詳
初演：一六七六（延宝四）年一月、江戸・中村座。
概要：鎌倉時代が舞台の**時代物**。**曾我物**。

### 曾我物とは？

鎌倉時代初めに起きた**曾我兄弟のあだ討ち事件を題材にしたものを曾我物**と呼ぶ。『曾我物語』に描かれており、あだ討ちを叶えて若い命を散らした兄弟は、江戸時代の人たちにとってヒーロー的存在だったことから、**曾我物**は人気があった。

### 江戸の正月と言えば曾我兄弟の「対面」のシーン

江戸歌舞伎では、毎年正月に**曾我物を上演する慣習**があった。荒人神《あらひとがみ》として祭られた曾我兄弟の劇を正月に上演することで悪霊払いをし、一

親のかたきぃ～!!
そそうのないよう
今日は祝の席にあいさつに来たのだから、礼儀は尽くさなくてはならないにゃん
↑止める十郎
↑突っかかろうとする五郎
和事の十郎は礼儀正しいにゃ。弟とは正反対だ
工藤は、紛失した宝刀・友切丸《ともきりまる》がなければ敵討ちは叶わないと言い放つ。そこへ曾我家の忠臣・鬼王が友切丸を持って駆けつける
↑曾我の忠臣・鬼王は、人格者で正義感の強い実事（じつごと）の役
工藤は巻狩の総奉行を務めた後に、兄弟に討たれることを約束し、狩場の切手（通行手形）を渡す
ポン
舞台上が絵画のよう。この全体の見得を「絵面の見得」という
↑工藤は鶴の見得。立って、左手で刀を横にし、右手に持った扇は胸に当てて鶴の姿を表わす
↑五郎、十郎、朝比奈は富士山の見得。五郎を中心に、左右の十郎と朝比奈とで富士の山の形を表わす
これは歌舞伎独特の「見立て」※1という演出だにゃん
ところで、工藤が鶴、五郎、十郎、朝比奈の三人が富士山、鬼王が亀、ということは…
縁起物!? とことん祝祭劇だにゃー
↓鬼王は亀の見得。平伏して亀の姿を表わす
ポイント
絵面《えめん》の見得

年の平安を祈ったと言われている。さまざまな**曾我物**が上演されたが、兄弟が敵の工藤と対面する場面は含まれることが多かった。そのため現在でも、お正月や襲名披露などのおめでたいときに上演されることが多い。

### 典型的な役柄が勢ぞろい

**座頭役**の工藤、**和事**の十郎、**荒事**の五郎、**道化役**の朝比奈、**立女方**の大磯の虎、**若女方**の少将、**実事**の鬼王など、歌舞伎独特の役柄がほとんど勢ぞろい。その華やかさと、歌舞伎ならではの様式美が見どころだ。

### 舞台上の役者がすべて絵のようなポーズで決める

様式美にあふれる美しい幕切れでは、工藤が鶴、曾我兄弟と朝比奈の三人が富士山、鬼王が平伏して亀の形で、めでたいもので締めくくる。何かに見立てていることから「見立て」※1という。

# 三大名作とは?

江戸時代の三年間に作られた作品が、今でも大人気なんてすごいにゃ!

## 人気トップ3は、義太夫狂言の名作

現在までの上演回数の多さから、“三大名作”と言われるのが『菅原伝授手習鑑』『義経千本桜』『仮名手本忠臣蔵』。3作品とも人形浄瑠璃から移された義太夫狂言で、ほぼ同じ作者チーム(初代と二代目竹田出雲《たけだいずも》・三好松洛《みよししょうらく》・並木千柳《なみきせんりゅう》)による合作です。人形浄瑠璃では、『菅原伝授手習鑑』が1746(延享3)年、『義経千本桜』が1747(延享4)年、『仮名手本忠臣蔵』が1748(寛延元)年と、3年連続で上演されました。

※二代目竹田出雲は「小出雲」を名乗るなど、別のペンネームを使うケースもある。

松王丸
(『菅原伝授手習鑑』)

大星由良之助
(『仮名手本忠臣蔵』)

平知盛
(『義経千本桜』)

狐忠信
(『義経千本桜』)

### にゃんざえもんのワンポイントアドバイス

三大名作が作られたこの時期(延享・寛延期)は、人形浄瑠璃が大人気だったにゃん。その人気にあやかろうと次々に歌舞伎化されたんだけど、人間が人形とまったく同じように演じるわけにいかないから、役者たちがそれぞれ工夫したにゃんよ。例えば『仮名手本忠臣蔵』に登場する定九郎は、それまで山賊風の姿だったのを、初代中村仲蔵が白塗りの浪人という二枚目キャラに演出。こうした努力が長年の人気を支えてきたにゃんね!

50演目を観てみよう

PART II

第2章

# やっぱりおもしろい三大名作

05

# 忠臣蔵

CHUSHINGURA

本名題『仮名手本忠臣蔵《かなでほんちゅうしんぐら》』

## 歌舞伎の全作品中、上演回数トップの大人気作

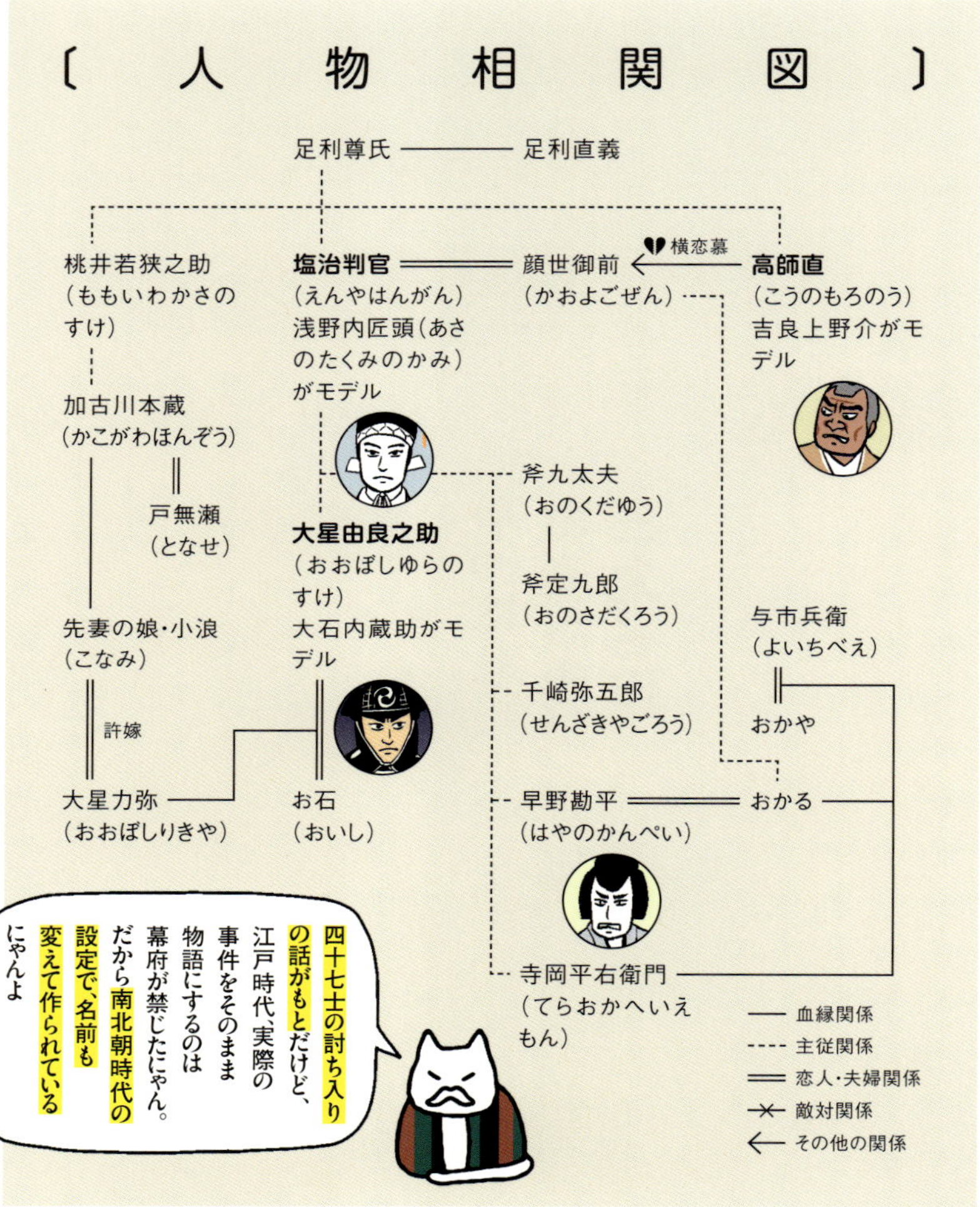

〔人物相関図〕
足利尊氏
足利直義
桃井若狭之助（もものいわかさのすけ）
塩冶判官（えんやはんがん）浅野内匠頭（あさのたくみのかみ）がモデル
顔世御前（かおよごぜん）
横恋慕
高師直（こうのもろのう）吉良上野介がモデル
加古川本蔵（かこがわほんぞう）
戸無瀬（となせ）
斧九太夫（おのくだゆう）
斧定九郎（おのさだくろう）
大星由良之助（おおぼしゆらのすけ）大石内蔵助がモデル
先妻の娘・小浪（こなみ）
許嫁
大星力弥（おおぼしりきや）
お石（おいし）
与市兵衛（よいちべえ）
おかや
千崎弥五郎（せんざきやごろう）
早野勘平（はやのかんぺい）
おかる
寺岡平右衛門（てらおかへいえもん）
血縁関係
主従関係
恋人・夫婦関係
敵対関係
その他の関係
四十七士の討ち入りの話がもとだけど、江戸時代、実際の事件をそのまま物語にするのは幕府が禁じたにゃん。だから南北朝時代の設定で、名前も変えて作られているにゃんよ

作者：二代目竹田出雲《たけだいずも》、三好松洛《みよししょうらく》、並木千柳《なみきせんりゅう》による合作。

初演：人形浄瑠璃で一七四八（寛延元）年八月、大坂・竹本座。歌舞伎では同年十二月、大坂・嵐座。翌年に江戸三座でも上演される。

概要：**義太夫狂言三大名作**の一つ。南北朝時代が舞台の**時代物**。全十一段だが、二段目・十段目は通し上演でもほとんど上演されない。

### 四十七士にちなんだ決まり事

幕が開くときの柝《き》を打つ回数は四十七回。タイトルの「仮名手本」は、赤穂の四十七士を「いろは」の四十七文字にたとえている。ちなみに『**忠臣蔵**』は、忠臣の内蔵助《くらのすけ》の略。

### 内容は江戸時代!?

一七〇三（元禄十五）年十二月十四日に起こった有名な赤穂浪士の

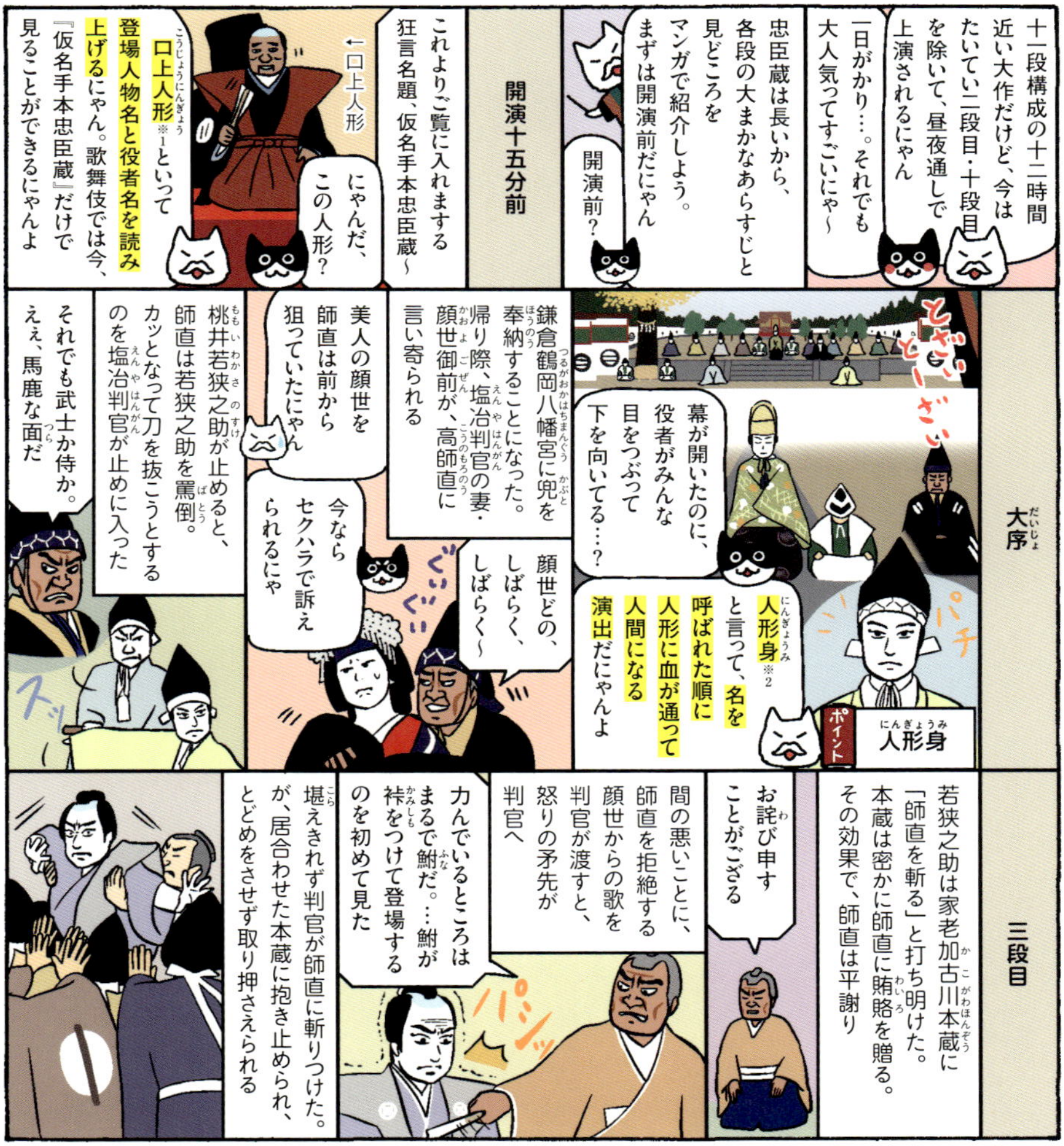
十一段構成の十二時間近い大作だけど、今はたいてい二段目・十段目を除いて、昼夜通しで上演されるにゃん
一日がかり…。それでも大人気ってすごいにゃ〜
忠臣蔵は長いから、各段の大まかなあらすじと見どころをマンガで紹介しよう。まずは開演前だにゃん
開演前?
開演十五分前
これよりご覧に入れまする狂言名題、仮名手本忠臣蔵〜
にゃんだ、この人形?
←口上人形
口上人形《こうじょうにんぎょう》※1といって登場人物名と役者名を読み上げるにゃん。歌舞伎では今、『仮名手本忠臣蔵』だけで見ることができるにゃんよ
大序《だいじょ》
とざい、とーざい
幕が開いたのに、役者がみんな目をつぶって下を向いてる…?
パチ
ポイント
人形身《にんぎょうみ》
人形身《にんぎょうみ》※2と言って、名を呼ばれた順に人形に血が通って人間になる演出だにゃんよ
鎌倉鶴岡八幡宮《つるがおかはちまんぐう》に兜《かぶと》を奉納《ほうのう》することになった。帰り際、塩冶判官《えんやはんがん》の妻・顔世御前《かおよごぜん》が、高師直《こうのもろのう》に言い寄られる
顔世どの、しばらく、しばらく〜
ぐいぐい
美人の顔世を師直は前から狙っていたにゃん
今ならセクハラで訴えられるにゃ
桃井若狭之助《もものいわかさのすけ》が止めると、師直は若狭之助を罵倒《ばとう》。カッとなって刀を抜こうとするのを塩冶判官《えんやはんがん》が止めに入った
それでも武士か侍か。ええ、馬鹿な面《つら》だ
スッ
三段目
若狭之助は家老加古川本蔵《かこがわほんぞう》に「師直を斬る」と打ち明けた。本蔵は密かに師直に賄賂《わいろ》を贈る。その効果で、師直は平謝り
お詫《わ》び申すことがござる
間の悪いことに、師直を拒絶する顔世からの歌を判官が渡すと、怒りの矛先が判官へ
パシッ
力んでいるところはまるで鮒《ふな》だ。…鮒が裃《かみしも》をつけて登場するのを初めて見た
堪《こら》えきれず判官が師直に斬りつけたが、居合わせた本蔵に抱き止められ、とどめをさせず取り押さえられる

討ち入り事件を、南北朝時代の古典文学作品『太平記《たいへいき》』に移している。とはいえ幕府に対する建前なので、『太平記』らしいのは鶴岡八幡宮を舞台に設定しているところくらい。話が進むにつれ江戸風俗になっていく。

### 物語は三つに大別

仇討ち事件を軸に、周辺の人々の人間ドラマを描いているのが特徴。内容は大きく三つに分けられ、大序から四段目は、刃傷事件から塩谷家断絶まで。五・六段目は討入りに加わることを願う勘平とおかるの悲劇。七段目から十一段目は大星由良之助を中心に討ち入りを計画・決行するまでの話という構成。

### 口上人形《こうじょうにんぎょう》※1と大序の人形身《にんぎょうみ》※2

かつては原作が人形浄瑠璃の作品を上演する際、人形浄瑠璃にならって、上演に先立ち太夫連名と役割を披露する口上があった。開幕前の口

四段目
判官は裁きを受け入れ切腹。ようやく駆けつけた家老大星《おおぼし》由良之助《ゆらのすけ》に思いを伝える
この短刀をもって我が存念《ぞんねん》を…
塩谷家《えんやけ》は断絶、領地も没収。形見の腹切り刀を手に「師直を討つ」と決意した由良之助は、館を明け渡し去って行く
一方、判官の部下・早野勘平《はやのかんぺい》は、刃傷事件のさなか、恋人おかると密会。失態を悔やみ切腹しようとする
勘平の武士は廃《すた》ったわい
待ってくだされー
落人《おちうど》
おかるの説得で、おかるの実家がある京都・山崎へひとまず落ち延びる
五段目
猟師となった勘平は、夏の夜、元同僚の千崎《せんざき》弥五郎《やごろう》と偶然再会。弥五郎から、仇討ちに参加するには軍資金が必要と聞かされる
それがしも金《かね》、整《ととの》え…
暗がりでイノシシと間違えて人を撃った勘平。介抱しようと懐《ふところ》に手を入れ五十両入った財布を見つけ、悪いと知りつつ持ち去ってしまう
一方、勘平の軍資金のためにと、密かに身を売ったおかる。おかるの父・与市兵衛《よいちべえ》が、半金五十両を家に届ける途中、斧定九郎《おのさだくろう》に財布ごと奪われ殺される
財布をー!
すっ
つー

**上人形**と、大序の冒頭の**人形身**がそれにあたる。**人形身**では、まず人形遣いから命を吹き込まれる前の人形を表す。義太夫が登場人物を紹介する文句を順番に語ると、それに伴い役者も一人ずつ袖をひるがえして順番に人に戻る動きをする。

**前半のクライマックス**
**四段目は途中入場不可**

塩谷判官が切腹する厳粛《げんしゅく》な場面。そのため、幕が開いたら観客の途中入場はできないという決まりになっている。

**道行《みちゆき》の名作**

『**落人《おちうど》**』（『**道行旅路《みちゆきたびじ》の花聟《はなむこ》**』）は、歌舞伎では清元の舞踊に改変されたもの。黒紋付き姿の勘平とおかるの美男美女カップルが、富士を背景にした舞台を行く道行は、独立した一幕としても上演される。語り出しが「落人も、見るかや野辺に若草の」と始まることから、『**落人**』の通称

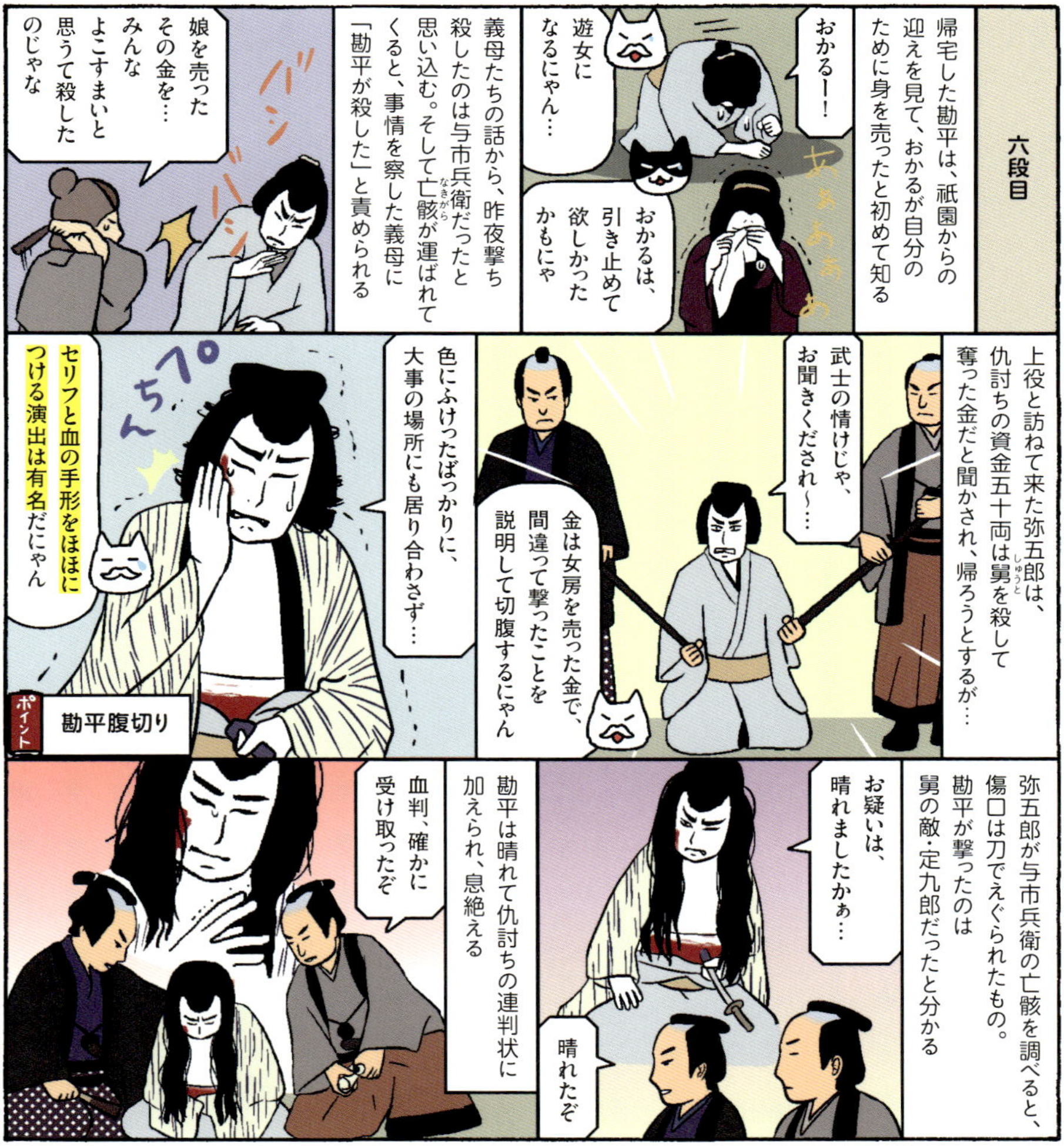
六段目
帰宅した勘平は、祇園からの迎えを見て、おかるが自分のために身を売ったと初めて知る
おかるー！
遊女になるにゃん…
おかるは、引き止めて欲しかったかもにゃ
あぁあぁあ
義母たちの話から、昨夜撃ち殺したのは与市兵衛だったと思い込む。そして亡骸《なきがら》が運ばれてくると、事情を察した義母に「勘平が殺した」と責められる
バシ バシ
娘を売ったその金を…みんなよこすまいと思うて殺したのじゃな
上役と訪ねて来た弥五郎は、仇討ちの資金五十両は舅《しゅうと》を殺して奪った金だと聞かされ、帰ろうとするが…
武士の情けじゃ、お聞きくだされ～…
金は女房を売った金で、間違って撃ったことを説明して切腹するにゃん
色にふけったばっかりに、大事の場所にも居り合わさず…
セリフと血の手形をほほにつける演出は有名だにゃん
ポイント 勘平腹切り
弥五郎が与市兵衛の亡骸を調べると、傷口は刀でえぐられたもの。勘平が撃ったのは舅の敵・定九郎だったと分かる
お疑いは、晴れましたかぁ…
晴れたぞ
勘平は晴れて仇討ちの連判状に加えられ、息絶える
血判、確かに受け取ったぞ



で呼ばれる。

**道行とは？**

**旅する人物の心情を描く舞踊**のこと。道行で有名なのが、前出の『**落人**』。登場人物は勘平とおかるのような恋愛関係にある男女が多いが、次ページで紹介する八段目『道行旅路《みちゆきたびじ》の嫁入《よめいり》』のような親子や、『義経千本桜』の四段目『道行初音旅《みちゆきはつねたび》』のような主従関係もある。

**悪の色男・斧定九郎《おのさだくろう》**

五段目にのみ登場する斧定九郎は、脇役ながら**ゾッとする悪の色気で強烈なインパクト**。もともと山賊姿のやぼったい役柄だったのを、江戸中期に活躍した初代中村仲蔵が、黒紋付に顔と手は白塗りというかっこいい定九郎像に仕上げ、今も継がれている。口から太ももにかかる鮮血の赤という色彩美も印象的だ。

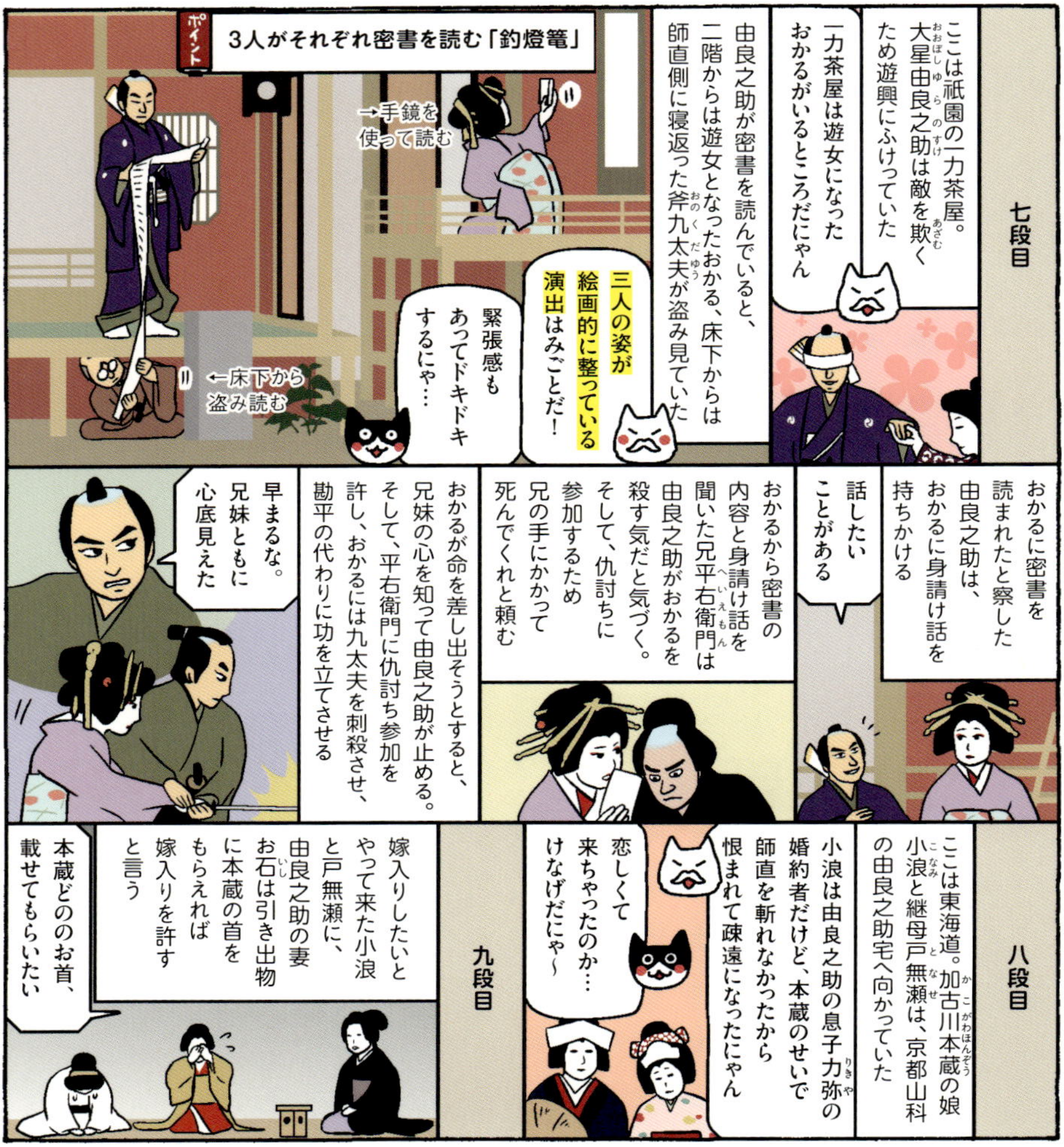
七段目
ここは祇園の一力茶屋。大星由良之助《おおぼしゆらのすけ》は敵を欺《あざむ》くため遊興にふけっていた
一力茶屋は遊女になったおかるがいるところだにゃん
由良之助が密書を読んでいると、二階からは遊女となったおかる、床下からは師直側に寝返った斧九太夫《おのくだゆう》が盗み見ていた
ポイント
3人がそれぞれ密書を読む「釣燈篭」
手鏡を使って読む
床下から盗み読む
三人の姿が絵画的に整っている演出はみごとだ！
緊張感もあってドキドキするにゃ…
おかるに密書を読まれたと察した由良之助は、おかるに身請け話を持ちかける
話したいことがある
おかるから密書の内容と身請け話を聞いた兄平右衛門《へいえもん》は由良之助がおかるを殺す気だと気づく。そして、仇討ちに参加するため兄の手にかかって死んでくれと頼む
おかるが命を差し出そうとすると、兄妹の心を知って由良之助が止める。そして、平右衛門に仇討ち参加を許し、おかるには九太夫を刺殺させ、勘平の代わりに功を立てさせる
早まるな。兄妹ともに心底見えた
八段目
ここは東海道。加古川本蔵《かこがわほんぞう》の娘小浪《こなみ》と継母戸無瀬《となせ》は、京都山科の由良之助宅へ向かっていた
小浪は由良之助の息子力弥《りきや》の婚約者だけど、本蔵のせいで師直を斬れなかったから恨まれて疎遠になったにゃん
恋しくて来ちゃったのか…けなげだにゃ～
九段目
嫁入りしたいとやって来た小浪と戸無瀬に、由良之助の妻お石《いし》は引き出物に本蔵の首をもらえれば嫁入りを許すと言う
本蔵どののお首、載せてもらいたい

**全段の中で最も人気**
**独立上演も多い五・六段目**

六段目の勘平腹切りでは「色にふけったばっかりに…」と言いながらほほを自らたたき、べったりと血の手形がついてしまう演出が見どころ。尾上菊五郎家には、三代目が創り五代目が洗練させた勘平の菊五郎型が伝承されている。尾上菊五郎家の屋号にちなんで「**音羽屋型**」と呼ばれている。現在上演される五段目・六段目のほとんどは、この**音羽屋型**の演出だ。

**七段目の由良之助は難しい役**

敵の目を欺《あざむ》くため、遊びほうける由良之助。とはいえ、だらしなく遊ぶのではなく、祇園の一流店で遊ぶ人らしい色気、仇討ちを遂げようとする内に秘めた信念、人を束ねる風格を表現しなければならない難しい役。それぞれの役者がどう演じるのかも、見どころだ。

そこへ虚無僧の姿をした本蔵。本蔵はお石を踏みつけ由良之助をののしり始める
主人の仇をという所存もなく遊興にふけり…日本一のあほうの鑑《かがみ》…
と、力弥が飛び出し、本蔵を槍で突いた
由良之助が現れ、本蔵がわざと刺されたと見抜く。そして、仇討ち遂げ死ぬ覚悟だと明かす
力弥が手にかかり、さぞご本望でござろう
それを聞いた本蔵は師直邸の絵図面を由良之助に渡す。由良之助は小浪の嫁入りを許して旅立ち、本蔵も戸無瀬と小浪にみとられて、あの世へと旅立った
十一段目
十二月十四日、雪の夜──。由良之助たちは、ついに高師直邸に討ち入る
恨みも積もる白雪の～
立ち廻りも見ごたえあるにゃー
由良之助が判官の形見の短刀で、師直の首を取った。浪士たちは勝どきをあげ、塩冶判官の眠る泉岳寺へと向かった…
えいえいおっー！
えいえいおっー！

**密書を三人同時に読むシーン、通称「釣燈籠《つりどうろう》」**

釣燈籠は軒先などにつるす灯篭《とうろう》のこと。三人の構図が美しい絵のようで見応えがある。

**後悔のないおかるの生きざま**

母・おかやのセリフに「そなたは小さいときから在所を歩くことさえ嫌いで…」とあるように、おかるは生まれ育った田舎が大嫌いな少女だった。そして、今でいう都心の一流企業に就職。社内恋愛は禁止なのに社内の年上男性と恋をする。その後、腰元、女房から遊女と環境が大きく変化。それでもさらりと適応できるのは、やりたいことを自分の意志でやっているからなのかもしれない。

**立女方と若女方の競演**

八段目は『**道行旅路《みちゆきたびじ》の嫁入《よめいり》**』。本蔵の妻・戸無瀬と義理の娘・小浪という母子の**道行**で、**立女方**が戸無瀬を、**若女方**が小浪を演じる。

06

# 義経千本桜

YOSHITSUNESENBONZAKURA

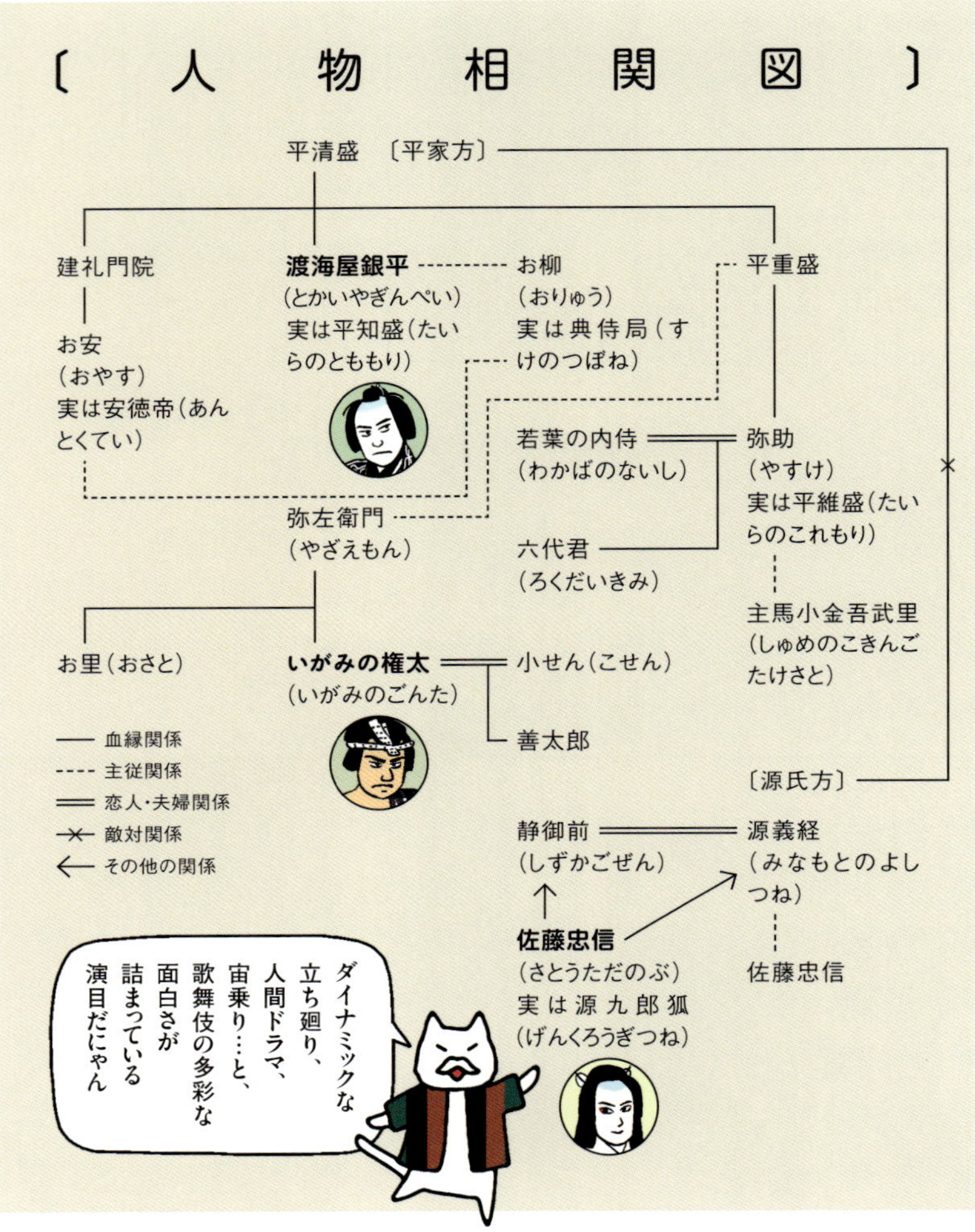

〔人物相関図〕
平清盛 〔平家方〕
建礼門院
渡海屋銀平
（とかいやぎんぺい）
実は平知盛（たいらのとももり）
お柳
（おりゅう）
実は典侍局（すけのつぼね）
平重盛
お安
（おやす）
実は安徳帝（あんとくてい）
若葉の内侍
（わかばのないし）
弥助
（やすけ）
実は平維盛（たいらのこれもり）
弥左衛門
（やざえもん）
六代君
（ろくだいきみ）
主馬小金吾武里
（しゅめのこきんごたけさと）
お里（おさと）
いがみの権太
（いがみのごんた）
小せん（こせん）
善太郎
血縁関係
主従関係
恋人・夫婦関係
敵対関係
その他の関係
〔源氏方〕
静御前
（しずかごぜん）
源義経
（みなもとのよしつね）
佐藤忠信
（さとうただのぶ）
実は源九郎狐
（げんくろうぎつね）
佐藤忠信
ダイナミックな立ち廻り、人間ドラマ、宙乗り…と、歌舞伎の多彩な面白さが詰まっている演目だにゃん


## 悲しきヒーローたちが織りなす歴史ロマン

作者：二代目竹田出雲《たけだいずも》、三好松洛《みよししょうらく》、並木千柳《なみきせんりゅう》による合作。

初演：人形浄瑠璃で一七四七（延享四）年十一月に大坂・竹本座。歌舞伎では翌年五月、江戸・中村座。

概要：**義太夫狂言三大名作**の一つ。平家滅亡後を描いた**時代物**。全五段だが、初段は通し上演でもカットされ、二段目から始まることが多い。

### 主人公は義経ではない？

義経の都落ちをストーリーの軸に、実は生きていた平家の武将による復讐、巻き込まれる人々の悲劇を描いた物語。**『すし屋』**のいがみの権太《ごんた》、**『大物浦《だいもつのうら》』**の平知盛《たいらのとももり》、**『四の切《しきり》』**の狐忠信《きつねただのぶ》、この三人を主人公に物語は進行していく。

### 立役《たちやく》の卒業論文

いがみの権太、平知盛、狐忠信の

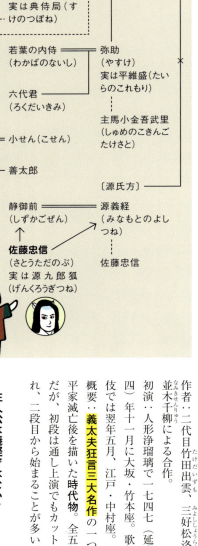

五段の長編だけど通し上演は少なくて、人気のある場面が単独で上演されることが多いにゃん。その場合、通称が使われるにゃんよ
通称「鳥居前《とりいまえ》」（二段目 伏見稲荷鳥居前）
静御前《しずかごぜん》を助けた義経の家来・佐藤忠信《さとうただのぶ》。義経は「源九郎義経《げんくろうよしつね》」の名と鎧《よろい》を与え、静御前の道中の警護を任せて旅立っていく
この段の主人公は佐藤忠信。実はキツネの化身にゃんだ
キツネ!?
義経の恋人・静御前と義経の家来・佐藤忠信
通称「大物浦《だいもつのうら》」（二段目 渡海屋《とかいや》・大物浦《だいもつのうら》）
実は生きていた平知盛《たいらのとももり》。宿の主人をよそおい源義経を討とうとするが、計略はばれて逆に討たれてしまう
碇を身体に巻き付け海に入るシーンが有名で碇知盛《いかりとももり》と呼ばれるにゃん
平知盛
通称「すし屋」（三段目 木の実・小金吾討死《こきんごうちじに》・鮓屋《すしや》）
いがみの権太は悪人だったが改心し、実は生きていた平維盛《たいらのこれもり》親子を守るため命を落とす
いがみの権太
この段の主人公・いがみの権太はすし屋の息子。後半、実家を舞台に物語が進むにゃん
それで「すし屋」か
通称「吉野山《よしのやま》」（四段目 道行初音旅《みちゆきはつねのたび》）
佐藤忠信に化けたキツネと静御前が、義経がいる吉野に向かう道中を踊りで見せる
静御前と佐藤忠信
桜が満開の吉野山が舞台にゃんだ
通称「四の切《しのきり》」（四段目 河連法眼館《かわつらほうげんやかた》）
狐《きつね》が正体を現し、忠信に化けていた理由を義経に打ち明ける
佐藤忠信・実は源九郎狐
「段」の最後の場面を「切場《きりば》」といって、歌舞伎で、『四の切』というと『義経千本桜』の四段目の最後〈河連法眼館〉のことをさすにゃん
源義経が主人公で活躍する物語かと思ったけど。
別の人たちが主人公にゃんだね。しかも場ごとに主人公が違うし
平知盛、いがみの権太、佐藤忠信実は源九郎狐の三人、いや二人と一匹？を中心に物語は進むにゃんよ
次のページから、特に人気がある『大物浦』と『四の切』を見てみよう。全体のあらすじは、下で予習できるにゃんよ


三役を一日に一人で演じることは、**立役**にとって卒業論文のようなもの。庶民・武士・動物を演じ分け、**時代物**、**舞踊**、そして**世話物**の要素を含んだ役柄をこなすのは至難の業だ。

## 初段に出てくる「初音の鼓《はつねのつづみ》」

カットされることが多い初段は、義経が後白河法皇《ごしらかわほうおう》から平家追討のほうびとして初音の鼓をたまわり、そのせいで兄・頼朝に謀反《むほん》の疑いをかけられるという話。『四の切』で重要なアイテムとして登場する初音の鼓には、こんないわくがあった。

## 伏見稲荷で出会うのには理由がある!?

二段目前半〈伏見稲荷鳥居前《ふしみいなりとりいまえ》〉では、都落ちする義経から恋人・静御前が形見に初音の鼓をもらう。頼朝側の追手から静御前を助けるのが、突然現れた義経の家来・佐藤忠信。忠信は、義経への思いが断ち切れず

大物浦《だいもつのうら》
渡海屋《とかいや》の場
摂津《せっつ》の国の大物浦《だいもつうら》にある船宿「渡海屋」の主人・銀平《ぎんぺい》と女房・お柳《りゅう》。渡海屋には、九州へ落ちようとする源義経一行が滞在していた
渡海屋の主人・銀平(実は平知盛)
→上着はアイヌ民族伝統の織物・アットゥシ。芝居では水運業の人が着るお約束
銀平の女房・お柳(実は帝の乳人(めのと)・典侍の局(すけのつぼね))
知盛たちは、壇ノ浦で敗れた平家の復讐を果たすため、義経を待ち伏せていたにゃん
鎌倉方(頼朝の配下)の追手・相模五郎《さがみごろう》と運平《うんぺい》を、銀平がきっぱりと追い返す。そして、船出を急ぐよう義経を促した
相模五郎たちは、実は銀平つまり知盛の部下。義経に「あなたの味方!」と信用させるために仕組んだんだ。女性の気を引くために、知り合いにケンカをふっかけさせて助けるのと似ているにゃん
表に放り出され、悔しまぎれに文句を言う五郎たち
銀ぼう、サンマめ。イワシておけば…いなだブリだとアナゴって、よく痛いメザシにアワビだな
セリフに魚の名前が盛り込まれた「魚づくし」になっていて、お客を楽しませるにゃん。ちなみに「銀平さまめ。言わせておけば…田舎武士だとあなどって、よくも痛い目にあわせたな」という意味だにゃん
よく考えたにゃー
義経一行が船出すると、奥から白装束《しろしょうぞく》の銀平、実は平家の大将・平知盛が登場
平知盛。白装束の幽霊姿※1
渡海屋銀平とは仮の名、新中納言知盛と、実名をあらわすうえは…
勇ましい武将姿だと思ってたけど。美しい〜
そして、女房お柳は帝の乳人の典侍の局、娘のお安《やす》は安徳帝《あんとくてい》だった
必定勝利《ひつじょうしょうり》、間違いなし!
この物語では安徳帝は女の子にゃんだ


後を追う静のお供をすることになるのだが、この忠信は鼓に張られた親狐の皮を慕って来た狐だった。伏見稲荷の祭神と言えば白狐。伏見稲荷で狐の忠信が登場するのには、作者の意図がある。

**白装束《しろしょうぞく》の幽霊姿※1なのはなぜ?**

『大物浦《だいもつのうら》』は、源平合戦で討ち死にした平知盛《たいらのとももり》が実は生きていて、義経に復讐を企てるという話。義経を討つとき白装束を着て幽霊に見せかけるのは、知盛が生きていることを源頼朝に知られたくないから。最終目的は頼朝を討つことなので、幽霊が義経を討ったことにすれば頼朝方の目をくらませられると考え幽霊姿になっている。

**『すし屋』のいがみの権太には優しい父親の一面も**

三段目前半〈木の実〉の舞台は、吉野山の茶屋。高野山に隠れ住む平《たいらの》維盛《これもり》に会うため、妻・若葉《わかば》の内侍《ないし》と

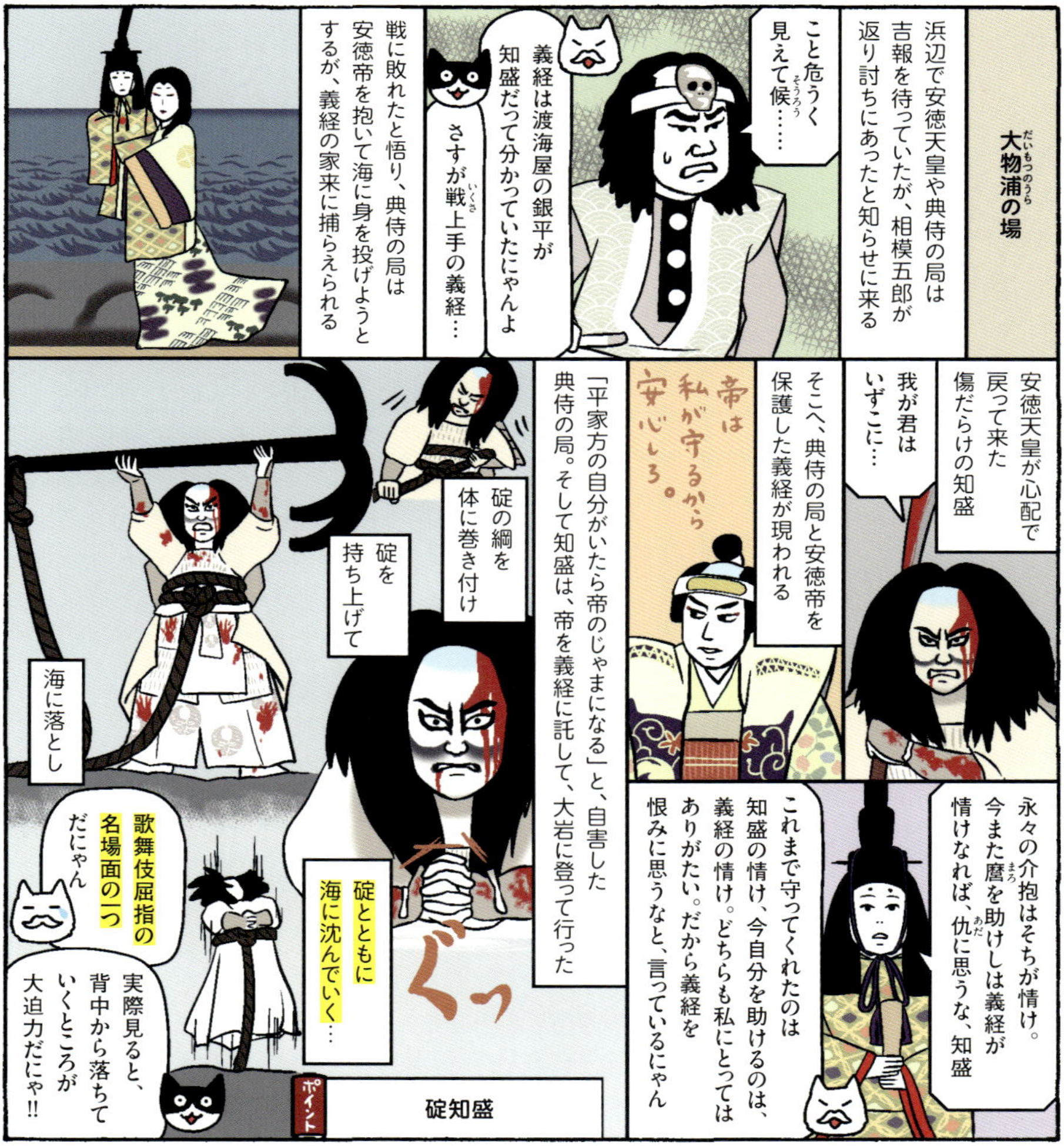
大物浦《だいもつのうら》の場
浜辺で安徳天皇や典侍の局は吉報を待っていたが、相模五郎が返り討ちにあったと知らせに来る
こと危うく見えて候《そうろう》……
義経は渡海屋の銀平が知盛だって分かっていたにゃんよ
さすが戦上手《いくさ》の義経…
戦に敗れたと悟り、典侍の局は安徳帝を抱いて海に身を投げようとするが、義経の家来に捕らえられる
安徳天皇が心配で戻って来た傷だらけの知盛
我が君はいずこに…
そこへ、典侍の局と安徳帝を保護した義経が現われる
帝は私が守るから安心しろ。
永々の介抱はそちが情け。今また麿《まろ》を助けしは義経が情けなれば、仇《あだ》に思うな、知盛
これまで守ってくれたのは知盛の情け、今自分を助けるのは、義経の情け。どちらも私にとってはありがたい。だから義経を恨みに思うなと、言っているにゃん
「平家方の自分がいたら帝のじゃまになる」と、自害した典侍の局。そして知盛は、帝を義経に託して、大岩に登って行った
碇の綱を体に巻き付け
碇を持ち上げて
海に落とし
ぐっ
碇とともに海に沈んでいく…
ポイント
碇知盛
歌舞伎屈指の名場面の一つだにゃん
実際見ると、背中から落ちていくところが大迫力だにゃ!!



息子・六代君《ろくだいきみ》が家来の小金吾《こきんご》を伴って旅をしていた。途中、権太に言いがかりをつけられ金をゆすりとられてしまう。それを知った権太の女房・小せんが夫を叱り、息子の善太郎を連れて家に帰るよう促す。かわいい我が子にはあらがえず、そろって家に帰るのだが、この場面の親子仲の良さが、三段目後半の結末をより悲しいものにする。

## 『すし屋』の中盤はダイナミックな立ち廻り

三段目中盤〈小金吾討死《うちじに》〉は、捕り縄を使ったダイナミックで様式美あふれる立廻りが人気。鎌倉方の追手に見つかり、小金吾が一人で立ち向かうが息絶えてしまう。そこを通りかかったのが権太の父・弥左衛《やざえ》門《もん》。かつて平家に恩を受けた与左衛門は維盛をかくまっているのだが、それを察した鎌倉方が維盛の首を差し出すよう命じてきた。この首を代わりに差し出し維盛を逃がそうと思

四の切
河連法眼館《かわつらほうげんやかた》の場
主役が狐《きつね》だけに、意表をついた忠信狐の登場、早替り、欄干渡り、宙乗り…と、ケレンと呼ばれる派手な演出がたくさん見られるにゃん
楽しそぉ〜
義経は、吉野山の河連法眼の館にかくまわれている。そこへ、忠臣の佐藤忠信があいさつに来た
母の病気見舞いに行っており、遅れてしまいました
えっ! 静と一緒のはずでは?
そこへ、静御前が到着。突然いなくなったお供の忠信が、先に到着しているのを見て驚く
我が君様、おなつかしゅうございまする〜
なんでいるの??
忠信が二人いることを不審に思った義経は、静にもう一人の忠信がニセモノだったら命を奪えと言って短刀を渡す。そして、本物の忠信を詮議のために奥へ連れていく
ポン!
鼓を打つ静御前
鼓を打つと必ず忠信が出てくるから、静は呼ぶために打っているにゃん
鼓の音につられて突然現れた、実は狐の忠信
パッ
一瞬目を離したスキに!?
本物の忠信と同じ役者だから、武士らしさと狐っぽさの演じ分けも見どころだにゃん
ポイント
突然の出現&早替り
静が試しに斬りかかると、本物の忠信に迷惑をかけて申し訳ないと、狐の忠信は真実を話す
わたくしめはその鼓の子で〜ございます
鼓の皮か…!
かわいい声で早口で話すのは狐言葉の演出だにゃん
そして狐の姿に戻る
そなたは狐じゃな!
ひぇ〜
スッ
パタタタタ
三秒で早替り!?
→元結のところが狐の耳
→白い毛縫いの衣裳で狐の姿を表現
ポイント
忠信から狐に早替り
→手を軽く握って狐を表す狐手
→欄干渡り
トトト
親父様、母様、わたくしはもうおいとま申しまする…はぁ〜 おなごりおしかるまいなぁ…

いつき、小金吾の首を切り落とす。

**「もどり」の経緯**

実家の鮨屋に来て、母から金をだまし取った権太。突然、父・弥左衛門が帰宅したのであわてて金を鮨桶に入れ身を隠す。一方、弥左衛門は鮨桶に生首を隠すと、弥助と名を変え鮨屋で働く維盛に事情を話した。そこへ偶然、維盛の妻子が一夜の宿を求めて訪問。再会を喜んでいるのを盗み聞きした権太は、生首が入った鮨桶を持って去っていく。詮議の鎌倉方が来ると、権太が生首の入った鮨桶と、維盛の妻子を引き連れてやって来た。権太をほめ、生首と妻子を連れ立ち去る鎌倉方。維盛妻子を差し出したことを怒った弥左衛門に権太は刺されてしまう。死ぬ間際に権太は、首は父親が用意していた偽物で、妻子の身代わりに自分の妻子を差し出したことを明かす。間違えて持ち帰った生首を見て父の思いを悟り、生首だけでは鎌倉方に疑わ

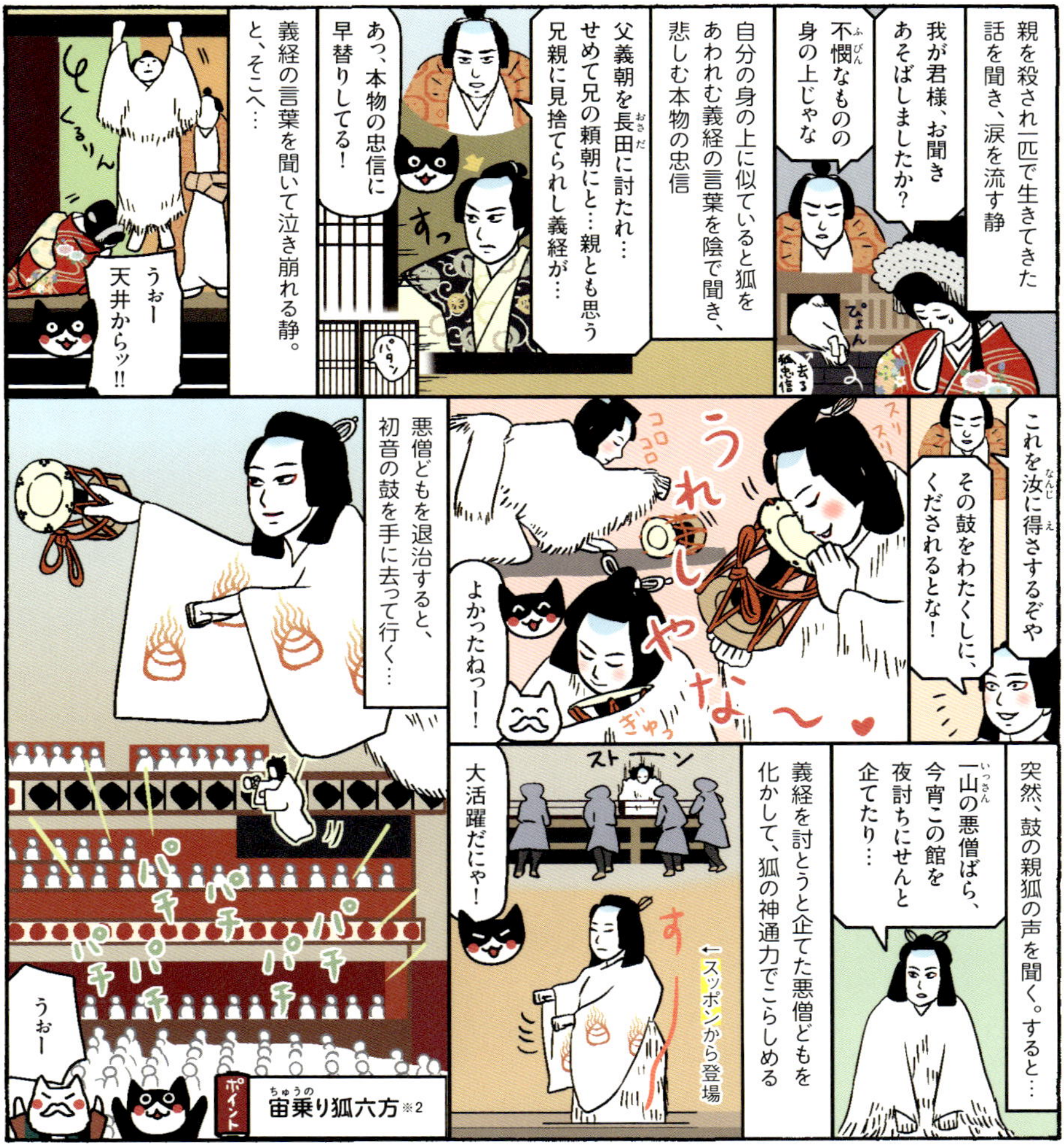
親を殺され一匹で生きてきた話を聞き、涙を流す静
我が君様、お聞きあそばしましたか？
不憫《ふびん》なものの身の上じゃな
ぴょん
去る狐忠信
自分の身の上に似ていると狐をあわれむ義経の言葉を陰で聞き、悲しむ本物の忠信
父義朝を長田《おさだ》に討たれ…せめて兄の頼朝にと…親とも思う兄親に見捨てられし義経が…
あっ、本物の忠信に早替りしてる！
すっ
パタン
義経の言葉を聞いて泣き崩れる静。と、そこへ…
くるりん
うおー天井からッ!!
これを汝《なんじ》に得《え》さするぞや
その鼓をわたくしに、くださるるとな！
スリスリ
うれしやな〜♥
コロコロ
ぎゅっ
よかったねっー！
悪僧どもを退治すると、初音の鼓を手に去って行く…
パチパチパチパチパチパチ
うおー
ポイント
宙乗《ちゅうの》り狐六方※2
突然、鼓の親狐の声を聞く。すると…
一山《いっさん》の悪僧ばら、今宵この館を夜討ちにせんと企てたり…
義経を討とうと企てた悪僧どもを化かして、狐の神通力でこらしめる
←スッポンから登場
ストーン
すー
大活躍だにゃ！

れると機転を利かせたのだった。

## 権太の「もどり」がみどころ

悪人として登場していた人物が実は善人だったことが分かる演出を「もどり」という。三段目の主人公いがみの権太は、もどりの代表的例として知られている。

## 「四の切」はケレンの代表演目

早替り、欄干《らんかん》渡り、宙乗りなどの意表をつくような演出を「ケレン」と呼ぶが、四段目の『四の切』ではケレンの演出が満載。

## 江戸時代からあった宙乗り

〈河連法眼館《かわつらほうげんやかた》〉のクライマックスで見られる、狐のような身振りで花道を引っ込む「狐六方」。それを宙乗りした状態で表すのを「宙乗り狐六方」※2と呼ぶ。宙乗りは江戸時代から行われていたが、長く廃れていたのを三代目市川猿之助が現代に復活させた。

07

# 菅原伝授手習鑑

SUGAWARADENJYUTENARAIKAGAMI

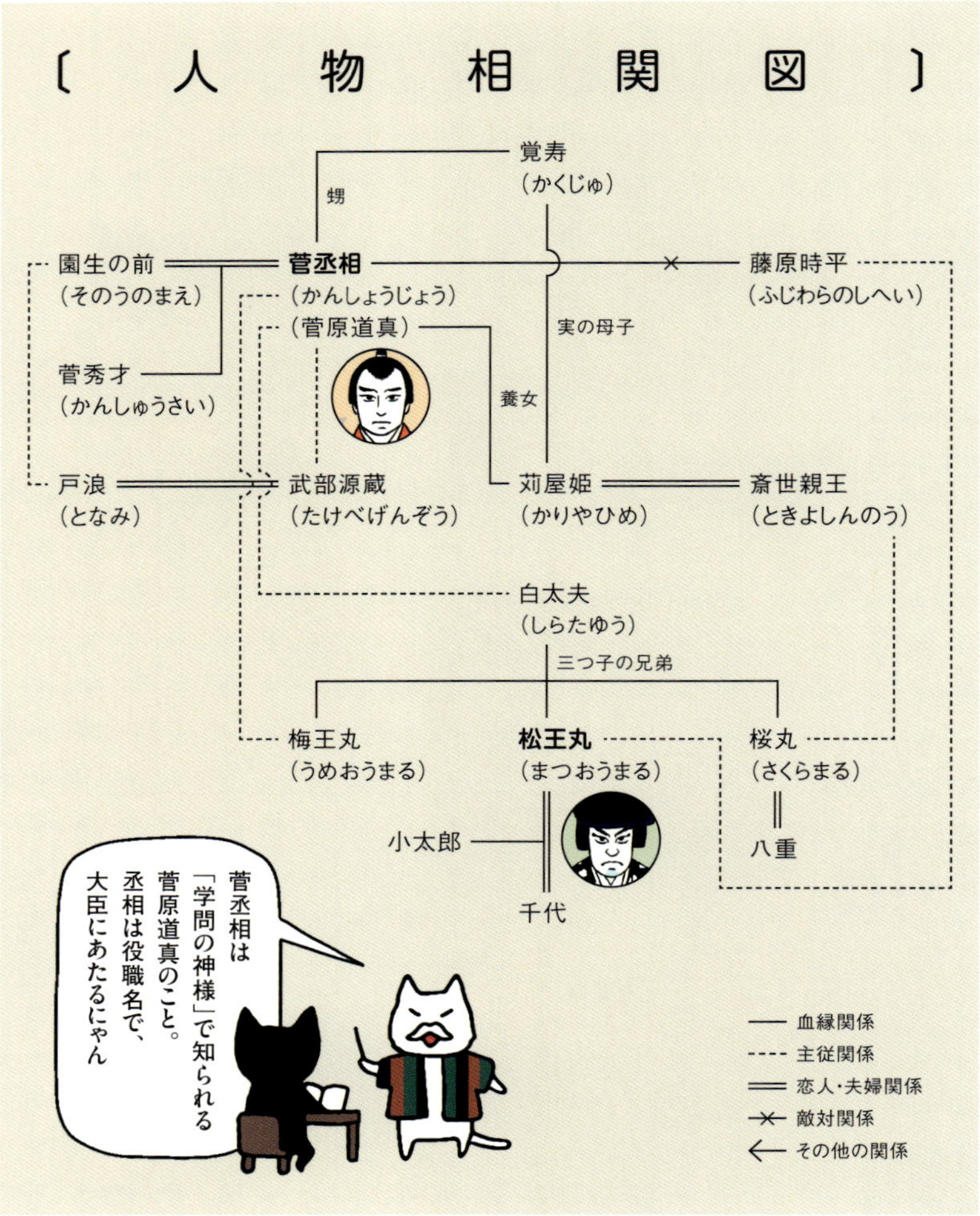
〔人物相関図〕
覚寿（かくじゅ）
甥
園生の前（そのうのまえ）
菅丞相（かんしょうじょう）（菅原道真）
藤原時平（ふじわらのしへい）
実の母子
菅秀才（かんしゅうさい）
養女
戸浪（となみ）
武部源蔵（たけべげんぞう）
苅屋姫（かりやひめ）
斎世親王（ときよしんのう）
白太夫（しらたゆう）
三つ子の兄弟
梅王丸（うめおうまる）
松王丸（まつおうまる）
桜丸（さくらまる）
小太郎
八重
千代
菅丞相は「学問の神様」で知られる菅原道真のこと。丞相は役職名で、大臣にあたるにゃん
血縁関係
主従関係
恋人・夫婦関係
敵対関係
その他の関係

## 三つ子を軸に三組の親子の別れ

作者：竹田出雲《たけだいずも》、竹田小出雲《たけだこいずも》、三好松洛《みよししょうらく》、並木千柳《なみきせんりゅう》による合作。

初演：人形浄瑠璃で一七四六（延享三）年八月、大坂・竹本座。歌舞伎では翌九月、京都・中村喜世三郎座。

概要：**義太夫狂言三大名作**の一つ。平安時代が舞台の**時代物**。全五段の中でも四段目の『**寺子屋**』は単独上演が多い。

### ワイドショー的なニュースをいち早く取り込んだ

平安時代、菅原道真が藤原氏の陰謀で失脚した事件をベースに、初演当時、大坂で三つ子が誕生したニュースを取り込み親子の別れを描いた作品。

### 流罪《るざい》は娘のスキャンダルが原因？

菅丞相《かんしょうじょう》と謀反《むほん》の心がある藤原時平《ふじわらのしへい》はライバル関係だったが、大序《だいじょ》の

全部で五段だけど、屈指の名作と言われる四段目の通称『寺子屋《てらこや》』が単独でよく上演されるにゃん
全体がどんな話なのか気になるにゃ
任せておけにゃん。
ときは平安時代。菅丞相《かんしょうじょう》（菅原道真のこと）に仕える白太夫《しらたゆう》には三つ子の兄弟がいた
右大臣 菅丞相
長兄 梅王丸《うめおうまる》
左大臣 藤原時平《ふじわらのしへい》
次兄 松王丸《まつおうまる》
帝《みかど》の弟 斎世親王《ときよしんのう》
末弟 桜丸《さくらまる》
三つ子はそれぞれ違う相手に仕えてるんだにゃ
三つ子の名前は、道真が詠んだ和歌「梅は飛び　桜は枯るる世の中に何とて松のつれなかるらん」が由来。
梅＝飛ぶ、桜＝散る、松＝つれない、というキーワードを軸に物語は進行していくにゃんよ
だが、菅丞相は時平の策略で大宰府に流罪に
→菅丞相
←藤原時平。典型的な公家悪
公家悪は藍色の隈取りがトレードマークだにゃん
菅丞相の恨みを晴らそうと、梅王丸と桜丸は藤原時平が乗った牛車に襲いかかるが、松王丸が立ちふさがる
それぞれの名前にちなんだ模様の襦袢（じゅばん）
←梅王丸
←松王丸
→桜丸
三段目『車引《くるまびき》』。豪快な荒事《あらごと》の演出が見どころだにゃん
父親の七十歳を祝う席に集まった三兄弟。松王丸は勘当を願い、梅王丸は大宰府へ行くことを願い、桜丸は自分のせいでこうなったと切腹する
勘当を
大宰府へ
切腹
で、次はいよいよ『寺子屋』を見るにゃん
ワクワクしてきたにゃ！

〈加茂堤《かもづつみ》〉で丞相に不利な事件が起こる。恋仲の斎世親王《ときよしんのう》と丞相の娘・苅屋姫《かりやひめ》の密会を、斎世親王の家来・桜丸が手助けした際、二人は駆け落ち。このスキャンダルがもとで、丞相は謀反の心があると時平に濡れ衣を着せられ、大宰府へ流罪となる。

**動きのない演技で高潔さを表現**

大序の〈筆法伝授《ひっぽうでんじゅ》〉では、禁止の社内恋愛のため破門になった武部源蔵《たけべげんぞう》が丞相に呼ばれ「伝授は伝授。勘当は勘当」と、筆道の奥義を伝授される。この場の丞相は動きがほとんどない「静」の演技で、品格や高潔を見せねばならない難役。

**覚寿《かくじゅ》は「三婆《さんばばあ》」の一つ**

二段目の通称『道明寺《どうみょうじ》』では、大宰府へ向かう途中の丞相が、苅屋姫をかくまっている伯母・覚寿の館へ立ち寄る。時代物の老母役のうち、演じるのが難しいとされる三役を「三婆」と言うが、覚寿はその一つ。

寺子屋
菅丞相《かんしょうじょう》の元部下で筆法を伝授された武部源蔵《たけべげんぞう》。京の郊外・芹生の里で寺子屋を開き、妻の戸浪《となみ》とともに、菅丞相の息子菅秀才《かんしゅうさい》をかくまっていた
←菅秀才
菅丞相を失脚させた藤原時平に気づかれ、秀才の首を差し出すよう命じられてしまう
どれを見ても山家育《やまがそだ》ち
田舎者ばかりで秀才様の身替りは無理だなぁ〜と嘆いているにゃん
と、今日から預けられた子が見るからに賢そうなのを見て、ピンときた
ピン!
お師匠様、今からお頼み申します
王家のご子息と言うてもおそらくは恥ずかしからず…良い子じゃなぁ〜
源蔵は知らないけど、実は松王丸の息子・小太郎で、秀才の身替りにしてもらうために松王丸の妻・千代が預けたにゃん
身替り…
首実検※1に来た時平の家臣の春藤玄蕃《しゅんどうげんば》と松王丸
←松王丸
←五十日鬘に病鉢巻(やまいはちまき)※2
←春藤玄蕃
首を討ちに奥へ入った源蔵の「えいっ」という声を聞いて、一瞬、よろめく松王丸
えいっ!
よろっ…
動揺してよろけた源蔵の女房・戸浪《となみ》が松王丸とぶつかる
ドンッ
無礼者め〜!
息子が首をはねられたかもしれない動揺を、必死にこらえている気持ちがこの見得には表れているにゃん
…
ポイント 「無礼者め」の見得

### 荒事の魅力が詰まった「車引《くるまびき》」

三段目の『車引』は単独上演もある人気演目。梅王丸&桜丸vs松王丸で牛車の押し合いになるという単純なストーリーだが、三つ子が牛車を引っ張り合い、**鳴物にあわせて首を振る型**、**梅王丸の「飛び六方」**など、荒事の演出が見どころ。**器の大きな人物に使われる「二本隈《にほんぐま》」の松王丸**、**荒事の代表的な「筋隈《すじぐま》」で力強さを見せる梅王丸**、**「むきみ」だが和事のやわらかさも含んだ桜丸**と、隈取もそれぞれの性格を表す。

### 『寺子屋』の名ゼリフ

源蔵が女房戸浪に事情を語る際の**「せまじきものは宮仕え」は名ゼリフ**として有名。現代の会社員の心境に通じるものがある。

### 松王丸は病気?

『寺子屋』の松王丸は、**五十日鬘《ごじゅうにちかづら》**に**病鉢巻《やまいはちまき》**※2。髪が伸び放題の状態を表す五十日鬘は、盗賊や病人、浪人

源蔵が差し出した首桶をあけ、確認する松王丸
若君、菅秀才の首に相違ない、相違ござらぬ
最大の見どころだにゃん
ポイント
首実検
松王丸たちが帰った後、松王丸の妻・千代が戻ってくる。身替りにしたことが知られると困るので、源蔵は討とうとするが…
菅秀才の身替り、お役に立ててくださったか
そこへ戻って来た松王丸が、短冊を付けた松の枝を投げ入れる
梅は飛び桜は枯るる世の中に、
ガラッ
何とて松のつれなかるらん。女房喜べ、せがれはお役に立ったわい
恩のある菅丞相のため、息子の小太郎を身替りとして寺入りさせたと源蔵夫婦に明かす
菅丞相には我が性根を見込み給い…松はつれないつれないと、世上の口に、
かかる悔しさ～
悲しむ松王丸夫妻と源蔵夫妻。最後の様子を源蔵が伝えると…
御身替りと言い聞かしたれば、おとなしゅう首さしのべ…にっこりと笑うて、
何、にっこりと笑いましたか
ポイント
名ゼリフ
にっこりと。こりゃ女房、にっこりと笑うたというやい。
むははははは。出かした、出かし出かしおりました
秀才とその母・園生の前と、二組の夫婦みんなで、小太郎の野辺の送り（死者を埋葬地まで送ること）…幕

などの役に使われる。紫縮緬《むらさきちりめん》の鉢巻きを頭の左で結ぶ**病鉢巻**は、病気である演出表現。松王丸が病気の装いなのは、時平やその部下をあざむくためだ。登場するときに籠に乗ってくるのは病気（実は仮病）だから。そのため、時平の部下が怪しむと、咳《せき》をしてごまかしたりしている。

**首実検※1とは**

**切り首が本人かどうかを見て確かめることを首実検**という。『寺子屋』のように、身分の高い人の首を差し出す場合、身替りの首を用意する。ウソの証言をするわけだから、緊迫感あふれる場面となる。

**菅丞相は松王丸を信じていた!?**

和歌のキーワード通り、梅王丸は丞相のもとへ飛び、桜丸は自害。和歌の「松のつれなかるらん」には、「どうして冷たいことがあるだろうか」という意味が込められている。つまり、丞相は松王丸を信じていた。

# 口上とは？

## 口上は人気演目の1つ

口上では、どんなことをするの?

舞台上から役者などが、観客に述べるあいさつのこと。歌舞伎で口上が出るのは、襲名《しゅうめい》披露公演、他界した役者の追善公演、歌舞伎の御曹司の初舞台のときなどがあります。襲名披露興行のときなど、「口上」は演目としてチラシにも掲載されます。とても人気がある演目の1つです。

ずらーーーり

### にゃんざえもんのワンポイントアドバイス

襲名する役者を中心に両脇に並んだ役者たちが、1人ずつお祝いの言葉を述べるにゃん。ただほめるだけじゃなく、子供の頃のエピソードを暴露したり、襲名する役者が週刊誌で話題になっていればそれをネタにしたり…。役者どうしの日ごろの付き合いも垣間見れて、楽しいにゃん!

50演目を観てみよう

PART Ⅱ

第3章

# 恋が人生を狂わせた!?

08

# 籠釣瓶

KAGOTSURUBE

本名題『籠釣瓶花街酔醒《かごつるべさとのえいざめ》』

## 温厚なあの人が… 真面目な人ほど怒らせると怖い!?

序幕　吉原仲之町見染《よしわらなかのちょうみそめ》の場
上州佐野の絹商人・佐野次郎左衛門《さのじろうざえもん》。江戸での仕事を終え、土産話に吉原見物へ。と、そこへ江戸一番とも言われる八ッ橋《やつはし》が……
→花魁・八ッ橋
→佐野次郎左衛門。あばた顔の醜男だが誠実でやさしい人
ポイント
八ッ橋の微笑み ※1
ふ…
宿へ帰るのがいやになった…
二幕目　立花屋店先の場
江戸に来る度に八ッ橋のもとに通う次郎左衛門は、誠実で遊び方もスマート。八ッ橋もやさしく対応していた。が、身請《みう》け話のウワサを聞いた八ッ橋の身元保証人・権八《ごんぱち》が金の無心に来る
NO!
きっぱり拒絶
立花屋夫婦
これほど言っても金はできねえと…おぼえてろ!
八ッ橋の恋人・栄之丞《えいのじょう》に言いつけて、身請け話をぶち壊すつもりだにゃん
三幕目　兵庫屋　廻《まわ》し部屋の場
よくもわしを捨てて…。きれいに愛想をつかしたら、それで疑いを晴らしてやるわっ
これまでにご恩になったお客に愛想づかし※2を?
浪人の栄之丞は収入ゼロだから八ツ橋がいなくなると金に困るにゃん
三幕目　八ッ橋部屋　縁切りの場
身請け話もほとんどまとまり、八ッ橋を連れて帰るつもり満々の次郎左衛門。最後にラブラブなところを自慢しようと田舎の仲間を連れて来たが…
ぬしと口をきくたびに、わちきは病がおこります
あちきはつくづく嫌になりんした


作者：三代目河竹新七《かわたけしんしち》

初演：一八八八（明治二十一）年五月、東京・千歳座。

概要：**世話物**。**江戸享保期に起きた**。**吉原百人斬り事件がもと**。全八幕二十場の長編だが、現在、演じられるのは五・六・八幕の一部。

### 次郎左衛門《じろうざえもん》の惨劇は怨念?

ほとんど上演されない前の場までに、惨劇にいたる背景がある。次郎左衛門の父・豪農の佐野次郎兵衛は女郎・お清を妻にしたが、梅毒になったら捨て惨殺。次郎兵衛はそのたたりで死に、息子の次郎左衛門は疱《ほう》瘡《そう》にかかってあばた顔になった。成長した次郎左衛門は、ある浪人を世話した礼に「籠釣瓶《かごつるべ》」という刀をもらう。実はこの名刀、一度抜くと血を見ずにはいられない因縁のある妖《よう》刀《とう》だった。

花魁、そりゃぁ、あんまり袖なかろぉうぜ…。もう表向き今夜にも、身請けのことを取り決めようと、夕べも宿で寝もやらず、秋の夜長を待ちかねて、菊見がてらにさとの露、ぬれて見たさに来てみれば、案に相違の愛想づかし…
ポイント
名ゼリフ
だが、八ッ橋は栄之丞という恋人がいると言って席を立ってしまい、商売仲間にバカにされる次郎左衛門
身請けどころかこのざまじゃ、年中ふられ通しと見えるわい
…
大詰 立花屋二階の場
四カ月後、次郎左衛門は立花屋を訪れ「あのことは何とも思っちゃいない」と言う。みんなその言葉に感動し、八ッ橋が呼ばれた
来られた義理ではありんせんが…かんにんしてくださんせ
わだかまりが解けたかに見え、人払いをして二人きりになる。と、杯を出し…
この世の別れだ、飲んでくりやれ
この世の別れ…？
八ッ橋ぃー！よくも先ごろ次郎左衛門に恥をかかせたなー
ぐっ
八ッ橋ぃー！ われが命はもらったぞぉー！
→名刀の籠釣瓶(かごつるべ)
不気味に笑いながら…
籠釣瓶は、切れるなぁ



## あでやかな花魁道中《おいらんどうちゅう》と八ッ橋《やつはし》の微笑み ※1

まずは花魁・九重《ここのえ》の花魁道中が登場。下男が見とれているのをよそに「さ、宿へ帰るとしよう」と言っていた次郎左衛門だが、八ッ橋の花魁道中が登場すると、ぼぉーっと見とれてしまう。**花道の七三あたりで振り返った八ッ橋が、艶然《えんぜん》と微笑みかけた**のがとどめ。「宿へ帰るのがいやになった」と言わせるほどの微笑みは、**前半の最大の見せ場**。

**愛想尽《あいそづ》かし** ※2

**義理のため、女性から愛する人に縁切りを切り出すこと**。『籠釣瓶』の場合は恋人に無理強いされての縁切り。とはいえ、心の内には金のために恋人を裏切るわけではないという、トップ花魁としてのプライドもある。そう考えると、八ツ橋の「あちきはつくづく嫌になりんした」には、自分がつくづく嫌になった本音が含まれているのかもしれない。

09

# 十六夜清心

IZAYOISEISHIN

本名題『小袖曾我薊色縫《こそでそがあざみのいろぬい》』

## 心中で生き残り、悪に生きる決意をした男

現行の上演ではいきなり心中の場面から始まるにゃん。ここまでのあらすじ※1は下でね
序幕　稲瀬川百本杭《いなせがわひゃっぽんぐい》の場
清心《せいしん》を追って廓《くるわ》を抜け出しきた十六夜《いざよい》
遊女の十六夜
朧夜《おぼろよ》に星の影さえ二つ三つ、四つか五つの鐘の音も、もしや我身《わがみ》の追手《おって》かと、胸に時《とき》打つ思いにて、廓《くるわ》を抜けし十六夜が〜
清元「梅柳中宵月《うめやなぎなかもよいづき》」は名曲と言われているにゃん
稲瀬川でばったりあった清心と十六夜。実は、十六夜は清心の子を身ごもっていて、もう廓勤めができない身体だった
わたしゃ勤めがならぬうえ、この身を投げて死ぬ覚悟
殺すも不憫《ふびん》、連れても行かれず。こりゃもう俺もともどもに
清心
手を取り合って川に入水し心中を図る二人…
死ぬと覚悟をきわめし上は、
廓の追っ手のあわぬうち、
手に手を取ってこの川へ
浮名を流す心中に、
明日は浮世の話し草…
耳に心地いい七五調のセリフは黙阿弥作品の魅力の一つだにゃん
序幕　川中白魚船《かわなかしらうおぶね》の場
俳諧師《はいかいし》の白蓮《はくれん》と船頭が引き揚げた網に白蓮のなじみの十六夜が！息を吹き返した十六夜に理由を聞くと、廓勤めがつらいと言うだけ…
この網にかかってあがったのは、おれに助けろと神や仏のいわばお指図…
なんとお礼を申そうやら…
十六夜はお腹の子を産むまでは生きようと決意し、白蓮の妾になることにしたにゃん

作者：河竹黙阿弥《かわたけもくあみ》

初演：一八五九（安政六）年二月、江戸・市村座。

概要：**世話物**。**江戸で実際に起こった事件がベース**。初演時の本名題は**『小袖曾我薊色縫《こそでそがあざみのいろぬい》』**だった。全七幕の長編のうち、十六夜と清心の心中を描いた場面がよく上演される。別名題は**『花街模様薊色縫《さともようあざみのいろぬい》』**。

**ここまでのあらすじ** ※1

鎌倉極楽寺の所化《しょけ》（僧侶のこと）だった清心は、祠堂金《しどうきん》（寄付金のようなもの）三千両紛失事件に巻き込まれたうえ、遊女・十六夜《いざよい》との関係が発覚。女犯《にょぼん》の罪で寺を追放され、京の知人を頼ろうと、稲瀬川百本杭《いなせがわひゃっぽんぐい》までやって来た。鎌倉を舞台にしている設定だが、百本杭は蔵前橋から両国橋にかけてあるので、稲瀬川は隅田川のこと。

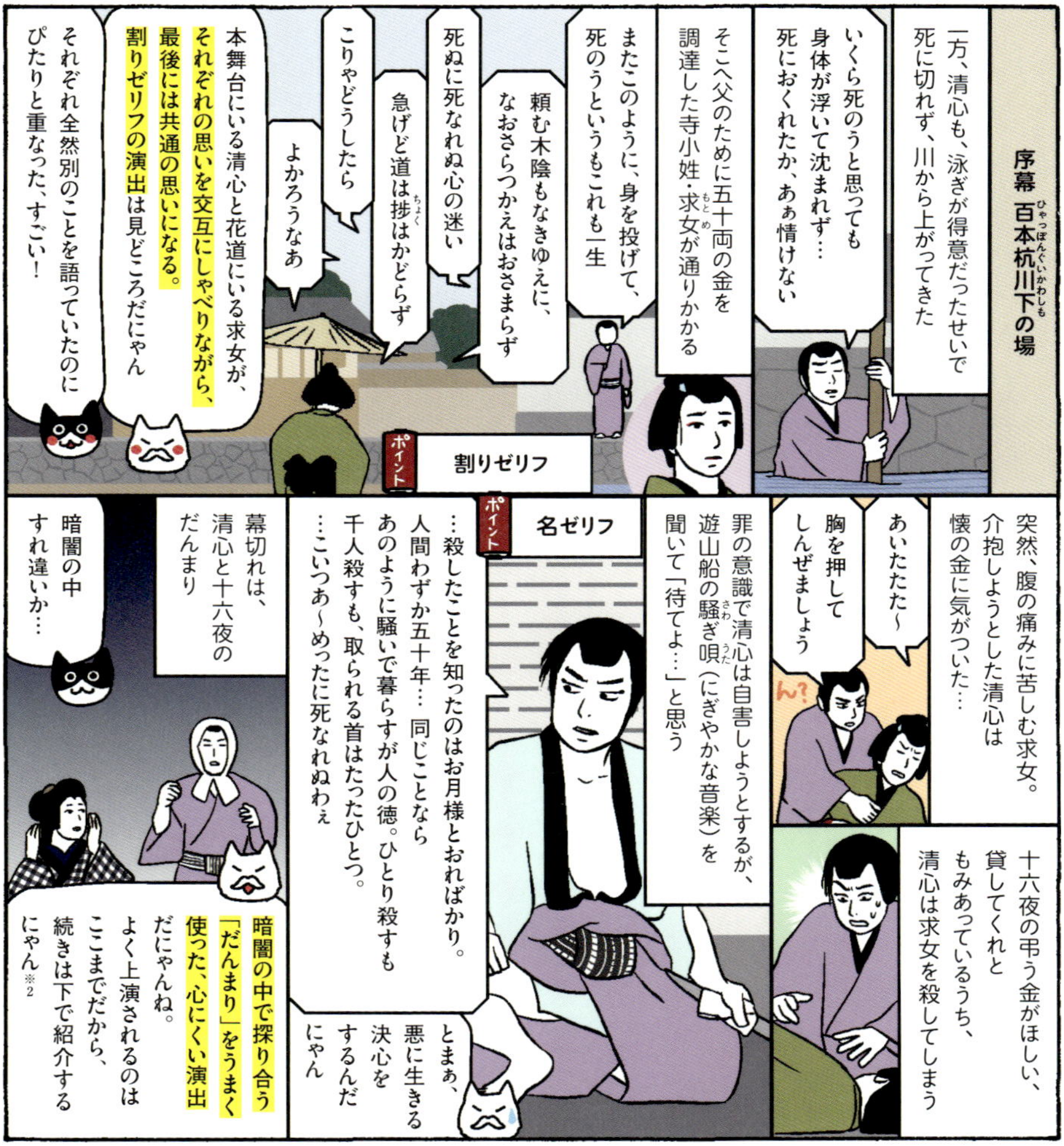
序幕 百本杭川下《ひゃっぽんぐいかわしも》の場
一方、清心も、泳ぎが得意だったせいで死に切れず、川から上がってきた
いくら死のうと思っても身体が浮いて沈まれず…死におくれたか、あぁ情けない
そこへ父のために五十両の金を調達した寺小姓・求女《もとめ》が通りかかる
またこのように、身を投げて、死のうというもこれも一生
頼む木陰もなきゆえに、なおさらつかえはおさまらず
死ぬに死なれぬ心の迷い
急げど道は捗《ちょく》はかどらず
こりゃどうしたら
よかろうなあ
ポイント 割りゼリフ
本舞台にいる清心と花道にいる求女が、それぞれの思いを交互にしゃべりながら、最後には共通の思いになる。割りゼリフの演出は見どころだにゃん
それぞれ全然別のことを語っていたのにぴたりと重なった、すごい！
突然、腹の痛みに苦しむ求女。介抱しようとした清心は懐の金に気がついた…
あいたたた～
胸を押してしんぜましょう
ん?
十六夜の弔う金がほしい、貸してくれともみあっているうち、清心は求女を殺してしまう
罪の意識で清心は自害しようとするが、遊山船の騒《さわ》ぎ唄《うた》（にぎやかな音楽）を聞いて「待てよ…」と思う
ポイント 名ゼリフ
…殺したことを知ったのはお月様とおればかり。人間わずか五十年… 同じことならあのように騒いで暮らすが人の徳。ひとり殺すも千人殺すも、取られる首はたったひとつ。…こいつあ～めったに死なれぬわぇ
とまぁ、悪に生きる決心をするんだにゃん
幕切れは、清心と十六夜のだんまり
暗闇の中すれ違いか…
暗闇の中で探り合う「だんまり」をうまく使った、心にくい演出だにゃんね。よく上演されるのはここまでだから、続きは下で紹介するにゃん※2

**清元の名曲が演技を運ぶ**

十六夜と清心が川へ身を投げるまでの間ずっと、名曲として知られる清元の演奏が流れる。音楽の相乗効果もあって、印象的な美しいシーンとなっている。

**その後の話…**※2

白蓮《はくれん》の妾になった十六夜は、元の名のさよに名をあらためた。清心を弔うため尼になり旅に出たが、箱根で盗賊になり清吉と名をあらためた清心と再会。二人は白蓮をゆすりにいくが、白蓮は大盗賊で極楽寺から三千両を盗んだ張本人。しかも、清吉の兄と判明。追手が迫り三人は逃げるが、父と再会したさよは弟の求女が殺されたと知り、清吉も自分が殺した小姓がさよの弟だったと知る。因果の恐ろしさに、さよに殺してくれと頼むが誤ってさよを刺し、自害する清吉。白蓮も捕手に囲まれる。

10

# かさね

KASANE

本名題『色彩間苅豆《いろもようちょっとかりまめ》』

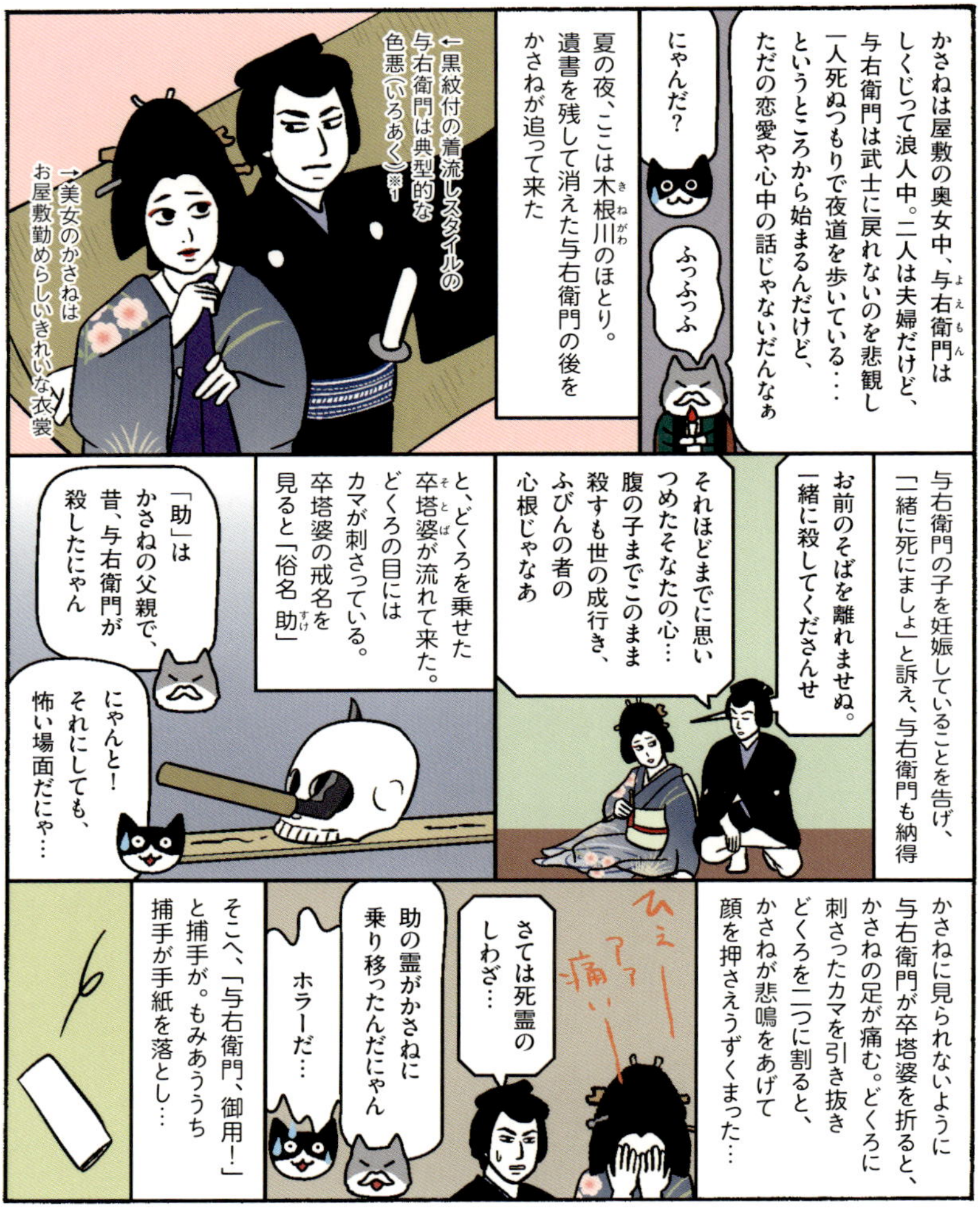

かさねは屋敷の奥女中、与右衛門《よえもん》はしくじって浪人中。二人は夫婦だけど、与右衛門は武士に戻れないのを悲観し一人死ぬつもりで夜道を歩いている…というところから始まるんだけど、ただの恋愛や心中の話じゃないだんなぁ
にゃんだ？
ふっふっふ
夏の夜、ここは木根川《きねがわ》のほとり。遺書を残して消えた与右衛門の後をかさねが追って来た
←黒紋付の着流しスタイルの与右衛門は典型的な色悪（いろあく）※1
←美女のかさねはお屋敷勤めらしいきれいな衣裳
与右衛門の子を妊娠していることを告げ、「一緒に死にましょ」と訴え、与右衛門も納得
お前のそばを離れませぬ。一緒に殺してくださんせ
それほどまでに思いつめたそなたの心…腹の子までこのまま殺すも世の成行き、ふびんの者の心根じゃなあ
と、どくろを乗せた卒塔婆《そとば》が流れて来た。どくろの目にはカマが刺さっている。卒塔婆の戒名を見ると「俗名 助《すけ》」
「助」はかさねの父親で、昔、与右衛門が殺したにゃん
にゃんと！それにしても、怖い場面だにゃ…
かさねに見られないように与右衛門が卒塔婆を折ると、かさねの足が痛む。どくろに刺さったカマを引き抜きどくろを二つに割ると、かさねが悲鳴をあげて顔を押さえうずくまった…
ひぇ〜
アア痛い
さては死霊のしわざ…
助の霊がかさねに乗り移ったんだにゃん
ホラーだ…
そこへ、「与右衛門、御用！」と捕手が。もみあううち捕手が手紙を落とし…


## 愛した男は、父の敵で母の元恋人

作者：四代目鶴屋南北《つるやなんぼく》

初演：一八二三（文政六）年、江戸・森田座。

概要：清元の**舞踊劇**。南北作の長編『**法懸松成田利剣**《けさかけまつなりたのりけん》』の一場面が独立したもの。

### 江戸時代に有名だった累《かさね》の伝説がベース

累という名の醜い村娘が、江戸から来た男と結婚するが累の土地を手に入れると殺害。男はたたりにあうという話。

### 与右衛門は色悪※1の代表的な役

色悪は、二枚目だが女を裏切ったり殺人を犯す役柄。与右衛門は、色悪の代表的な役の一つ。

### 愛したのは母の恋人だった男※2

与右衛門にとって助《すけ》(かさねの父

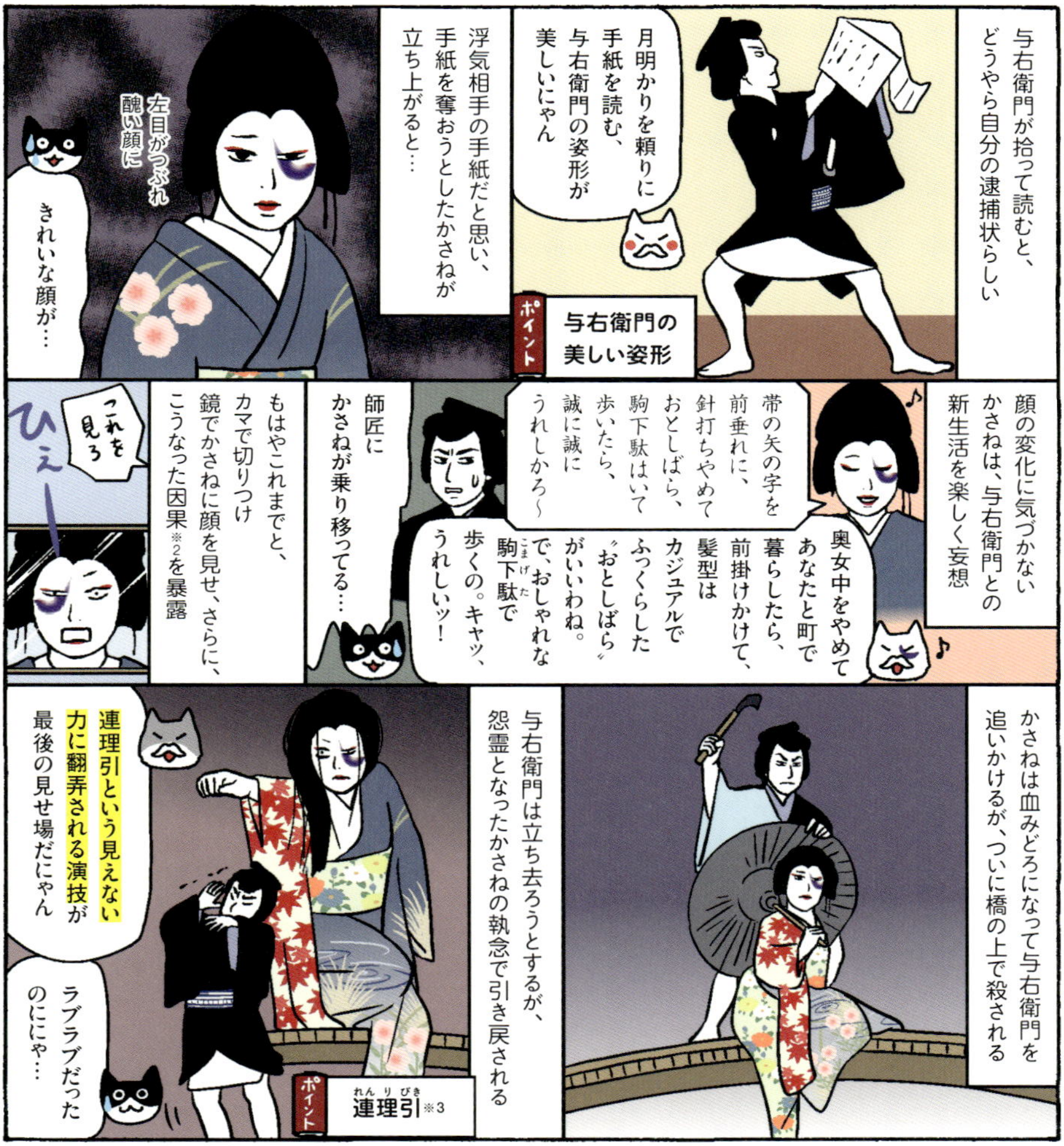
与右衛門が拾って読むと、どうやら自分の逮捕状らしい
ポイント 与右衛門の美しい姿形
月明かりを頼りに手紙を読む、与右衛門の姿形が美しいにゃん
浮気相手の手紙だと思い、手紙を奪おうとしたかさねが立ち上がると…
左目がつぶれ醜い顔に
きれいな顔が…
顔の変化に気づかないかさねは、与右衛門との新生活を楽しく妄想
帯の矢の字を前垂れに、針打ちやめておとしばら、駒下駄はいて歩いたら、誠に誠にうれしかろ～
奥女中をやめてあなたと町で暮らしたら、前掛けかけて、髪型はカジュアルでふっくらした〝おとしばら〟がいいわね。で、おしゃれな駒下駄《こまげた》で歩くの。キャッ、うれしいッ!
師匠にかさねが乗り移ってる…
もはやこれまでと、カマで切りつけ鏡でかさねに顔を見せ、さらに、こうなった因果※2を暴露
これを見ろ
ひぇー
かさねは血みどろになって与右衛門を追いかけるが、ついに橋の上で殺される
与右衛門は立ち去ろうとするが、怨霊となったかさねの執念で引き戻される
ポイント 連理引《れんりびき》※3
連理引という見えない力に翻弄される演技が最後の見せ場だにゃん
ラブラブだったのににゃ…

は親の敵《かたき》。そこで、仇《あだ》を取るために助の妻（かさねの母）と密通し助を殺害。与右衛門は、助夫妻の娘と知らず、かさねと深い仲になる。もちろんかさねは何も知らず、与右衛門を愛してしまった。

## 美しいからこそ怖さ倍増!?

愛する与右衛門に切りつけられたかさねは、醜く変わった自分に気付かないまま「もしやにかかる恋の欲…」と、与右衛門への思いを語る。殺しの場は、足を引きずりながらの立ち廻り。美貌が目に焼き付いている観客からすれば、鬼気迫る凄惨さにゾッとしてしまう。

**連理引《れんりびき》**※3

ラスト近く、花道のスッポンあたりまでかさねから逃げる与右衛門。すると、かさねが**糸を引っ張るような連理引という独特のしぐさ**で本舞台へ引き戻す。裏切った男を、恨みの怨念で引き戻すときに見られる。

11

# 野崎村

NOZAKIMURA

本名題『新版歌祭文《しんぱんうたざいもん》』

野崎村の久作《きゅうさく》の家――
大坂の質屋油屋に丁稚奉公《でっちぼうこう》に行っている養子の久松《ひさまつ》が、問題を起こして戻って来たにゃん。そこで主《あるじ》の久作は、久松は店を辞めて娘のお光《みつ》と結婚すればいいとすすめたにゃん。で、今日が祝言
お光は大喜びで、祝い膳の準備をしながらソワソワして落ちつかない
→包丁を鏡代わりに綿帽子の自分を妄想中
きゃ、はずかしい
ほんとに大根を刻んでる。じょうず～
そこへきれいな振袖姿の町娘が訪ねて来た。一目見て、久松のウワサの恋人お染だと直感し、家に入れない
ぴぴぴぴぴー
よそを訪ねてよっ。
久松を伴って来た久作はすっかり舅《しゅうと》気分。お灸《きゅう》をして肩をもんでと二人に頼む
肩もんで～お灸して～
風がこぬように
ちらり
「風がこぬように」は「お染が来ないように」という意味を含んでるにゃん
久作にお灸をしながら、久松はお染を見つけびっくり。そして、お互いに合図を送り合う
来て～
ダメ！
あちち、あちち
そんな二人を見かねたお光が…
あちちっ
じゅっ
久松様には振袖の美しい持病があって、招いたり呼び出したり、憎たらしい。あの病いづらが入らぬように、敷居の上へ大きい灸して据えて置きたいわいな


## 町娘vs田舎娘　恋のバトル、真の勝者は？

作者：近松半二《ちかまつはんじ》

初演：人形浄瑠璃で一七八〇（安永九）年、大坂・竹本座。歌舞伎の初演は諸説。

概要：世話物の義太夫狂言。**お染久松の心中事件を軸**にした長編のうち、現在は、お光を主人公にした『野崎村』が単独で上演されている。

**タイトルの「歌祭文」とは？**

家の門前に立ち三味線を演奏しながら歌ったりする門付《かどづけ》芸人が、ワイドショー的なネタを語り歩くもの。新版は、その新バージョンのこと。

**お染久松は代表的な恋人キャラ**

**大坂で起こった油屋の娘・お染と奉公人久松の心中事件**は話題となり、歌舞伎でも多くの作品が作られた。本作の他**『於染久松色読販《おそめひさまつうきなのよみうり》』**（通称**『お染めの七役』**）が有名。

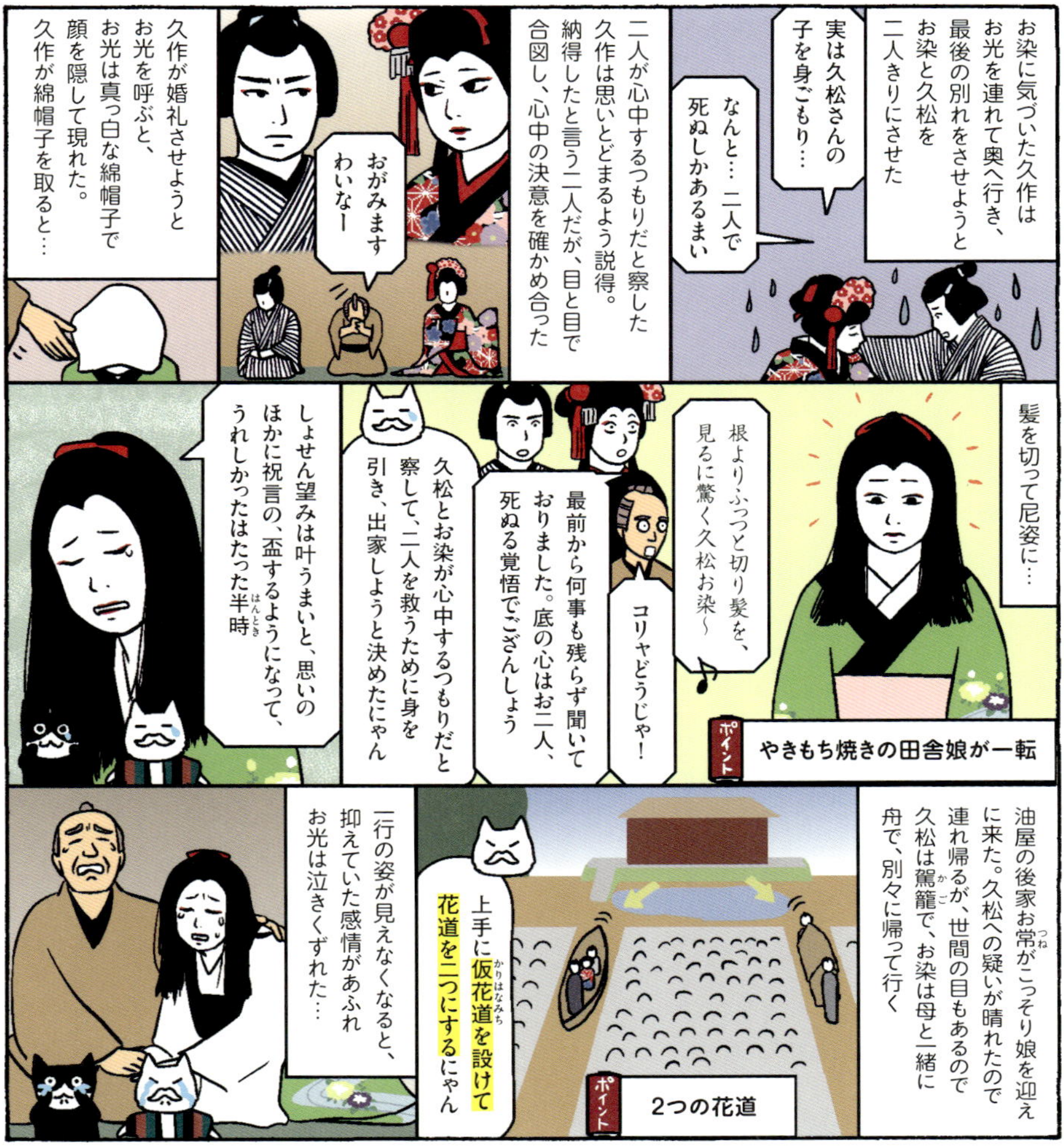

お染に気づいた久作はお光を連れて奥へ行き、最後の別れをさせようとお染と久松を二人きりにさせた
実は久松さんの子を身ごもり…
なんと… 二人で死ぬしかあるまい
二人が心中するつもりだと察した久作は思いとどまるよう説得。納得したと言う二人だが、目と目で合図し、心中の決意を確かめ合った
おがみます わいなー
久作が婚礼させようとお光を呼ぶと、お光は真っ白な綿帽子で顔を隠して現れた。久作が綿帽子を取ると…
髪を切って尼姿に…
根よりふっつと切り髪を、見るに驚く久松お染～
ポイント
やきもち焼きの田舎娘が一転
コリャどうじゃ!
最前から何事も残らず聞いておりました。底の心はお二人、死ぬる覚悟でござんしょう
久松とお染が心中するつもりだと察して、二人を救うために身を引き、出家しようと決めたにゃん
しょせん望みは叶うまいと、思いのほかに祝言の、盃するようになって、うれしかったはたった半時《はんとき》
油屋の後家お常《つね》がこっそり娘を迎えに来た。久松への疑いが晴れたので連れ帰るが、世間の目もあるので久松は駕籠《かご》で、お染は母と一緒に舟で、別々に帰って行く
ポイント
2つの花道
上手に仮花道《かりはなみち》を設けて花道を二つにするにゃん
一行の姿が見えなくなると、抑えていた感情があふれお光は泣きくずれた…

**恋のジェラシーで罪を着せられた?**

久松は奉公先の娘・お染とラブラブだが身分違いの恋。ここまでの話で、お染に惚れているライバル質屋の息子が強引に縁談を進め、その手引きで横領の罪を着せられた久松は実家に戻された。

**恋のライバルは対称的な都会のお嬢様と田舎娘**

お染は大きな商家のお嬢様。あでやかな振袖姿で、エレガントな美少女キャラ。一方、田舎の農家の娘・お光は、たすき姿で垢抜《あかぬ》けないが、病気の母の看病もする働き者。けなげなお光のキャラもあって、身を引く場面では哀しみが一層増してくる。

**びびびびぃー!は江戸時代女子の流行語?**

アドリブのようだが、歌舞伎ではよく使われるセリフの一つ。「あっかんべー!」のような意味がある。

12

# 番町皿屋敷

BANCHOSARAYASHIKI

## まっすぐな恋の哀しい結末

旗本の青山播磨《あおやまはりま》は、腰元のお菊と恋仲。身分違いだが、お菊への愛を貫いて、縁談をぜーんぶ断っていたにゃん
ここまでのあらすじ※1は下でね
信じているけれど不安でたまらないお菊は、播磨の縁談話を耳にして…
うちの殿様が奥様などおもらいなさるはずがないのじゃ!
←お仙
最近、様子が変わってじっと考えているかと思えば、急にじれたり怒ったり…
播磨の真意を知りたいお菊は…
お家にとって大切な宝というこのお皿を、私が打ち砕いたら…
↓家宝の皿
割れば手討ちという掟《おきて》のある家宝の皿だにゃん
皿より自分の命を大事と思ってくれるか…で、愛を確かめるつもりかにゃ
帰宅した播磨は、お菊が皿を割ったという報告を受け…
はいっ!
粗相《そそう》だな?…ならば、とがめるわけにはいくまい
あまいにゃ〜(笑)
いつまでもここにいるか?
はいっ!
お菊の母を屋敷に呼べばいいと言ってくれたにゃん。で、播磨との結婚を許さなくてもここにいてくれるかって聞いたにゃんよ
プロポーズだにゃ〜
だが、お仙の目撃談が伝わってしまう。事の真相を問いただすと…
殿様のお心を試そうと…
皿が大事かそちが大事か。播磨が性根をしかと見届けようといたしたのであろう!
ばれたにゃん

作者:岡本綺堂《おかもときどう》
初演:一九一六(大正五)年二月、東京・本郷座。
概要:**新歌舞伎**の代表作の一つ。

### 「皿屋敷」は怪談話の総称

お菊の亡霊が井戸の中から「お皿が一枚、二枚…一枚足りない…」と恨めしげな声で語る**有名な怪談話の総称を「皿屋敷」**という。

### 怪談物ではなく近代的な恋愛がテーマ

「皿屋敷」の怪談話は早くから歌舞伎の題材にも取り入れられており、『**播州皿屋敷**《ばんしゅうさらやしき》』などが作られていた。本作は、作家・**岡本綺堂**が近代的な恋愛をテーマに**新歌舞伎**として再生したものだ。なので、家宝の皿を割ることが悲劇につながる「皿屋敷」のエピソードが物語の軸にな

そちの疑いは晴れようとも、疑われた播磨の無念は晴れぬ！
お菊に残りの皿を出させると…
ガチャン
はっ…！
ポイント
皿を押し割る場面
次を…出せ…
ゴォ〜ン…
一枚ずつ出させて割っていくにゃん
すごい…この緊迫した空気…
青山播磨は五枚や十枚の皿を惜しんで人の命を取るような、そんな無慈悲な男でない
無慈悲でねぇなら、なんでご成敗を!?
←使用人
潔白な男の誠を疑ごうた、女の罪は重いと知れ
恋に偽りがなかったこと、確かにそれと見極めましたら、死んでも本望でござりまする…
もし偽りの恋であったなら、播磨もそちを殺しはせぬ
播磨の本心を知ったお菊は満足して手討ちになるにゃんよ
お菊を手討ちにすると…
井戸に投げ捨てい…
家重代の宝も砕けた。播磨が一生の恋も滅びた
この後、自暴自棄になって、ケンカの加勢に飛び出すところで幕だにゃん
新歌舞伎の恋愛観、独特だにゃ…

ってはいるが、非現実的な幽霊は出てこない。

**ここまでのあらすじ** ※1

対立関係にあった旗本奴《はたもとやっこ》（旗本の青年武士の集団）と町奴《まちやっこ》（町人の侠客集団）。旗本奴の一人である青山《あおやま》播磨《はりま》が町奴にケンカを売られたところを、通りかかった伯母が仲裁。独り身だからケンカばかりしているのだと、伯母から縁談を進められてしまう。

## 江戸時代の歌舞伎作品とは印象が異なる播磨とお菊の恋

愛するがゆえに猜疑心《さいぎしん》に苦しむけれど、恋のため死を受け入れたお菊。恋と男のプライドの間で心は揺れながらも、決断せずにはいられなかった播磨。それぞれの心理描写が明確に描かれた恋愛悲劇は、これまでの歌舞伎の恋愛模様とは一味違うロマンティックな作品となっており、見どころの一つになっている。

三大作者 1

# 近《ちか》松《まつ》門《もん》左《ざ》衛《え》門《もん》

## 歌舞伎作者の先駆け

江戸時代前期の元禄期に上方(京都・大坂)で活躍。人形浄瑠璃の作者でしたが、1695(元禄8)年頃から10年間は上方の名優・初代坂田藤十郎《さかたとうじゅうろう》のために、約30の歌舞伎作品を提供。後に人形浄瑠璃に戻り、世話浄瑠璃の傑作と言われる『曽根崎《そねざき》心中《しんじゅう》』などを書きました。近松の活躍によって歌舞伎における作者の地位が確立されたとも言われています。

亀屋忠兵衛
(『封印切』)

徳兵衛とお初
(『曽根崎心中』)

にゃんざえもんの
ワンポイント
アドバイス

近松門左衛門は、人間ドラマをリアルに描く作者の先駆けだにゃん。

▸ 近松門左衛門の主な作品

『曽根崎心中』『国性《こくせん》爺《や》合戦《かっせん》』『俊寛』『心中天網島《しんじゅうてんのあみじま》』『女殺油地獄《おんなころしあぶらのじごく》』など。

PART Ⅱ

50演目を観てみよう

第4章

# 死んでも実らせたい恋がある

13

# 曽根崎心中

SONEZAKISHINJYU

## 歌舞伎の心中物はここから始まった

作者：近松門左衛門《ちかまつもんざえもん》

初演：人形浄瑠璃で一七〇三（元禄十六）年五月、大坂・竹本座。歌舞伎では一七一九（享保四）年、江戸・中村座。

概要：世話物の義太夫狂言。**心中物。**

### 最初の心中物が大傑作

**時代物**の作者として知られていた近松が書いた**世話物**の第一作。また「心中物の名手」と言われる近松の**心中物**第一作でもある。

### 何となく頼りない徳兵衛と年下だけどしっかり者のお初

〈生玉神社境内《いくたまじんじゃけいだい》〉の場で、徳兵衛から「縁談話をきっぱり断った」と聞かされたお初は「もう一度聞かせてくだしゃんせ！」と大喜び。その姿は恋するかわいい女子そのもの。一方で、縁談を断ったため叔父久右《きゅう》

### 〔人物相関図〕

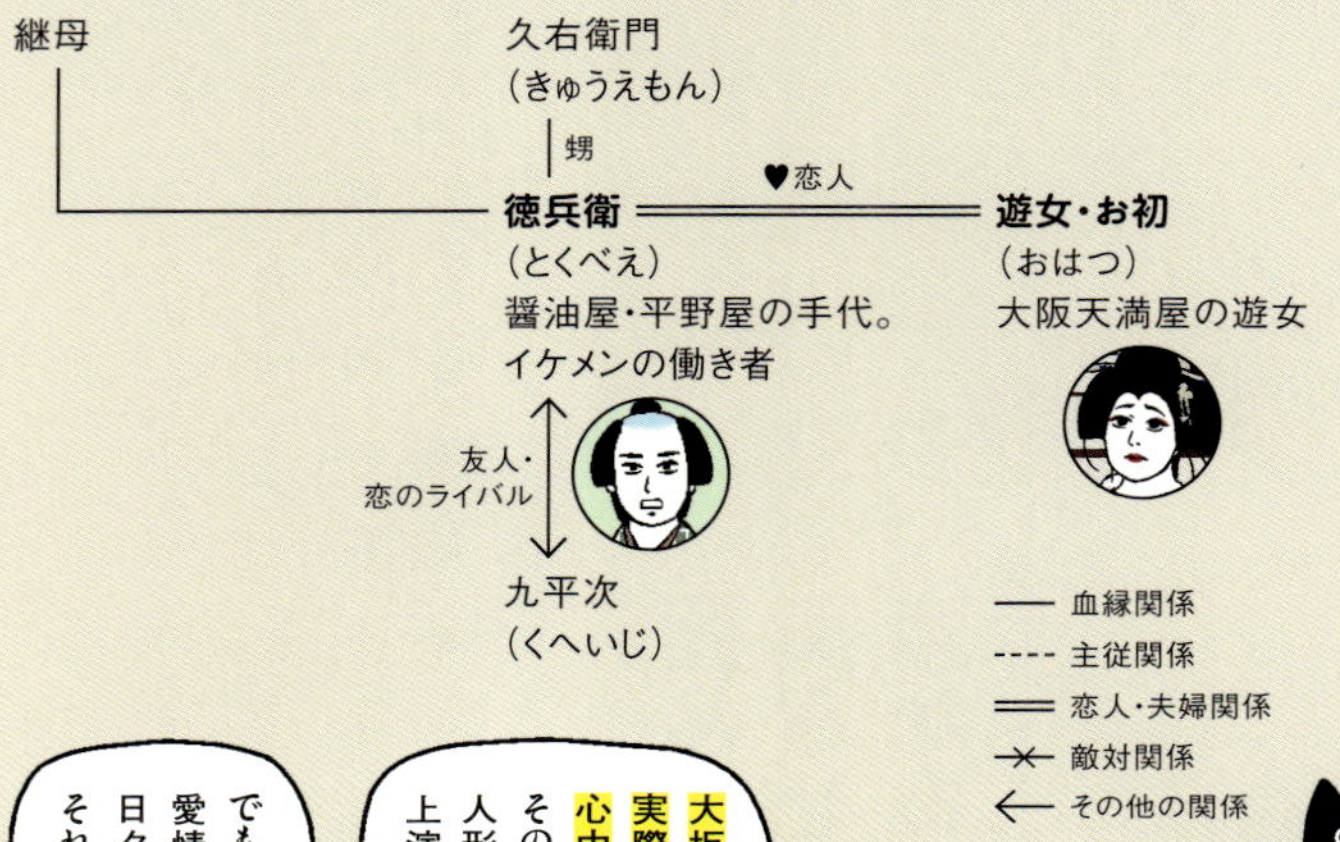

継母
久右衛門
（きゅうえもん）
甥
♥恋人
徳兵衛
（とくべえ）
醤油屋・平野屋の手代。
イケメンの働き者
遊女・お初
（おはつ）
大阪天満屋の遊女
友人・
恋のライバル
九平次
（くへいじ）
血縁関係
主従関係
恋人・夫婦関係
敵対関係
その他の関係

▽**あらすじ**

徳兵衛と遊女・お初は恋人同士。徳兵衛をおとしいれようとする友人・九平次に金をだまし取られ、そのうえ詐欺をしたと言いふらされる。屈辱を晴らすには自ら命を断つ以外に道はないと、徳兵衛とお初は曽根崎の森に向かい心中を遂げるのだった…。

大坂で実際に起こった心中事件がベース。その翌月には人形浄瑠璃で上演されたにゃん
でもスキャンダラスに扱ったわけじゃなく、愛情や自尊心を大切にしながら日々生きている庶民を描いた。それが大ヒットにつながったんだにゃん！

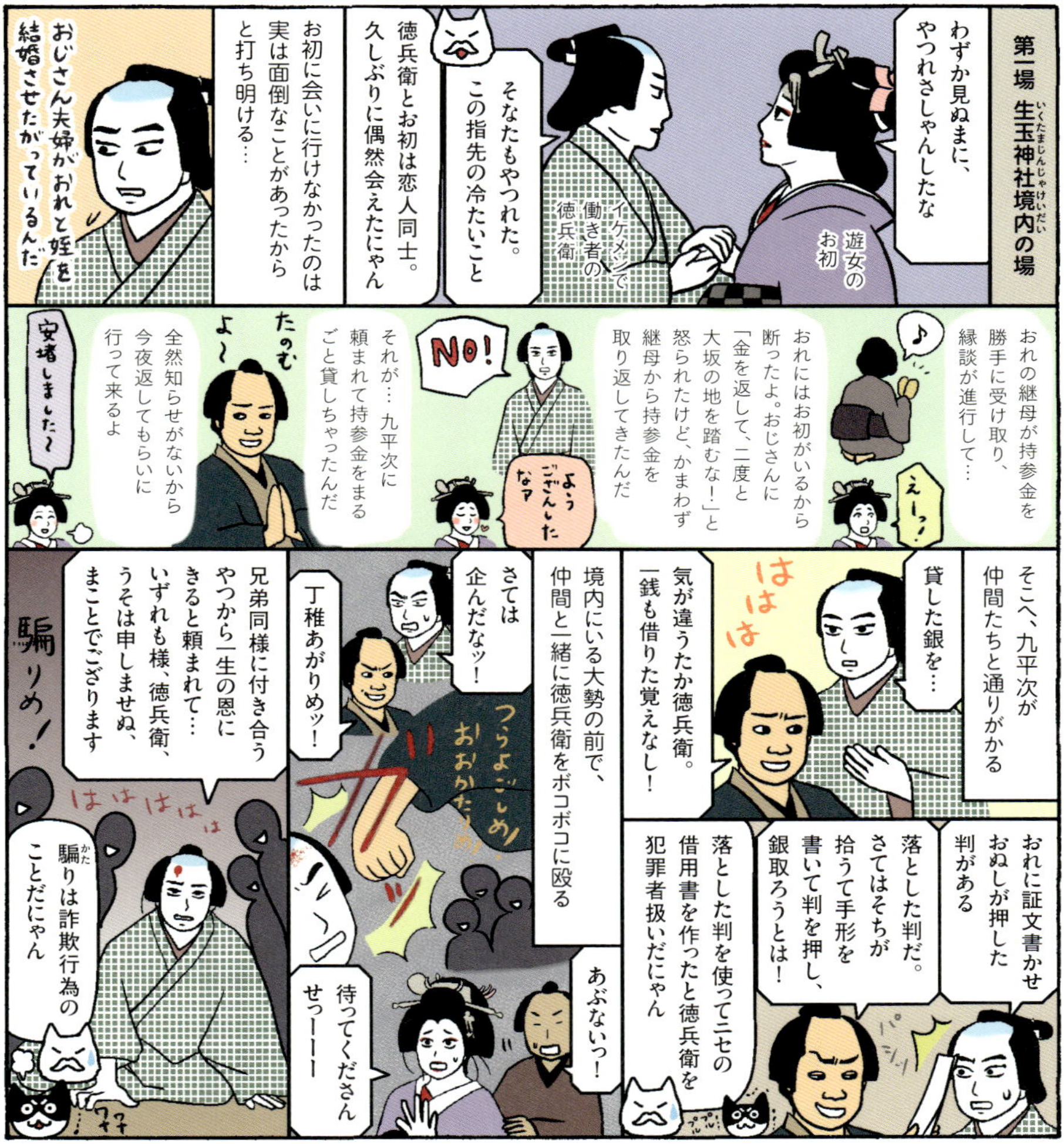
第一場 生玉神社境内《いくたまじんじゃけいだい》の場
わずか見ぬまに、やつれさしゃんしたな
遊女のお初
そなたもやつれた。この指先の冷たいこと
イケメンで働き者の徳兵衛
徳兵衛とお初は恋人同士。久しぶりに偶然会えたにゃん
お初に会いに行けなかったのは実は面倒なことがあったからと打ち明ける…
おじさん夫婦がおれと姪を結婚させたがっているんだ
おれの継母が持参金を勝手に受け取り、縁談が進行して…
♪
えーっ！
おれにはお初がいるから断ったよ。おじさんに「金を返して、二度と大坂の地を踏むな！」と怒られたけど、かまわず継母から持参金を取り返してきたんだ
ようございましたなァ
NO！
それが…九平次に頼まれて持参金をまるごと貸しちゃったんだ
たのむよ～
全然知らせがないから今夜返してもらいに行って来るよ
安堵しました～
そこへ、九平次が仲間たちと通りがかる
貸した銀を…
ははは
気が違うたか徳兵衛。一銭も借りた覚えなし！
おれに証文書かせおぬしが押した判がある
落とした判だ。さてはそちが拾うて手形を書いて判を押し、銀取ろうとは！
落とした判を使ってニセの借用書を作ったと徳兵衛を犯罪者扱いだにゃん
境内にいる大勢の前で、仲間と一緒に徳兵衛をボコボコに殴る
さては企んだなッ！
丁稚あがりめッ！
つらよごしめ！
おおかたりめ！
あぶないっ！
待ってくださんせっーーー
兄弟同様に付き合うやつから一生の恩にきると頼まれて…いずれも様、徳兵衛、うそは申しませぬ、まことでござります
騙りめ！
はははは は
騙《かた》りは詐欺行為のことだにゃん

衛門《えもん》に「大坂から出て行け」と怒られ落ち込んでいる徳兵衛を「二人の仲はこの世だけではない強い絆」だと勇気づける一面も。ちょっと頼りない徳兵衛、年下ながらしっかり者のお初というキャラクターが垣間見える。

### 原作にはなかった オリジナルな演出

歌舞伎では長らく上演されなかったが、一九五三（昭和二十八）年、劇作家・宇野信夫《うののぶお》の脚本で復活上演され大ヒット。この通称「宇野版」では、お初が徳兵衛に素足を差し出して心中の覚悟をたずねる場面や、九平次の悪があばかれる場面が新たに加えられた。この名場面は、人形浄瑠璃に逆移入されている。

### 四代目坂田藤十郎の当たり役

そのときお初を演じたのは、二十一歳だった二代目中村扇雀《せんじゃく》（当代の四代目坂田藤十郎）。扇雀の美しさ

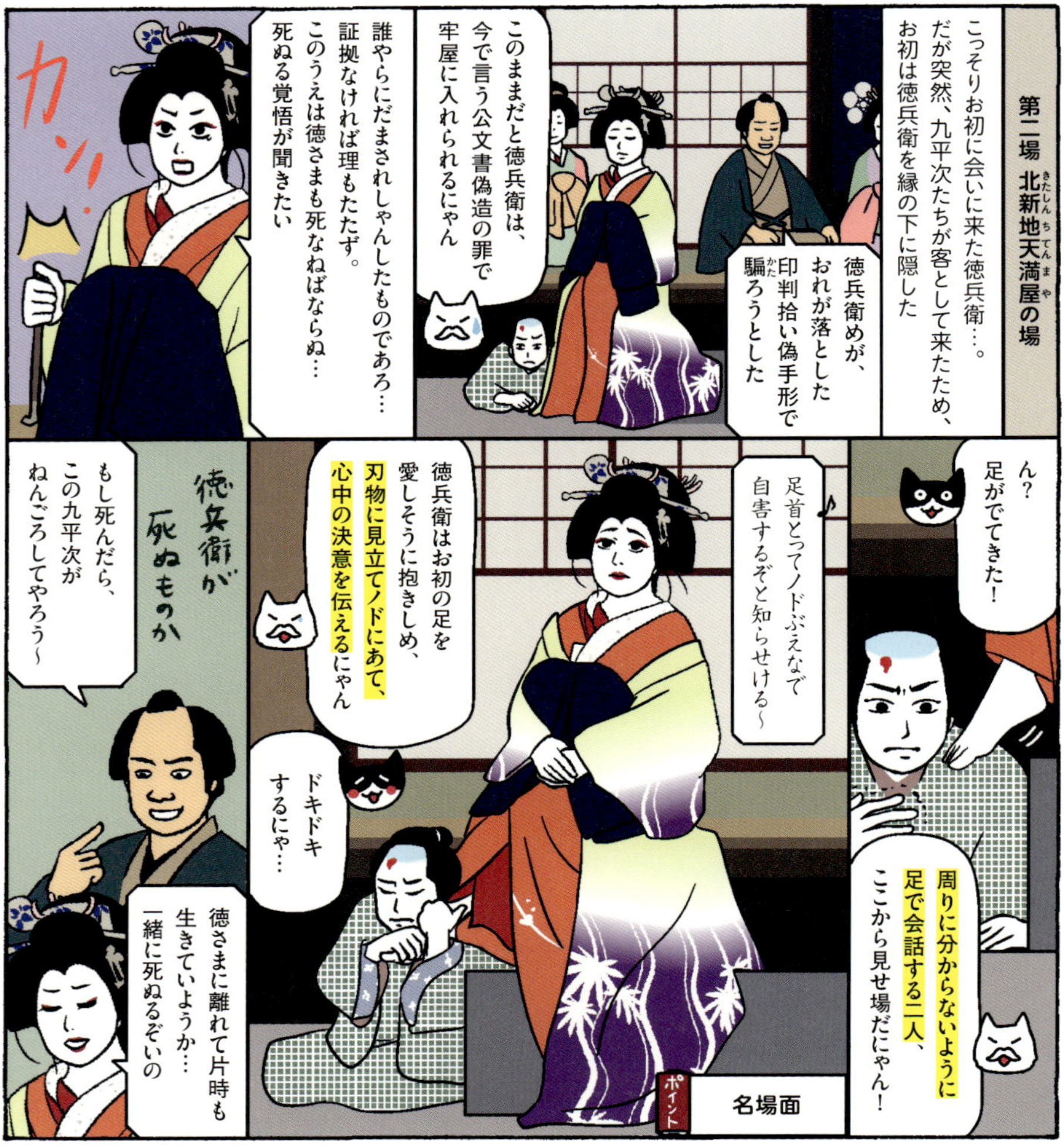
第二場 北新地天満屋《きたしんちてんまや》の場
こっそりお初に会いに来た徳兵衛…。
だが突然、九平次たちが客として来たため、
お初は徳兵衛を縁の下に隠した
徳兵衛めが、おれが落とした印判拾い偽手形で騙《かた》ろうとした
このままだと徳兵衛は、今で言う公文書偽造の罪で牢屋に入れられるにゃん
誰やらにだまされしゃんしたものであろ…証拠なければ理もたたず。このうえは徳さまも死なねばならぬ…死ぬる覚悟が聞きたい
カン!!
ん?足がでてきた!
周りに分からないように足で会話する二人、ここから見せ場だにゃん!
足首とってノドぶえなで自害するぞと知らせける~
徳兵衛はお初の足を愛しそうに抱きしめ、刃物に見立てノドにあて、心中の決意を伝えるにゃん
ドキドキするにゃ…
ポイント
名場面
徳兵衛が死ぬものか
もし死んだら、この九平次がねんごろしてやろう~
徳さまに離れて片時も生きていようか…一緒に死ぬるぞいの

とお初の新しい女性像が大評判となり、以後、宇野版で上演されるようになった。

復活上演以来、当たり役としてお初を一三〇〇回以上演じ続けてきた四代目坂田藤十郎は、平成二十六年四月、八十二歳のときに歌舞伎座で演じ納めた。このように、ある**役を演じ納めることを、「一世一代《いっせいちだい》」**という。

### 叔父・久右衛門の情けが心中の無念さを増幅

宇野の脚本で新たに加えられた九平次の悪事があばかれる場面で、叔父の久右衛門は情の人として新たに描かれている。徳兵衛の潔白を示し、徳兵衛を騙《かた》りにかけた九平次をこらしめ、死の旅にでた二人を「死ぬなよ…」と心底祈る。身の潔白が証明され、夫婦になることも許されたと知らないまま心中してしまう徳兵衛とお初。このエピソードが入ったことで、二人の無念さが一層増してく

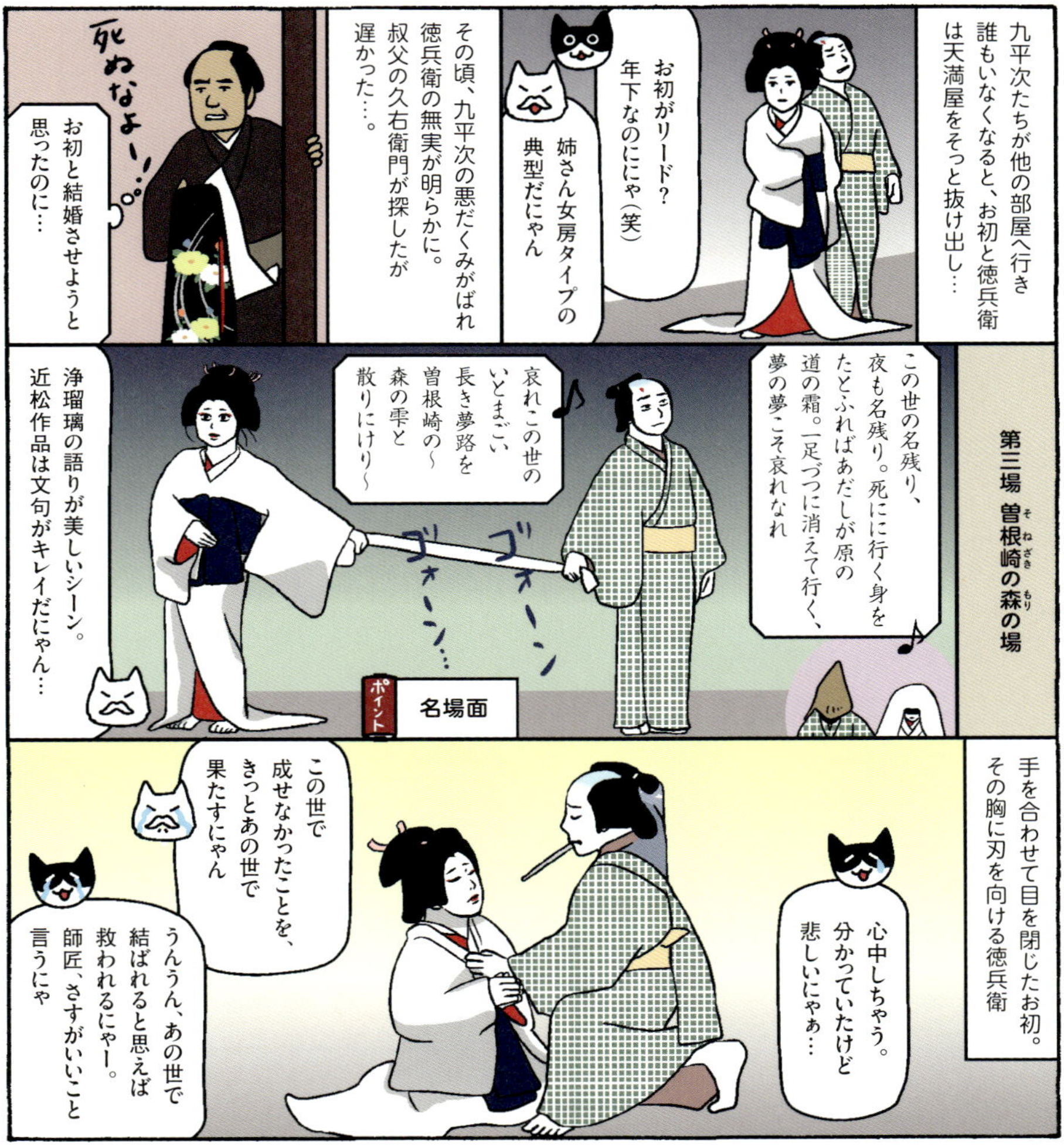
九平次たちが他の部屋へ行き誰もいなくなると、お初と徳兵衛は天満屋をそっと抜け出し…
お初がリード？年下なのににゃ（笑）
姉さん女房タイプの典型だにゃん
その頃、九平次の悪だくみがばれ徳兵衛の無実が明らかに。叔父の久右衛門が探したが遅かった…。
死ぬなよー!!
お初と結婚させようと思ったのに…
第三場 曽根崎《そねざき》の森《もり》の場
この世の名残り、夜も名残り。死にに行く身をたとふればあだしが原の道の霜。一足づつに消えて行く、夢の夢こそ哀れなれ
哀れこの世のいとまごい長き夢路を曽根崎の～森の雫と散りにけり～
ゴォーン
ゴォーン…
ポイント
名場面
浄瑠璃の語りが美しいシーン。近松作品は文句がキレイだにゃん…
手を合わせて目を閉じたお初。その胸に刃を向ける徳兵衛
心中しちゃう。分かっていたけど悲しいにゃぁ…
この世で成せなかったことを、きっとあの世で果たすにゃん
うんうん、あの世で結ばれると思えば救われるにゃー。師匠、さすがいいこと言うにゃ

る。

## 名文と絶賛された近松の義太夫節

お初と徳兵衛が心中するために曽根崎の森へ入っていく道行の場面での近松作の義太夫節は、名ゼリフとして有名。江戸時代の著名な儒学者・荻生徂徠《おぎゅうそらい》が「名文」と絶賛したことでも知られる。

「この世の名残り　夜も名残り　死にに行く身をたとふれば　あだしが原の道の霜　一足づつに消えて行く　夢の夢こそあはれなれ…　寂滅為楽《じゃくめついらく》と響くなり」

意味は「この世とお別れ。夜も今夜限り。あだしが原（墓地）に通じる道の霜に例えて、一足ずつ消えて行くはかない命。夢の中でまた夢を見ているようで哀れだ…鐘の音は死ねば安楽が得られると響いている」。あの世で二人を添い遂げさせてあげたい、という近松の願いが込められているようだ。

14

# 封印切・新口村

FUINGIRI NINOKUCHIMURA

本名題『恋飛脚大和往来《こいびきゃくやまとおうらい》』

## 人物相関図

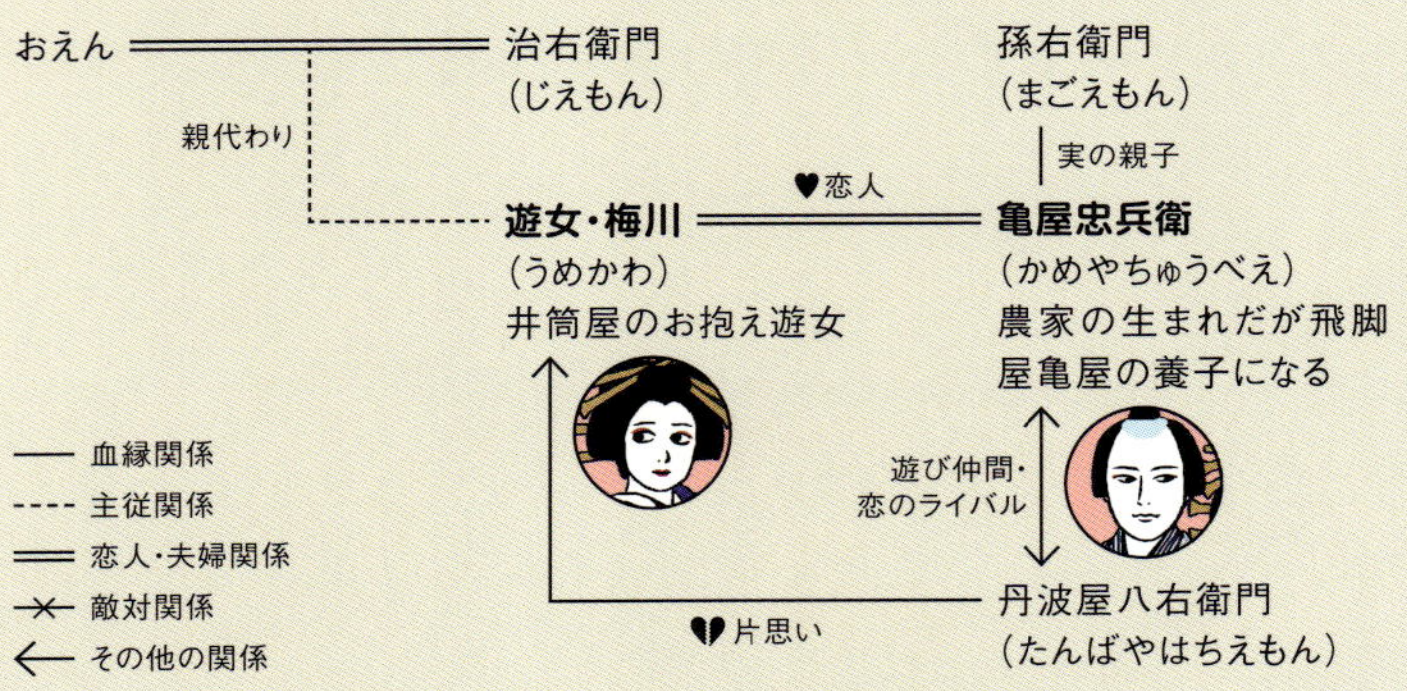

おえん
治右衛門
（じえもん）
親代わり
孫右衛門
（まごえもん）
実の親子
恋人
遊女・梅川
（うめかわ）
井筒屋のお抱え遊女
亀屋忠兵衛
（かめやちゅうべえ）
農家の生まれだが飛脚屋亀屋の養子になる
遊び仲間・恋のライバル
片思い
丹波屋八右衛門
（たんばやはちえもん）
血縁関係
主従関係
恋人・夫婦関係
敵対関係
その他の関係

「悪人ではないごく普通の人が、魔が差して他人の金に手をつけてしまった…」という現代でもありがちなテーマを描いた『封印切』
続く『新口村』では、息子を思う父親の心情とそれを表したセリフが見どころだにゃん

▽**あらすじ**

大坂の飛脚屋《ひきゃくや》（手紙や荷物を運ぶ今でいう郵便配達業だが、荷物の中で特に重要だったのはお金）の養子・忠兵衛は、恋人の遊女・梅川を見請けしたいがお金が足りない。恋敵の八右衛門の挑発に乗って、公金を横領。あげく、忠兵衛と梅川は心中を決意した…。

## 恋と見栄のために公金横領

作者：近松門左衛門《ちかまつもんざえもん》の人形浄瑠璃**『冥途《めいど》の飛脚《ひきゃく》』**を歌舞伎にアレンジ。その際の作者は不明。

初演：人形浄瑠璃では**『冥途の飛脚』**が一七一一（正徳元）年に大坂・竹本座で初演。歌舞伎では**『恋飛脚《こいびきゃく》大和往来《やまとおうらい》』**と改作され一七九六（寛政八）年、大坂・角の芝居。

概要：**世話物の義太夫狂言**。**心中物**。現在上演されるのは、**『封印切』**と**『新口村』**の二幕だけで、それぞれ独立して上演されることが多い。

### 上方和事のイケメンはユーモアもある

忠兵衛は、**上方和事**を代表する役の一つ。イケメンのモテ男だが、ちょっと滑稽に演じられるのが特徴でもある。それがよく表れているのが、花道の出で美男子の代名詞だった鎌倉時代の武将・梶原源太《かじわらげんた》に自分をた

封印切《ふういんぎり》
恋人の遊女・梅川に身請《みう》け話があるのを知った忠兵衛は、自分で身請けしようと決心。遊び仲間の八右衛門から五十両を借りて手付けを払ったが、残りが用意できない…
愛嬌があってイケメンの忠兵衛は人に好かれるんだけどダメ男。そのダメっぷりが、梅川の人生まで狂わせるにゃん
恋人を巻き添えに…ダメ男の典型だにゃ
期限も迫ったある日、武家屋敷に届ける三百両を持ったたまま、梅川に会いたくて井筒屋に向かってしまう
わしさえ思いきったれば、梅川が身がかたづく…とはいうものの、あの八右衛門めに請け出されては、どうも男の意気地がたたぬ…
ひょいっ
自惚れながら、梶原源太はわしかしらん～
梶原源太は当時のモテ男の代名詞だにゃん
能天気だにゃー。まっ、そういう人だからお金を届ける仕事中に恋人のところに行っちゃうのかもにゃ
井筒屋の女将おえんの手引きで、二階の座敷へ通されて梅川と密会できた忠兵衛。ちょうどその頃、嫌われ者・八右衛門も井筒屋へ
ポイッ
うけとりやれ～
子も同然の梅川はやれねぇ。この金もいらぬ!
どかっ
身請け金の二百五十両を井筒屋の主・治右衛門の前に放り投げて、ドカッとあぐらをかいてるにゃん
うわっ、イヤなやつ
金を突き返されて腹を立てた八右衛門は、忠兵衛の悪口を言いたい放題
扱うのは他人の金で自分の金なんか全然ないし～ 逆さにしても出るのは鼻血くらいだろ～
バンッ!
うー、腹が立つー!

とえて「梶原源太は、わしかしらん」と、手ぬぐいを頭にのせておどける場面。

## 恋に溺れた男を表す「羽織落とし」

梅川がいる井筒屋へ行こうか、それとも仕事に戻ろうかと思案する場面では、着ている羽織が少しずつずり落ちる。**「羽織落とし」**と呼ばれる**演技**で、**恋に夢中になるあまり我を忘れた様子を表す**もの。

## 封を切っただけでなぜ横領?

江戸から送られてきた藩の御用金を武家屋敷に届ける役目を担っていた忠兵衛。御用金は紙に包まれ、勝手に包みを開けられないように封をし印が押されていた。そこまで厳重に管理されている封を切ることは、御用金に手を付けたのと同じ意味があった。信頼して仕事を任されている飛脚屋が封を切れば重い罪、つまり死罪だった。

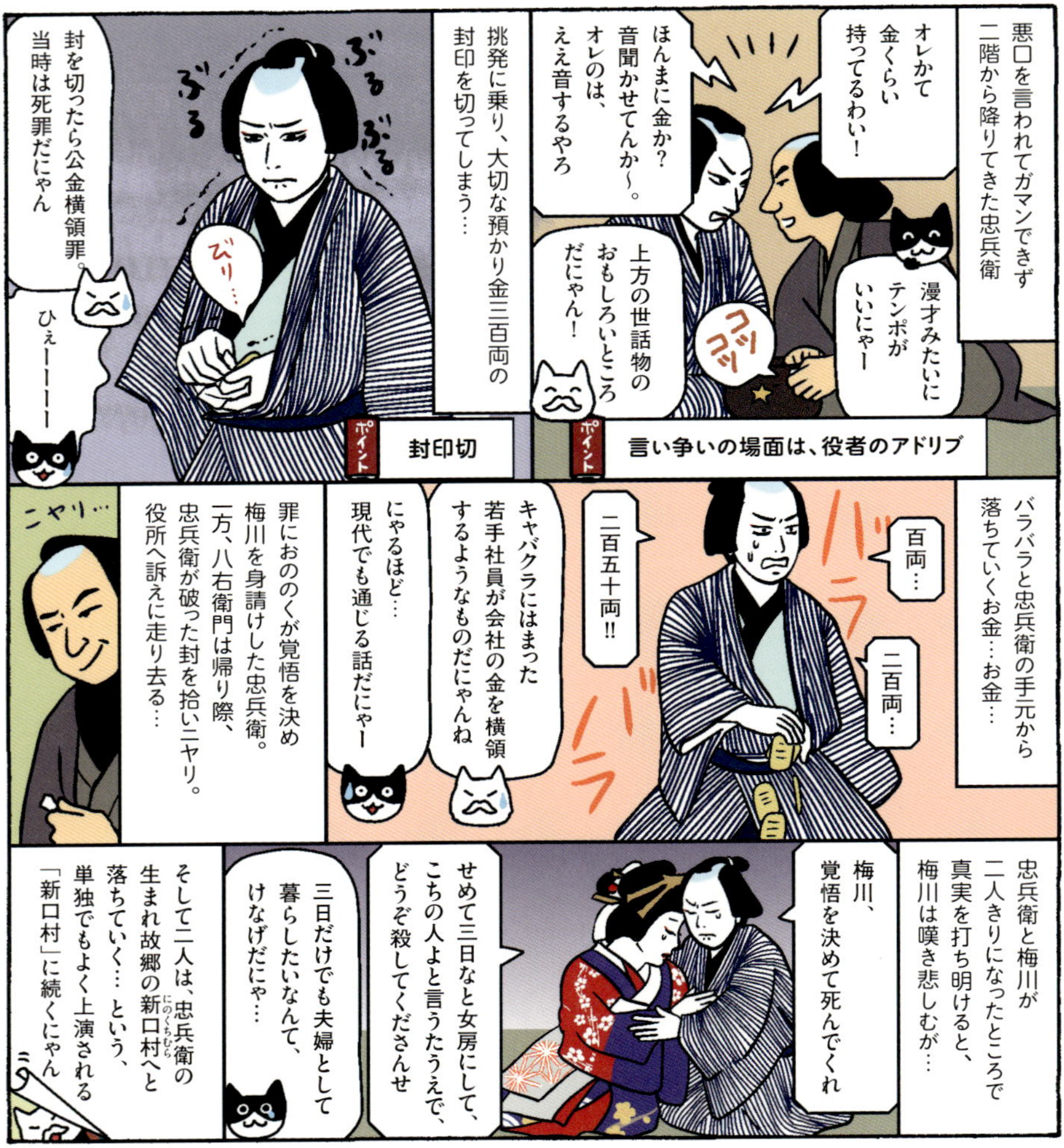
悪口を言われてガマンできず二階から降りてきた忠兵衛
オレかて金くらい持ってるわい!
ほんまに金か? 音聞かせてんか~。オレのは、ええ音するやろ
漫才みたいにテンポがいいにゃー
コツコツ
上方の世話物のおもしろいところだにゃん!
ポイント 言い争いの場面は、役者のアドリブ
挑発に乗り、大切な預かり金三百両の封印を切ってしまう…
ぶるぶる
ぶる
ぴりっ…
封を切ったら公金横領罪。当時は死罪だにゃん
ひぇーーーー
ポイント 封印切
バラバラと忠兵衛の手元から落ちていくお金…お金…
百両…
二百両…
バラバラ
二百五十両!!
キャバクラにはまった若手社員が会社の金を横領するようなものだにゃんね
にゃるほど…現代でも通じる話だにゃー
罪におののくが覚悟を決め梅川を身請けした忠兵衛。一方、八右衛門は帰り際、忠兵衛が破った封を拾いニヤリ。役所へ訴えに走り去る…
ニヤリ…
忠兵衛と梅川が二人きりになったところで真実を打ち明けると、梅川は嘆き悲しむが…
梅川、覚悟を決めて死んでくれ
せめて三日なと女房にして、こちの人よと言うたうえで、どうぞ殺してくださんせ
三日だけでも夫婦として暮らしたいなんて、けなげだにゃ…
そして二人は、忠兵衛の生まれ故郷の新口村《にのくちむら》へと落ちていく…という、単独でもよく上演される「新口村」に続くにゃん

**見どころを盛り上げる音楽効果**

忠兵衛が封印を切る「封印切」の場面は最大の見どころ。封を切った直後、竹本の三味線のテンポが急に速くなる。忠兵衛の心の動揺、一気に高まる後悔の気持ちが、音楽の効果でドキドキ感とともに伝わってくる。

**封印は自ら切ったのか、それとも切れてしまったのか…。**

最大の見どころであるこの場面には、異なる演出がある。一つは忠兵衛が八右衛門の言葉に挑発され、冷静さを失い自ら封を切ってしまう演出。もう一つは、八右衛門が自分の持っていた小判を火鉢の縁で叩いて音を出し挑発したのを受け、忠兵衛も悔しさのあまり御用金の小判を火鉢に打ち付けたはずみで封が切れてしまう演出だ。後者の場合、忠兵衛が自暴自棄になって残りの封も切り「どんなもんじゃい」と言い放つ。

新口村《にのくちむら》
雪が降る中、死に場所を求め新口村へ。だが忠兵衛の事件で村は大騒ぎ
昔なじみの家に隠れていると、目の前で忠兵衛の実父・孫右衛門《まごえもん》が転んでしまい…
はっ
の…。
見かねた梅川が駆け寄って助けると、女の言動から息子の恋人だと気がついたにゃん
忠兵衛が隠れている場所も察した孫右衛門は、そちらのほうに向かって息子に語るように話し始めた
縄かかって引かるる時…よい時に勘当した、でかしたと、ほめられるのがわしゃ悲しい
縁を切った息子が出世して「縁を切って失敗したな」と言われれば嬉しい。でも、息子が不始末をして「縁を切っておいてよかった」とほめられたら、こんな悲しいことはない、と
泣かせるセリフだにゃ…
梅川が忠兵衛に会わせようとするが、養子先に申し訳ないと拒絶する。そこで、孫右衛門に目隠しをする
親子手に手を取り交わせど、たがいに親ともわが子とも、言わず言われぬ世の義理は…
現行上演だと、逃げる二人を孫右衛門が見送るところで幕になる演出が多いにゃん
おーそうじゃ。その道じゃ。その藪《やぶ》をくぐるなら、切り株で足つくな
届かぬ声も子を思う…涙、涙の浮世なり

## 『新口村』の見どころは近松の名ゼリフ

「よい時に勘当した、でかしたと、ほめられるのがわしゃ悲しい」という実父の想いをつづったセリフや、「奈良の旅籠屋三輪の茶屋　三日五日と夜を明かし　二十日余りに四十両　使い果たして二分残る」と、逃避行の哀しさを描いた文句などが有名。

## 親子の別れのシーン　なぜ孫右衛門に目隠し？

忠兵衛の犯罪のせいで、養子先の亀屋は罰を受けるが、孫右衛門は養子に出すときに縁切りをしているので実の親なのに罪を受けない。亀屋に申し訳ない気持ちでいっぱいの孫右衛門は、顔を見たら役人に渡そうと思ってしまう。そんな自分の気持ちを抑えるために、目隠しをして顔を見なくてもいいようにしたとも言われている。

15

# 吉野川

YOSHINOGAWA

本名題『妹背山婦女庭訓《いもせやまおんなていきん》』

## 日本版ロミオとジュリエット

吉野川をはさんで紀伊国の背山《せやま》と大和国の妹山《いもやま》は桜の季節。背山の大判事《だいはんじ》家と妹山の太宰後室《だざいこうしつ》家は領有地争いで対立していたが、息子・久我之助《こがのすけ》と娘・雛鳥《ひなどり》は愛し合う仲だった
ロミオとジュリエットのような二人
上手は大判事(だいはんじ)家の館
下手は太宰後室(だざいこうしつ)家の館
きれいな舞台だにゃ!
正面は滝車※1という仕掛けだにゃん
そこへ、蘇我入鹿《そがいるか》に呼び出されていたそれぞれの親が、重い足取りで帰宅
打ちしおれ、登る坂さえ別れ路は、力難所《ちからなんしょ》を行く心、空にしられぬ花曇《ぐも》り〜
仮花道からは久我之助の父・大判事清澄(だいはんじきよずみ)
花道からは雛鳥の母・太宰後室定高(だざいこうしつさだか)
上手側に仮花道《かりはなみち》を設けて、二本の花道を吉野川の両岸に見立てるにゃん
ということは…花道の間の客席は吉野川!劇場全体が舞台なんてスケールが大きいにゃ!
清澄は息子・久我之助を家臣に、定高は娘・雛鳥を側室として差し出すよう命じられた。二人とも悪政をふるう蘇我入鹿に屈するつもりはないが、断ればお家断絶だ。
入鹿様の側室なんて光栄ですわー ほほほほ!
娘が側室になりたくないって言ったらどーする?
枝ぶり悪き桜木は、切って継木をいたさねば、太宰の家は立ちませぬ
お互い「入鹿の言うとおり子どもを差し出す」と言うんだけど、相手の子どもだけでも助けたいと思ってウソをついているにゃん
倅《せがれ》とても、得心《とくしん》すれば身の出世。栄華を咲かすこの一枝《ひとえだ》。川へ流すが知らせの返答…花を散らして枝ばかり流るる時は、倅めが絶命したと思われよ
このほうもこの一枝、娘の命生花《いきはな》を、散らさぬようにいたしましょう
子どもが入鹿のもとに行くなら、持っている桜の枝をそのまま流す。死んだら桜の花を散らせて流す、という取り決めをしたにゃん
ポイント
二人のセリフは腹の探り合い


作者：近松半二《ちかまつはんじ》が中心の、松田ばく・栄善平《さかいぜんぺい》・近松東南《ちかまつとうなん》らの合作。

初演：人形浄瑠璃では一七七一（明和八）年一月、大坂・竹本座。歌舞伎では一七七一（明和八）年八月、大坂・中の芝居。

概要：時代設定は飛鳥時代（大化の改新頃）の**時代物**の**義太夫狂言**。全五段だが、通称『**吉野川**』と呼ばれる三段目や、舞踊『**道行恋苧環《みちゆきこいのおだまき》**』、四段目の通称『三笠山御殿』が主に上演される。

### 王代物の名作

**時代物**の中でも、**平安時代以前に取材した作品は、王代物《おうだいもの》または王朝《おうちょう》物《もの》**と呼ぶこともある。『**妹背山婦女庭訓**』は、その代表的作品。**王代物**とはいえ、他の歌舞伎作品がそうであるように、**衣裳や風俗などは江戸時代のもの**が用いられている。

入鹿の側室になると知った雛鳥は、悲しくて雛人形を床に投げつけた。ころりと落ちる人形の首を見た母は、意を決して真実を告げる…
ころり…
白装束《しろしょうぞく》に着替え、腹に刀を突き立てた久我之助は、雛鳥が後を追わぬために生きていることにしたいと、桜の枝を吉野川に流すよう父に頼む
切腹の儀はお隠しなされ…入内《じゅだい》いたせば彼がため…
このように首切って渡すのじゃわいのう
貞女《ていじょ》を立たせて下さりまするか！ありがとう存じまする
わっ
久我之助を裏切らなくていいからって喜んで死を選ぶにゃんて…
桜の枝が流れるのを見た雛鳥は久我之助の無事を喜び母の前に首を差し出す。定高も桜の枝を川へ投げ入れると、刀を振りおろした
千年も万年も御無事で長生きあそばして、未来で添うてくださんせ〜
花が流れるるは、うれしや久我様のお身につつがない印《しるし》。私は冥土《めいど》へ参じます
互いの館の障子を開け、子どもたちが死んだと知り、驚くふたりの親。だが、久我之助はまだ息があるのを見た定高が、せめて久我之助の息あるうちに娘を嫁入りさせたいと、雛鳥の首を川の流れに乗せて背山へ送る
嫁入り道具の代わりに雛飾りを一つひとつ川に流すと、清澄が長い弓で取る有名な「雛流し」の場面。最後は大事にしていたお琴に首を乗せて流すにゃん
涙の瀬川、三吉野の花を見捨てて出でていく〜
嫁入りが無事終わったら、父親が介錯して久我之助も命尽きるにゃん
悲しいけどきれいなシーン…
あの世で結ばれて〜！
ポイント
雛流し



### 「女庭訓《おんなていきん》」は女性の教科書

江戸時代、女性の手本となるような教訓やしつけなどを記した書物のことを『女庭訓』と言った。本作は手本になるような女性たちが登場することから、このタイトルがついたと言われている。

### 滝車※1と呼ばれる仕掛け

舞台正面の滝は、水を描いた布を巻いた筒のようなものを回転させて動かし、滝のように見せている。

### 腹の探り合いは相手を思う気持ちから…

それぞれの親が花道を通って館に戻る場面。いつもと変わらず敵対しているという表向きで、「自分の子をどうするつもりなのか」と、お互いに相手の腹を探ろうとしている。その背景にあるのは「せめて相手の家の子どもだけでも助けたい」という深い思いやり。それが、後の悲劇をいっそう印象付ける。

三大作者 2

# 鶴屋南北《つるやなんぼく》

## 奇抜な発想と庶民目線のリアリズム

江戸時代後期の文化・文政期に江戸で活躍。鶴屋南北の襲名者は5人いますが、単に鶴屋南北というときは四代目をさします。また四代目は、大南北とも呼ばれます。20代からの長い下積みを経て、50歳のときに上演された『天《てん》竺徳兵衛韓噺《じくとくべえいこくばなし》』が大ヒットした、遅咲きの大作者です。

戸板返し(『四谷怪談』)

にゃんざえもんの
ワンポイント
アドバイス

それまで歌舞伎には「時代物」と「世話物」という2つのジャンルがあったけど、南北の作品以降、庶民生活をリアルに描いた「生世話物(きぜわもの)」というジャンルが生まれたにゃんよ。また南北作品に欠かせないのが、ケレン。亡霊などが活躍する奇抜な「怪談物(かいだんもの)」などで舞台装置を工夫して歌舞伎の新しい表現を創ったにゃん。

▸ 鶴屋南北の主な作品

『天竺徳兵衛韓噺《てんじくとくべえいこくばなし》』『絵本合法《えほんがっぽう》衢《がつじ》』『桜姫《さくらひめ》』『四谷怪談』『盟《かみかけて》三五大切《さんごたいせつ》』など。

髪梳(す)きの場(『四谷怪談』)

PART Ⅱ

50演目を観てみよう

第5章

# なんだかんだでハッピーエンド

16

# 桜姫

SAKURAHIME

本名題『桜姫東文章《さくらひめあずまぶんしょう》』

父と弟を殺され、生まれたときから左手が開かないことを悲観した吉田家の息女・桜姫が、長谷寺の高僧・清玄《せいげん》のもとに、出家を願って来ていた
←清玄
←桜姫
一年前、屋敷に強盗に入った権助《ごんすけ》に犯されたにゃん。権助のことが忘れられず、覚えていた釣鐘《つりがね》の入れ墨《ずみ》を自分の腕にほったにゃん
一途を通り越している気が…
あっそうそう。そのとき妊娠して子どもを産んだにゃん。ちなみに桜姫は十七歳
壮絶な人生の予感…
清玄の祈りで姫の左手が開くと、清玄の名が記された香箱《こうばこ》のフタが落ちる
清玄はこれを見て、桜姫は白菊丸《しらぎくまる》の生まれ変わりだと思うにゃん。あっ、その理由は、ここまでのあらすじ※1でね
ぽろりん
←香箱のフタ
長谷寺で偶然、桜姫と権助は再会
ぐい
見てたも～
この、ほりものは!
そこまでオレにホレたか
そなたの女房になりた～いなんだよぉ～
姫の股間に足!?
ポイント
濡れ場
恋による花も 思いのひとくもり
濡れぬ昔か ままならぬ
ポイ
↗香箱
ひさしぶりだなぁ～
今度は手が…あぁ、帯をといて…R指定歌舞伎か!?
権助が投げた香箱が、この後の展開のカギになるにゃん

## 女郎から姫へ、見事なカムバック

作者：四代目鶴屋南北《つるやなんぼく》

初演：一八一七（文化十四）年三月、江戸・河原崎座。

概要：**江戸庶民の暮らしをリアルに描いた生世話物《きぜわもの》**の代表的作品。**清玄《せいげん》桜姫物《さくらひめもの》**。**隅田川物《すみだがわもの》**。南北が得意とした怪談、殺し場、濡れ場などが満載。長い間上演が途絶えていたが、近年復活。

**ここまでのあらすじ**※1

修行僧・清玄《せいげん》と稚児・白菊丸《しらぎくまる》は同性愛の関係。未来で夫婦になろうと互いの名を記した香箱《こうばこ》のフタを持ち、心中を図るが清玄だけ生き残ってしまう。十七年後、清玄は高僧に出世していた。

**清玄桜姫物**

長谷寺の僧・清玄が桜姫に恋して破戒（戒律を破ること）し、やがて

人が来て権助は逃走。その場に清玄の名がある香箱があったため相手は清玄と決めつけられ、桜姫と清玄は不義の罪で追放される
清玄は、桜姫は白菊丸の生まれ変わりと思って罪を引き受けたにゃん
そんなことは知らず、ていうかどーでもよく、桜姫は権助をかばったのか
すっかり落ちぶれた清玄は桜姫を探し続ける
桜姫が産んだ子を連れていれば、桜姫に会えると思っている
かつての弟子残月《ざんげつ》に、毒を飲まされ殺されかけた清玄。桜姫に心中を迫ると、桜姫があやまって清玄を刺してしまう
←毒のせいで顔にアザ
また、権助と再会し夫婦に
↑清玄の死後、権助の顔に同じアザ
が、権助は桜姫を女郎屋に売ってしまう。入れ墨とお姫様言葉から風鈴《ふうりん》お姫《ひめ》と呼ばれ売れっ子になるが、清玄の幽霊が出るので客が離れ、権助のもとへ帰された
なんだなぁ〜、火がねえよぉ
お姫様だったのにぃ…すっかりやさぐれモード
しつこく現れる幽霊にまで悪態をつく
そこへ来ている清玄の幽霊どの。毎夜のことゆえ慣れっこになって怖くないよぉ。幽霊もそう足が近くちゃ飽きが来るよぉ〜
権助は酔ったいきおいで、桜姫の父と弟を殺し、お家断絶の引き金となった家宝を奪ったことをつい桜姫に話してしまう。敵と知った桜姫は…
権助を討ち取る
なんで亭主をぉーーーー！
父の敵《かたき》、弟の仇《あだ》！
浅草神社の祭礼の日——。吉田家の家宝を取り戻し、お家も再興。桜姫は、もとの姫に戻った
見事にカムバックだ！


破滅するという展開が物語の軸になっている作品のジャンル。

**隅田川物**

能の『隅田川』の影響を受けた作品のジャンル。歌舞伎の**隅田川物**は、悪人に乗っ取られた吉田家が、善人方の活躍でお家再興を果たすというストーリーが軸。

**濡れ場**

広く演劇などでも使われているが、もとは歌舞伎のラブシーンのこと。歌舞伎では、音楽に合わせて様式的な動きで演じられることが多い。

**高貴な姫と場末の女郎**

真逆のキャラを一人の女方が演じ分けるのが見どころ。特に、風鈴《ふうりん》お姫《ひめ》になってからの、上品な姫言葉とゲスな女郎言葉がミックスした独特のセリフ回しは他ではなかなか見られない面白さだ。

17

KIRAREYOSA

# 切られ与三

本名題『与話情浮名横櫛《よわなさけうきなのよこぐし》』

## 傷だらけになっても忘れられない運命の女

ここまでのあらすじ※1は下でね
源氏店《げんじだな》の場
お富《とみ》は、質店和泉屋の番頭多左衛門《たざえもん》に囲われ、鎌倉の妾宅で不自由のない暮らし
お富
風呂上がりか…色っぽい～
身体に三十四カ所も傷があることから「切られ与三《よさ》」と呼ばれるようになった与三郎《よさぶろう》も鎌倉へ流れついていた
与三郎
蝙蝠安《こうもりやす》と組んで傷をネタにゆすりをする、その日暮らしの与三郎。この日も、傷の治療費をたかろうとする
傷を負ったのでどうか治療代をめぐんでくださいましー
早く帰っておくんなさいよ
ポイ
…
お富から金をゆすり取り、蝙蝠安が帰ろうとすると与三郎が…
いやさお富、久しいーぶりーだなあ～
そぉいうお前は？
与三郎だ！ 俺を見忘れたかー！
バッ
ザッ
スタッ
ポイント
名ゼリフ
しがねえ恋の情が仇《あだ》…死んだと思ったお富たぁ、お釈迦様でも気がつくめぇ
お前のせいで傷だらけになって落ちぶれたのに、ぬくぬくと愛人暮らしをしやがって、と恨み言をいうにゃんけど。心底憎んでいるわけじゃなく、お富への愛情がまだあるにゃんね


作者：三代目瀬川如皐《せがわじょこう》

初演：一八五三（嘉永六）年一月、江戸・中村座。

概要：**生世話物**。九幕十八場の長い芝居だが、現在は三幕目の〈源氏店《げんじだな》〉の場の単独上演、または序幕の〈木更津海岸見染《きさらづかいがんみそめ》〉の場からの上演が多い。

**ここまでのあらすじ** ※1

**互いに死んだと思っていたが…**

江戸の小間物問屋の養子・与三郎は、実子の弟・与五郎に跡《あと》を譲《ゆず》るため、わざと勘当になり、木更津の知り合いに預けられた。一方、江戸で評判の芸者だったお富は木更津の親分の妾に。木更津の浜ですれ違った二人は互いにひとめぼれ。密会を親分に見つかってしまい、与三郎は全身を切られ三十四カ所の傷を負う。海に飛び込んだお富は、偶然通った

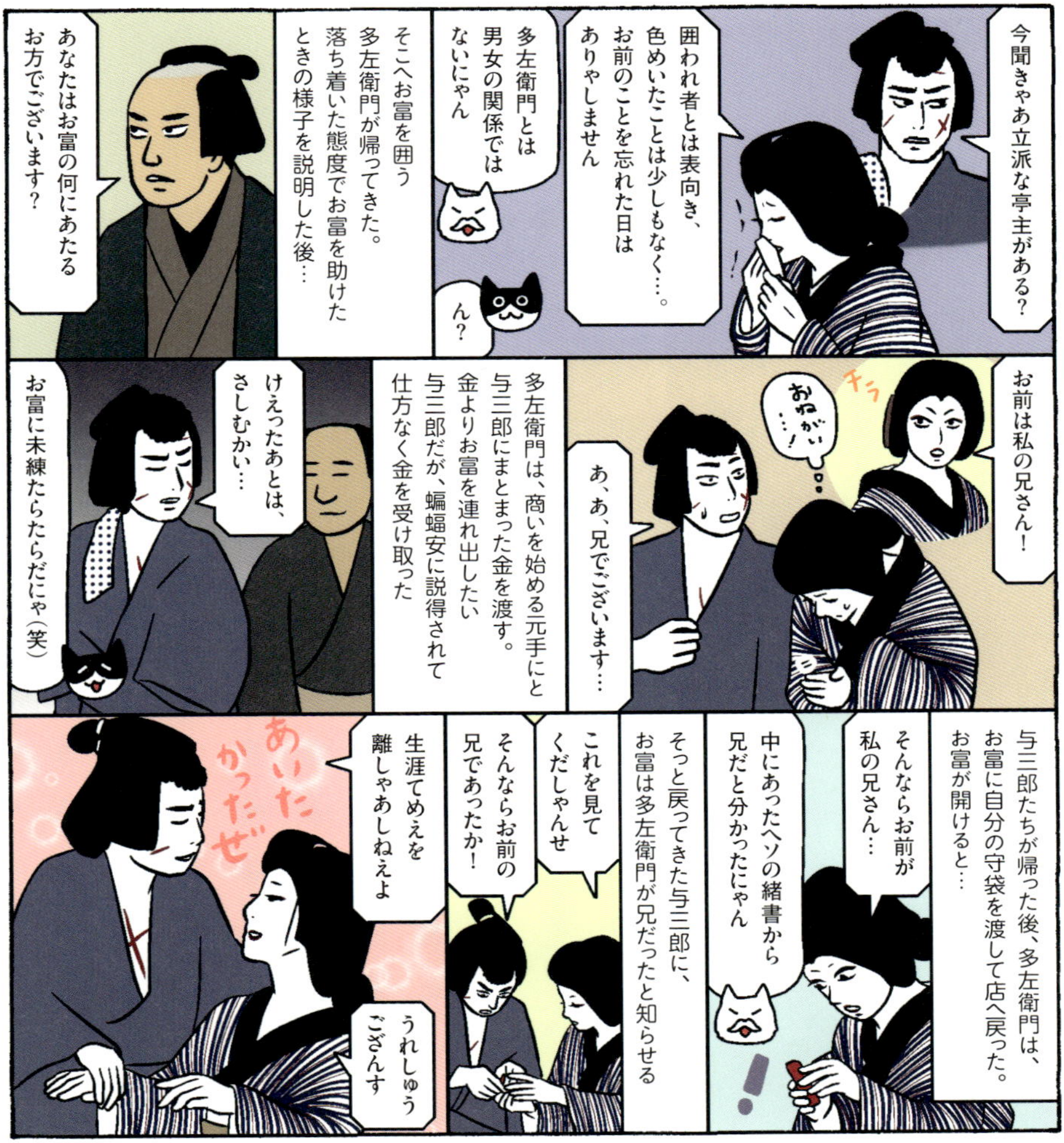
今聞きゃあ立派な亭主がある?
囲われ者とは表向き、色めいたことは少しもなく…。お前のことを忘れた日はありゃしません
多左衛門とは男女の関係ではないにゃん
ん?
そこへお富を囲う多左衛門が帰ってきた。落ち着いた態度でお富を助けたときの様子を説明した後…
あなたはお富の何にあたるお方でございます?
お前は私の兄さん!
チラ
おねがい…!
あ、あ、兄でございます…
多左衛門は、商いを始める元手にと与三郎にまとまった金を渡す。金よりお富を連れ出したい与三郎だが、蝙蝠安に説得されて仕方なく金を受け取った
けえったあとは、さしむかい…
お富に未練たらたらだにゃ(笑)
与三郎たちが帰った後、多左衛門は、お富に自分の守袋を渡して店へ戻った。お富が開けると…
そんならお前が私の兄さん…
中にあったヘソの緒書から兄だと分かったにゃん
そっと戻ってきた与三郎に、お富は多左衛門が兄だったと知らせる
これを見てくだしゃんせ
そんならお前の兄であったか!
生涯てめえを離しゃあしねえよ
あいたかったぜ
うれしゅうござんす



船に助けられ、江戸の質屋の番頭・多左衛門《たざえもん》に囲われて鎌倉で暮らしていた。〈源氏店〉は、木更津で別れてから三年後という設定。

### 江戸歌舞伎の粋が随所に見られる

例えば、湯屋帰りで流し髪のお富はなんとも色っぽいが、それはべたべたした感じではない、キリッとした色気。また、番頭の藤八に頼まれ化粧をしてあげる楽しい場面でも、下心がありそうな藤八のあしらいがさりげなく上手。そんなお富の魅力からも、江戸の粋が伝わってくる。

### 名ゼリフにはお富への愛が込められている

「しがねえ恋の情けが仇」に始まり、「お釈迦様でも気が付くめえ」とつながる名ゼリフ。単に腹を立てているのではなく、気持ちの底にお富への愛情がある。それをどう表すか、役者のセリフ回しも見どころだ。

18

# 吃又

DOMOMATA

本名題『傾城反魂香《けいせいはんごんこう》』

## 悪役が出てこない、夫婦愛&師弟愛

土佐将監閑居《とさしょうかんかんきょ》の場
ここは土佐派トップの絵師・土佐将監《とさしょうかん》の家。近所の農民たちが押し寄せ、藪《やぶ》の中に虎が逃げ込んだと騒いでいたが、将監は絵の虎が抜け出たと見抜く。すると弟子の修理之介《しゅりのすけ》が絵筆で消し去るという奇跡を起こした
ここでの絵筆の動きは、虎を倒すものとして「龍」の字を描いているにゃんよ
将監はその実力をほめ、土佐の苗字を名乗ることを許した
と、修理之助の兄弟子にあたる浮世又平《うきよまたへい》と女房のお徳《とく》がやって来た
吃音《きつおん》の又平に代わって、お徳のあいさつが長々続く
春にもなればめっきり暖かになりまして、世間は花見の遊山《ゆさん》とざわざわいたします。…店いっぱいに人だかり…このころは、新物が一枚できました。こんなことなら一枚持って来てお目にかけたらよかったのう
ぺらぺら
よくしゃべるにゃー
…
ただおしゃべりなわけじゃないにゃん。又平が描いた土産用の絵をお徳が売っているんだけど、それが売れて売れてしょうがないって、夫をフォローしているにゃんよ
修理之助が苗字を許されたと知ると、夫婦そろって「又平にも苗字を」と切々と訴える
➡お徳の着物には紋の印がない。無名の人を意味している
にゃんで苗字にこだわるんだろ？
土佐の苗字がもらえないのは土佐一派の絵師、つまり画家として認められてないわけだ。だから、土産用の絵を描いて売る、その日暮らしにゃんだよ


作者：近松門左衛門《ちかまつもんざえもん》

初演：人形浄瑠璃で一七〇八（宝永五）年、大坂・竹本座。歌舞伎では一七一九（享保四）年、大坂・角の芝居。

概要：**時代物の義太夫狂言**。時代設定は足利時代だが、衣裳・風俗は江戸時代。全三段だが初演後まもなく、通称**『吃又』**〈土佐将監閑居《とさしょうかんかんきょ》〉が単独上演されるようになる。

**狩野元信がモデル**

『傾城反魂香《けいせいはんごんこう》』は、絵師狩野元信の百五十回忌に合わせて書かれた。元信と銀杏《いちょう》の前《まえ》との恋愛と、絵師岩《いわ》佐又兵衛《さまたべえ》の正直者のエピソード、お家騒動などが盛り込まれている。

**お徳は歌舞伎の三女房の一人**

女房役の中でも至難とされる三役を「三女房」と呼ぶ。お徳の他、『本朝《ほんちょう》

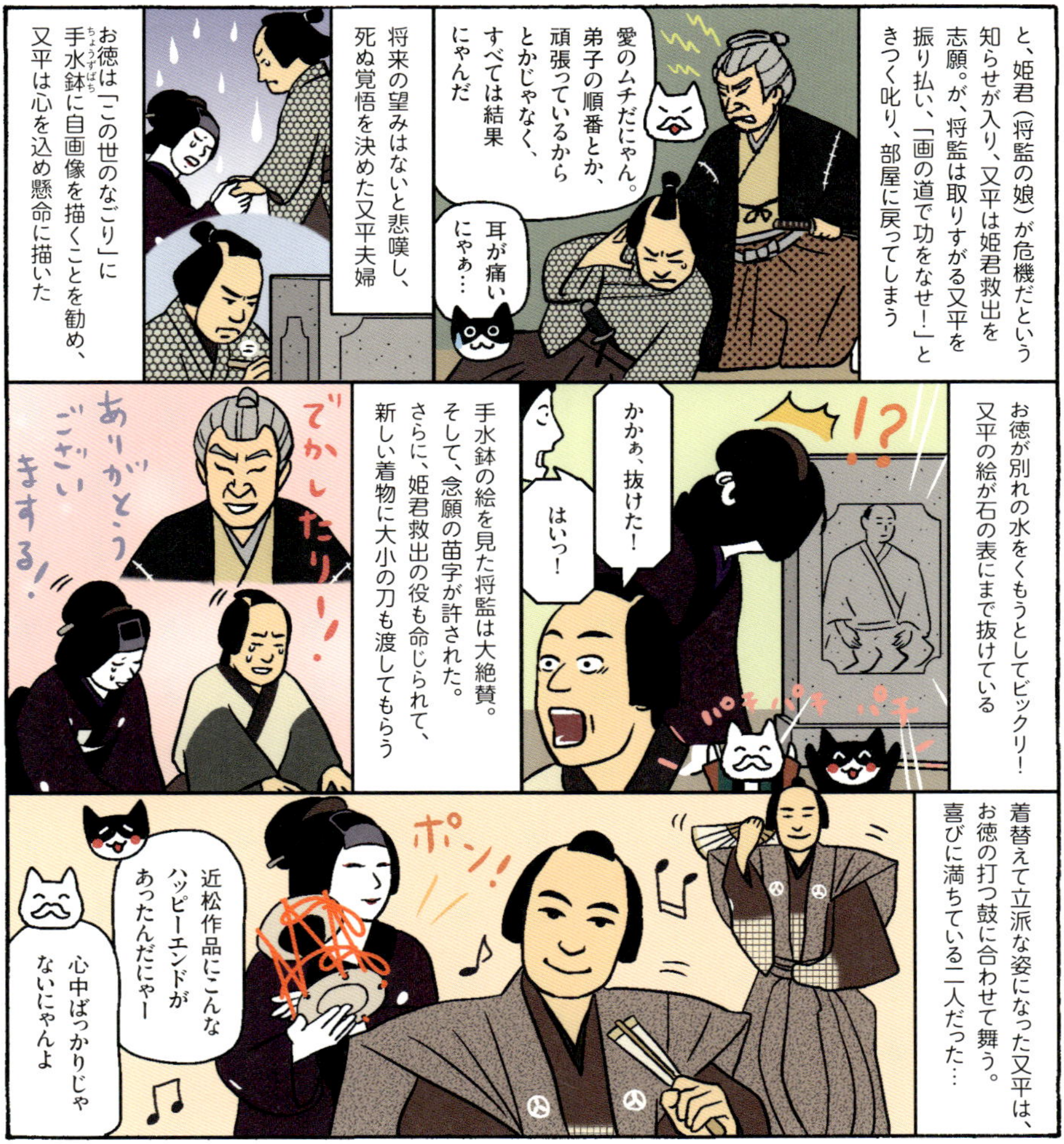
と、姫君（将監の娘）が危機だという知らせが入り、又平は姫君救出を志願。が、将監は取りすがる又平を振り払い、「画の道で功をなせ！」ときつく叱り、部屋に戻ってしまう
愛のムチだにゃん。弟子の順番とか、頑張っているからとかじゃなく、すべては結果にゃんだ
耳が痛いにゃぁ…
将来の望みはないと悲嘆し、死ぬ覚悟を決めた又平夫婦
お徳は「この世のなごり」に手水鉢《ちょうずばち》に自画像を描くことを勧め、又平は心を込め懸命に描いた
お徳が別れの水をくもうとしてビックリ！又平の絵が石の表にまで抜けている
!?
パチパチ パチ
かかぁ、抜けた！
はいっ！
手水鉢の絵を見た将監は大絶賛。そして、念願の苗字が許された。さらに、姫君救出の役も命じられて、新しい着物に大小の刀も渡してもらう
でかしたり！！
ありがとうございまする！
着替えて立派な姿になった又平は、お徳の打つ鼓に合わせて舞う。喜びに満ちている二人だった…
ポン！
近松作品にこんなハッピーエンドがあったんだにゃー
心中ばっかりじゃないにゃんよ



**廿四孝《にじゅうしこう》」**のお種、**『義経腰越状《よしつねこしごえじょう》』**の関女《せきじょ》。いずれも夫のために尽力する。

**大津絵《おおつえ》という土産用の絵**

大津絵は、大津の宿場で東海道を通る観光客向けに売られる絵のこと。又平は、この大津絵を描いて売り生計を立てていた。

**絵が抜ける仕掛けは？**

手水鉢《ちょうずばち》の中に入っている黒衣《くろご》が、裏側から絵を描いている。

**歌舞伎に付きものの「もうけ役」**

歌舞伎の**時代物**に、「ご注進《ちゅうしん》！」と言いながら駆け込み、戦況を報告するとすぐ駆け戻る**「ご注進」という役柄**がある。**『吃又』**に登場する狩野雅楽之助《かのううたのすけ》がそれにあたる。また、**出番は短くても見栄えが良く観客を喜ばせる役を「もうけ役」**と呼ぶが、雅楽之助はその一つでもある。他に**『仮名手本忠臣蔵』**の五段目に出てくる定九郎がある。

19

# 吉田屋

YOSHIDAYA

本名題『廓文章《くるわぶんしょう》』

## 上方のアイドルスターは、頼りなさも魅力

江戸の初春狂言が『助六』なら、上方は『吉田屋』。助六が荒々しいスーパースターなのに対し、『吉田屋』の伊左衛門《いざえもん》は愛嬌たっぷりのアイドルかな
タイプが正反対にゃんだね
そこへ編笠に紙衣《かみこ》を着たみすぼらしい姿の伊左衛門…
今日の寒さを～食い～しばぁ～～る
藤屋伊左衛門
大坂の豪商藤屋の息子・伊左衛門は恋仲の夕霧太夫《ゆうぎりたゆう》に入れあげて勘当されたにゃん。で、今は文無し
伊左衛門が着ているのは「紙衣」※1。詳しくは下で説明するけど、紙でできている着物で伊左衛門のは夕霧からの艶文《つやぶみ》(ラブレターのこと)で作ったという設定だにゃん
あっ、助六も着てたにゃ
大晦日、大坂新町の揚屋《あげや》(遊女を呼んで遊ぶ家)・吉田屋――。勘当された伊左衛門を悲しんで夕霧が病になったと聞き、心配して様子を見に来た
おいでなさりませ
と袖引けば～
紙衣ざわりが荒い荒い
引けば破るる、つかめば後に～
紙衣は肌触りが悪いんだろうにゃ
無一文なんだからガマンしなきゃ(笑)
正月の支度も整った座敷で夕霧を待つことになったが、落ち着かずに一人でそわそわ…
トタトタトタ
他のお客の座敷に出ている夕霧にやきもちをやいてるにゃん
今日は会わずに帰りましょ～帰りましょ～
あすすすす
会わずにいんでは、この胸が～
そこへ、夕霧がようやく座敷を抜けて来た
↓コタツにもぐって寝たふり
ほんとはうれしいのに…(笑)


作者：不詳

初演：人形浄瑠璃で一七九三(寛政五)年五月、大坂・大西芝居の他、諸説あり。歌舞伎では一八〇八(明和五)年十月、江戸・中村座。

概要：**世話物**。近松門左衛門作の『夕霧阿波鳴渡《ゆうぎりあわのなると》』の〈吉田屋の段〉を改作したもの。

### 夕霧は実在した遊女

大坂で実在した「夕霧太夫《ゆうぎりたゆう》」という遊女がモデルだと言われている。夕霧は才色兼備で人気があったが、若くして亡くなってしまった。死後、その死を惜しんで、夕霧とその恋人だった藤屋伊左衛門を主人公に、人形浄瑠璃や歌舞伎で多くの作品が作られた。それらの夕霧を題材にした作品の中でも、『**吉田屋**』は代表的な作品。

←病気を表す病鉢巻（やまいはちまき）
→伊達兵庫（だてひょうご）の鬘（かつら）
す…
もうし伊左衛門さん、目を覚まして下さんせ。わしゃ、わずろうてな
これそこな夕霧殿とやら、夕めし殿とやら。節季師走にこなたのようなひま人ではござらぬ。七百貫目の借銭を負うて、夜昼稼ぐ伊左衛門、こんな時に寝て置かねば寝られぬ
バン
次々に夕霧の悪口を言い出すにゃん
ポイント 口舌《くぜつ》（恋人たちの口争い）
涙ながらに伊左衛門の心無い悪口を嘆く夕霧…
身に覚えはなけれども、恨みがあらば聞きましょう。わしゃなんぼでも寝さしはせぬ
→煙管（きせる）でケンカ
↓くるくる巻いた艶文（ラブレター）でケンカ
遊郭らしい小道具がうまく使われているにゃん
仲直りすればすぐにラブラブ…
そこへ実家の藤屋から身請けの金として千両箱が届いた
おめでとう、ござりまする〜
二人の仲を認めて夕霧を藤屋に迎えることにしたにゃん
千両!! 五千万円、いや一億円!?
明日の正月を前に、喜びにわく吉田屋だった…
ぐぐぐ
景気のいい話で、お正月にはもってこいだ
千両にこだわってるにゃ…

**紙衣[※1]は、「やつし」の象徴**

もとは身分の高い人が、落ちぶれた様子を演じる「やつし」は、和事の表現の一つ。やつしを演じる際、和紙を貼りあわせて作る紙衣という着物を用い、貧しくて着物も変えない状況を表したりする。伊左衛門の紙衣は、夕霧からのラブレターを集めて作ったもの。勘当になり全て失っても夕霧への愛はあることを表す。

**各家によって演じ方が違う**

例えば、伊左衛門が花道から登場するときに、スポットライトのような効果を持つ「面明《つらあか》り」を使う演出が見られることもある。

**「つっころばし」の典型**

和事の中で、つっけばすぐに転びそうな軟弱な色男の役柄のことを「つっころばし」と呼ぶ。『吉田屋』の伊左衛門はその典型。

三大作者 3

# 河竹黙阿弥《かわたけもくあみ》

## 洗練された七五調のセリフ

幕末から明治時代にかけて江戸・東京で活躍しました。盗賊を主人公にした「白浪物《しろなみもの》」の名作を次々に書き絶大な人気を得たことから、「白浪作者」とも呼ばれます。また、生世話物を得意としたことでも知られています。心地よい七五調のセリフ、豊かな音楽性、「動く錦絵」とも称される美しい舞台などが特徴的です。

こいつぁ春から
縁起がええわぇ

お嬢吉三
(『三人吉三』)

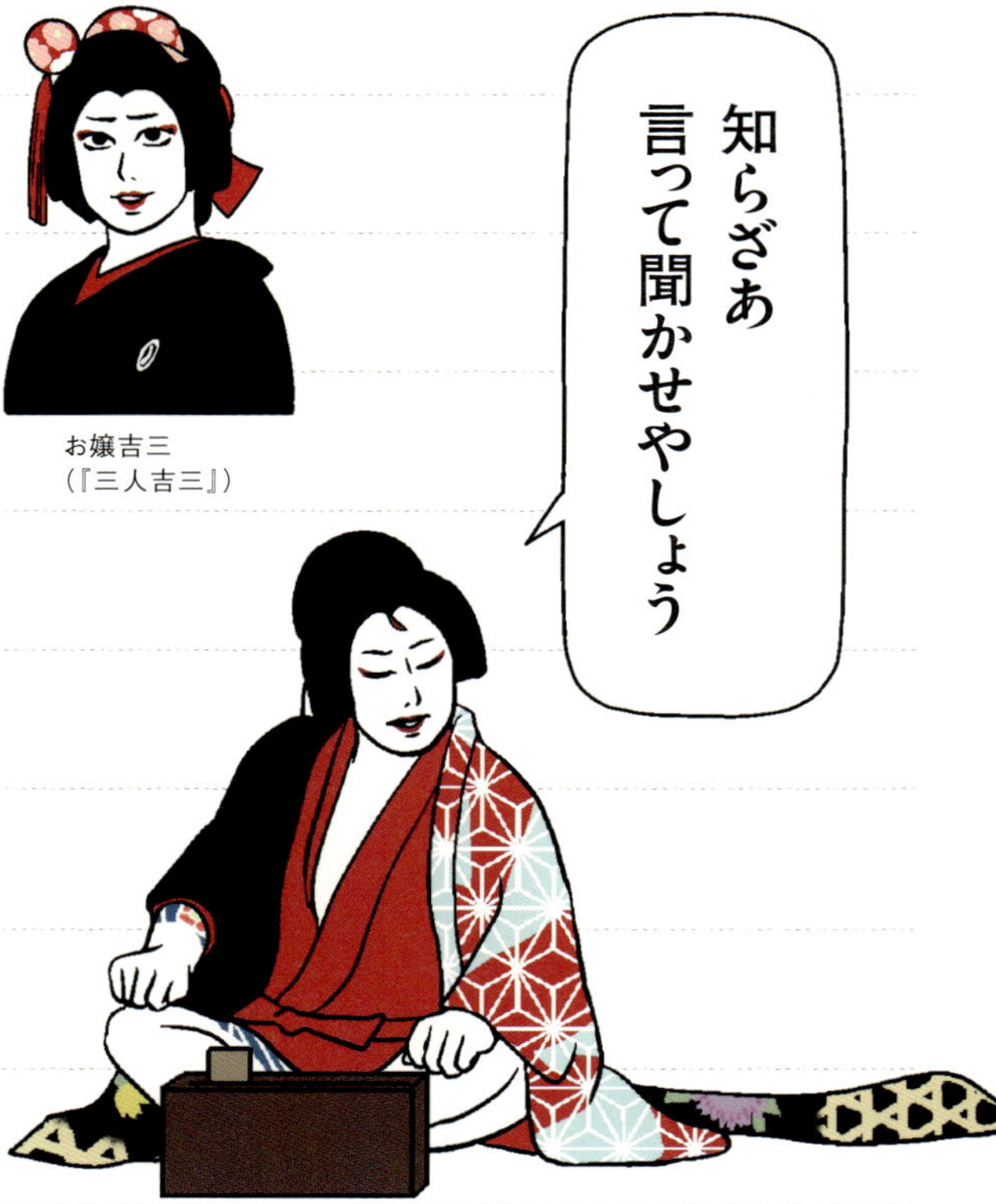
知らざぁ
言って聞かせやしょう

弁天小僧
(『白浪五人男』)

にゃんざえもんの
ワンポイント
アドバイス

それまでの歌舞伎では描かれることのなかった下層の生活者にスポットをあててリアルに描き、庶民の共感を得たにゃんね。そうした主人公たちの思いを、洗練された七五調のセリフが盛り上げるにゃんよ。

▸ 河竹黙阿弥の主な作品

『三人吉三』『白浪五人男』『土蜘』『河内山』など。

PART
Ⅱ

50演目を観てみよう

第6章

# あの名ゼリフを聞きたい！

20

# 白浪五人男、弁天小僧

SHIRANAMIGONINOTOKO, BENTENKOZO

本名題『青砥稿花紅彩画《あおとぞうしはなのにしきえ》』別名題『弁天娘女男白浪《べんてんむすめめおのしらなみ》』

## 「知らざぁ言って聞かせやしょう」美少年が魅せる倒錯した世界

### 〔人物相関図〕

**玉島逸当**（たましまいっとう）実は**日本駄右衛門**（にっぽんだえもん）。窃盗団・白浪五人男のリーダー

**武家娘** 実は**弁天小僧菊之助**（べんてんこぞうきくのすけ）。美男を武器に娘に変装して悪事を働く、白浪五人男の一味

**武家娘の家来** 実は**南郷力丸**（なんごうりきまる）。弁天小僧の兄貴分。白浪五人男の一味

赤星十三郎（あかぼしじゅうざぶろう）

忠信利平（ただのぶりへい）

―― 血縁関係
- - - - 主従関係
＝＝ 恋人・夫婦関係
―×― 敵対関係
←― その他の関係

▽ **あらすじ**

〈浜松屋見世先の場〉

十代後半の美少年・弁天小僧は窃盗団「白浪五人男」の一味。美しい武家娘に変装し、家来に変装した仲間の南郷力丸とともに呉服店へゆすりにやって来た。ところが、店にたまたまいた侍に「男だろう？」と見破られてしまう。この侍の正体は「白浪五人男」のリーダー・日本駄右衛門《にっぽんだえもん》で、実はグルだった。

白浪《しらなみ》は盗賊《とうぞく》のこと。
美少年の盗賊がお嬢様姿で名ゼリフを語るシーンは痛快だにゃん！

作者：河竹黙阿弥《かわたけもくあみ》

初演：一八六二（文久二）年三月、江戸・市村座。

概要：世話物。中でも**盗賊を主人公にした白浪物**の代表作。全三幕九場で、通し上演されるときは本名題『**青砥稿花紅彩画**《あおとぞうしはなのにしきえ》』だが、弁天小僧が登場する〈浜松屋見世先〉と〈稲瀬川勢揃い〉の場だけを上演するときは、別名題『**弁天娘男白浪**《べんてんむすめめおのしらなみ》』。この〈浜松屋見世先〉と〈稲瀬川勢揃い〉の場のみの上演が多い。

**実在または架空のモデルがいる**

白浪五人男のリーダー日本駄右衛《にっぽんだえ》門《もん》のモデルは、江戸時代の延享期《えんきょうき》に活動した実在の盗賊・日本左衛門《にっぽんざえもん》。人殺しをしない盗賊だったようで、そこから「盗みはすれど非道はせず」という日本駄右衛門のキャラクターが作られた。赤星十三郎《あかぼしじゅうざぶろう》は美少年辻《つじ》

浜松屋見世先《はままつやみせさき》の場
鎌倉の呉服店「浜松屋」に、美しい武家娘が家来を伴って買い物に来た――
美しい～!
婚礼用だと言って次々に高級品を出させる武家娘。自分の持っていた赤い布と店の物を見比べて、自分の物をふところへ…
!?
万引きだと勘違いされちゃう!
「万引きだ!」と騒ぐ店の人々。怒った番頭がソロバンで武家娘をたたき、他のみんなもよってたかって武家娘を叩く叩く…
ぼかすか
やりすぎだにゃ…
まてまてまて～! 盗んだというはその布《きれ》か～
山形屋で買った布～、符牒《ふちょう》があるからとっくり見やれ
山形屋はライバル店、符牒は今でいうブランドタグだにゃん
確認すると山形屋の符牒が…。戻って来た若旦那をはじめ、みんなで頭を下げてもお供の侍は許さない
せっしゃはこの場で切腹いたす!
婚礼前のお嬢様に傷がついたから、屋敷に戻れない。責任とって切腹するからみんなも道連れだー! と、言ってるにゃん
ひぇー!!
すったもんだのすえ、百両渡され帰ろうとする二人に、たまたま来ていた侍・玉島逸当《たましまいっとう》が待った! をかける
二の腕にちらりと見えたる桜の彫りもの～
娘と言うも、まさしくおーとーこ～!

斬強盗《きりごうとう》、南郷力丸《なんごうりきまる》は日本左衛門の手下の盗賊、忠信利平《ただのぶりへい》は『義経千本桜』に登場する佐藤忠信が、それぞれモデルだとされている。

**弁天小僧は黙阿弥のオリジナル?**

三代目歌川豊国《うたがわとよくに》が描いた「豊国漫画図絵《とよくにまんがずえ》」という役者絵シリーズ中の、弁天小僧菊之助を見た五代目尾上菊五郎が、黙阿弥に「弁天小僧が登場する話を書いてほしい」と依頼したのがきっかけという説がある。他、黙阿弥が女装した美青年を両国橋で見かけ、それを豊国に話したら錦絵に描き、さらにその錦絵を見た黙阿弥がイメージを膨らませ劇化したという説もある。

**黙阿弥の七五調を堪能できる**

快い七五調のリズムのセリフが黙阿弥作品の特徴であり大きな魅力。弁天小僧がお嬢様から男に変貌する場面での「知らざぁ言ってきかせやしょう」に始まる自己紹介のセリフ

ぶるぶる
キッ
手がぶるぶる震えてる。お嬢様、怒ってるにゃ…
あにぃ〜もうばけちゃいられねぇ〜
ゲッ、太い声……
バレたならしょうがねぇ、こんな苦しい格好はしてられねぇぜ
ばさぁ
きゃー、なんか色っぽいにゃぁ〜
わっちらの名を知らねえのか〜？
どこの馬の骨か、知るものかッ
知らざぁ言って、きかせやしょ〜
浜の真砂と五右衛門が、歌に残した盗人の、種はつきねぇ七里ヶ浜…
ポイント
名ゼリフ
このセリフ、聞いたことあるにゃん！
菊のすけたぁ〜おれのことだぁー！
決まったにゃー！！！
「こんな悪党、俺が切ってやる！」と怒る逸当を、騒ぎを起こしたくない店の人が頭を下げて止める
これもワナにゃんだ…
ん？

と、〈稲瀬川勢揃い〉では五人男が一人ずつ名乗りを上げる長ゼリフが、最大の聞きどころだ。

**色彩美も見逃せない**

女から男へと変貌する場面では、友禅染めの黒地振袖を脱ぐと真っ赤な緋縮緬《ひじりめん》の襦袢《じゅばん》、白い肌に桜の刺青…と、まるで錦絵のような色彩美。

**鎌倉時代だけど風俗は江戸？**

設定は鎌倉時代だが、「浜松屋」の接客スタイル、登場人物の手ぬぐいや煙管《きせる》の扱いなど、世話物らしく江戸庶民の風情が随所に見られる。

**名コンビの絶妙なやり取り**

弁天小僧と南郷力丸が、お嬢様とお侍に変装していた衣裳を、坊主に会ったら交代で持つ場面では、笑いを誘う二人の役者のコンビネーションに注目。楽しそうなやり取りは、社会から外れて生きる者たちの運命のはかなさを際立たせている。

傷の薬代として二十両をもらい、しぶしぶ帰る二人
荷物をどっちが持つかでモメて、坊主頭の人が来たら交代することにしたにゃん
楽しそうだにゃー
弁天小僧たちを見破って、追い返した逸当は感謝され、その日は泊まっていくことになった…ここまでが〈浜松屋見世先〉だにゃん
めでたしめでたしだにゃ
いやいや。逸当は、実は盗賊集団・白波五人男のリーダー、日本駄右衛門《にっぽんだえもん》。泊まった駄右衛門の手引きで、夜、残りの四人が浜松屋に押し入るにゃん
グルだったのか
このあと、現行上演だとすぐに〈稲瀬川勢揃《いなせがわせいぞろ》い〉になるにゃん
稲瀬川勢揃いの場
いろいろな悪事がばれて捕り手に追いつめられた五人男が稲瀬川に勢揃い
役柄の個性を表した華麗な衣裳は見ごたえあるにゃん
←弁天小僧（べんてんこぞう）。琵琶は江ノ島の弁財天、菊は名にちなんでいる
←忠信利平（ただのぶりへい）。神出鬼没を象徴する雲龍（うんりゅう）の柄
←赤星十三郎（あかぼしじゅうさぶろう）。朝のときを告げる＝明け方にちなんで鳥と星の柄
←南郷力丸（なんごうりきまる）。稲妻は荒くれ者の象徴
←日本駄右衛門（にっぽんだえもん）。舵取り役を表す磁石・碇・綱
ポイント
舞台全体を使った見得
キン!!
色彩も形もキレイだにゃー
錦絵のような美しさと言われるにゃん

**それぞれ特徴的な五人男の名乗り**

「志ら浪《しらなみ》」と書かれた番傘《ばんがさ》をさし、それぞれのキャラクターを象徴した衣装を着た五人の盗賊＝五人男。土手に居並び、一人ずつ名乗りをあげる場面は見どころだ。自分がこれまでにどんな人生を歩んできたかを簡単にまとめた自己紹介なのだが、その語り口や見得にも、役柄の特徴が表されている。

**名乗りで着ている衣裳は浜松屋に注文していた!?**

ほとんど上演されないが〈浜松屋見世先〉と〈稲瀬川勢揃い〉の間に〈蔵前〉という場があり、弁天は浜松屋店主の子で、浜松屋の息子は駄右衛門の子だったと分かる。再会を喜んだが捕手が来たので、駄右衛門たちは浜松屋に注文してあった晴れ着を着て稲瀬川へ落ち延びるという話。

# 山門

SANMON

本名題『楼門五三桐《さんもんごさんのきり》』

## 約15分の上演は様式美の連続「絶景かな、絶景かな」

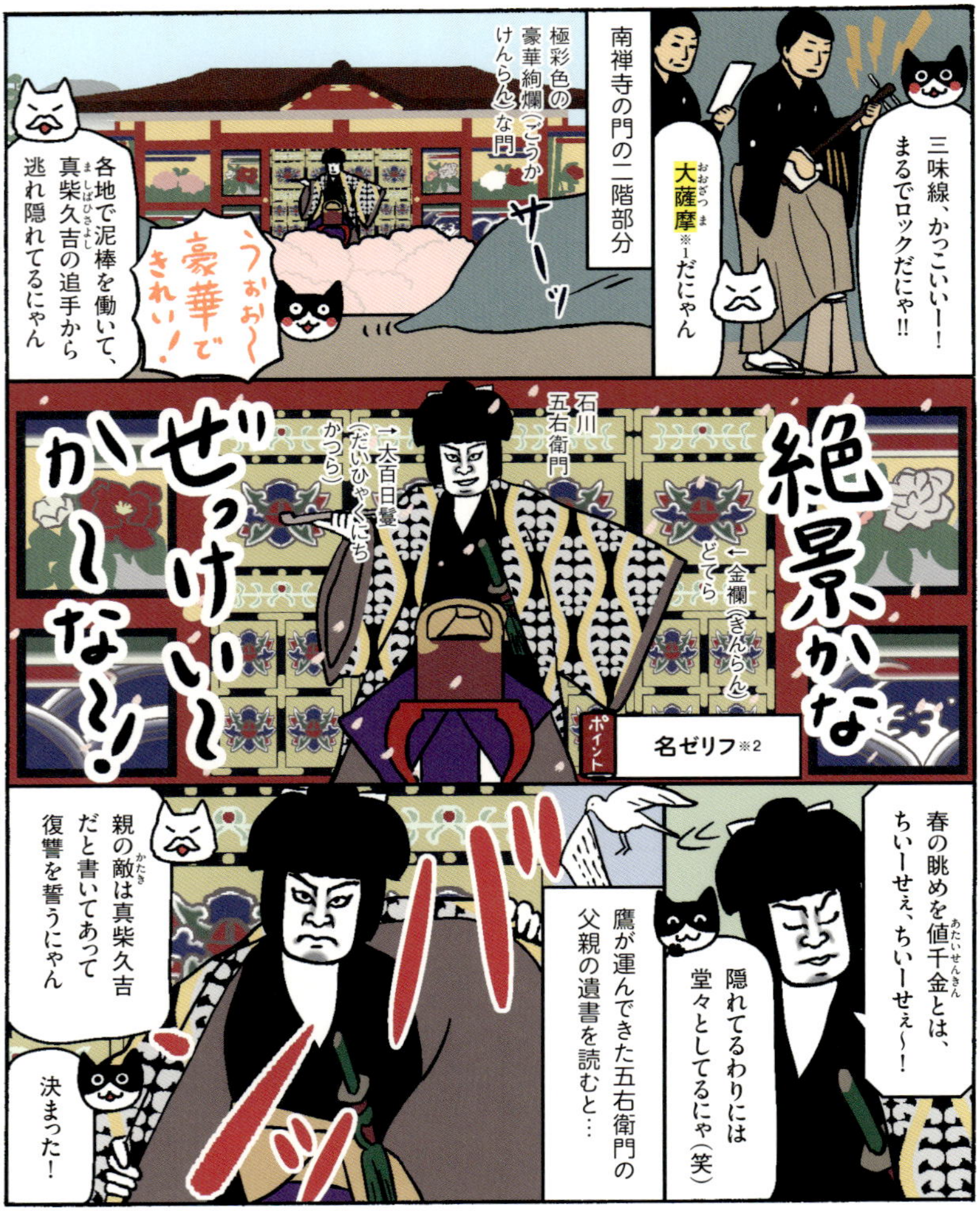
三味線、かっこいいー！まるでロックだにゃ!!
大薩摩《おおざつま》※1だにゃん
南禅寺の門の二階部分
極彩色の豪華絢爛（ごうかけんらん）な門
サーッ
うぉぉ〜豪華できれい！
各地で泥棒を働いて、真柴久吉《ましばひさよし》の追手から逃れ隠れてるにゃん
絶景かな
ぜっけい〜か〜な〜！
石川五右衛門
←大百日鬘（だいひゃくにち かつら）
←金襴（きんらん）どてら
ポイント
名ゼリフ※2
春の眺めを値千金《あたいせんきん》とは、ちぃーせぇ、ちぃーせぇ〜！
隠れてるわりには堂々としてるにゃ（笑）
鷹が運んできた五右衛門の父親の遺書を読むと…
親の敵《かたき》は真柴久吉だと書いてあって復讐を誓うにゃん
決まった！

作者：初代並木五瓶《なみきごへい》

初演：一七七八（安永七）年四月、大坂角の芝居。

概要：**時代物**。全五幕だが、二段目の〈南禅寺山門〉が単独で上演されてきた。その際の名題が『楼門《さんもん》五三桐《ごさんのきり》』。楼門《ろうもん》は二階建て屋根のある寺社の門のことだが、この演目では「さんもん」と読まれる。

**石川五右衛門が父の敵を討つというヒーロー物**

大泥棒・石川五右衛門がモデル。権力者や金持ち相手に盗みを働く五右衛門のヒーロー伝説をもとに、父の敵を討つため権力者の命を狙うストーリー。

**大薩摩《おおざつま》**※1

三味線音楽の一種で、江戸浄瑠璃の一派。豪快な曲調が特徴的。この

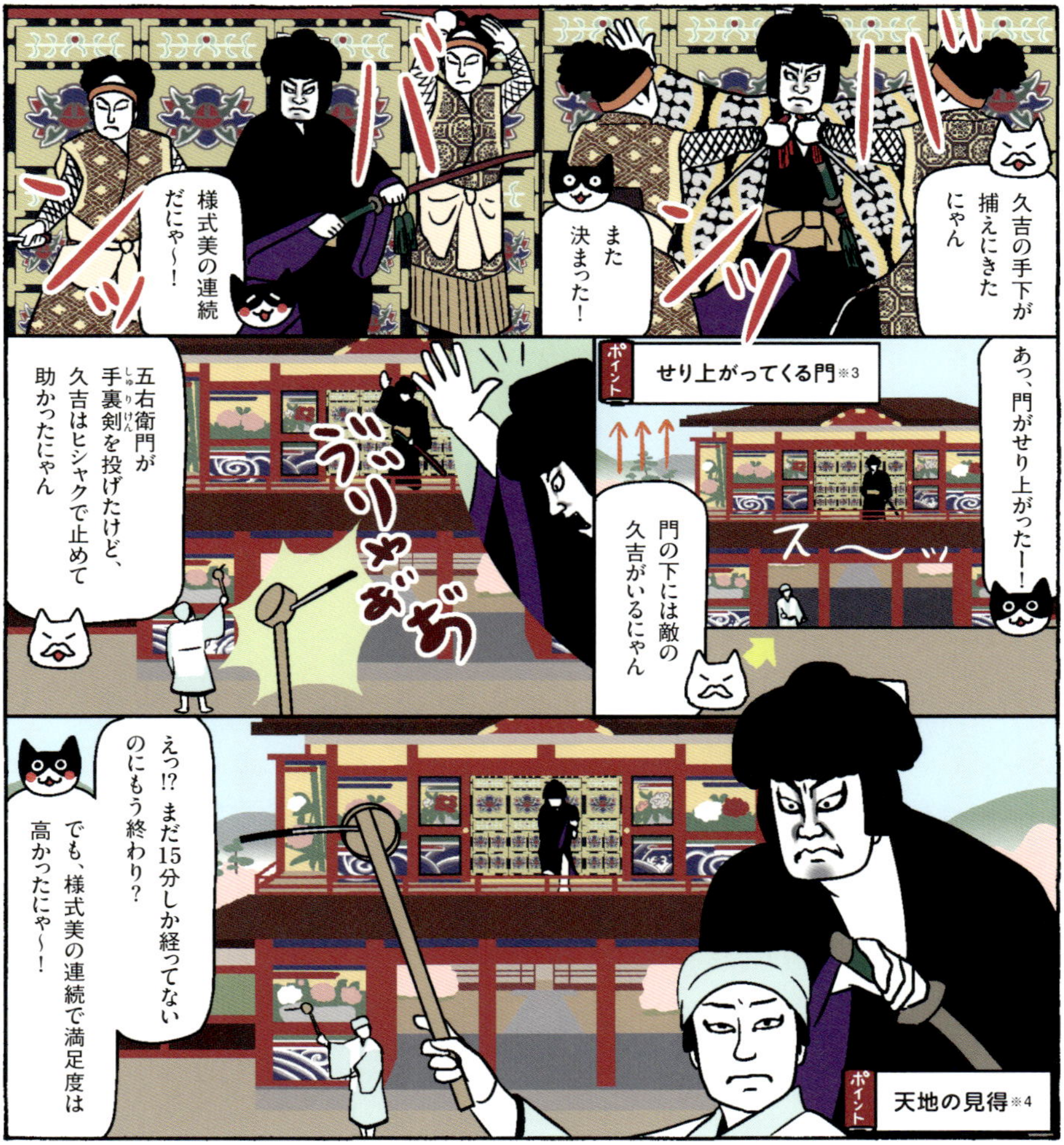
久吉の手下が捕えにきたにゃん
また決まった!
様式美の連続だにゃ〜!
あっ、門がせり上がったー!
ポイント せり上がってくる門※3
ス〜ッ
門の下には敵の久吉がいるにゃん
五右衛門が手裏剣《しゅりけん》を投げたけど、久吉はヒシャクで止めて助かったにゃん
ポイント 天地の見得※4
えっ!? まだ15分しか経ってないのにもう終わり?
でも、様式美の連続で満足度は高かったにゃ〜!

演目では、三味線は片足を合引《あいびき》(舞台で使うイス)にかけ、太夫は手に浄瑠璃本を持つ独特のスタイル。

**何を見て「絶景かな」?**※2

名ゼリフ「絶景かな」は、南禅寺の楼門から、夕暮れ時の満開の桜を眺めて言ったもの。

**豪華絢爛《ごうかけんらん》な門の一階がせり上がってくる大迫力**※3

舞台の床の一部を上下に動かすことができる舞台機構を「セリ」と言い、中でも本作のように大道具全体を動かす大きなセリを「大ゼリ」と呼ぶ。最初、二階部分しか見えていなかった門がせり上げられると、一階部分が現れる。

**息の合った「天地の見得」**※4

刀を抜きかけた五右衛門が欄干《らんかん》に片足をかけて下をにらみ、柄杓《ひしゃく》で手裏剣を受けた久吉が上をにらみ返す「天地《てんち》の見得」でラストが決まる。

22

# 三人吉三

SANNINKICHISA

本名題 『三人吉三廓初買《さんにんきちさくるわのはつかい》』『三人吉三巴白浪《さんにんきちさともえのしらなみ》』

## 「こいつぁ春から縁起がいいわえ」七五調のセリフが冴える

大川端庚申塚の場
夜鷹（街娼）のおとせが、客の忘れた百両を届けようと夜道を歩いていると、振袖姿のお嬢様（実はお嬢吉三）が、道をたずねてきた
どうせ私も帰り道。お連れ申してあげましょう
それはありがとうございまするぅー
盗賊のお嬢吉三。実は男※1
おらぁぬすっとだよぉー
ドンッ
あれえ〜
さらに、通りかかった男の持っていた刀（実は名刀の「庚申丸」）を奪う。と、反対側から来た駕篭《かご》が止まって、どうやら様子を見ている
月も朧《おぼろ》に 白魚の篝《かがり》も霞《かす》む 春の空冷てえ風も ほろ酔いに心持ちよく うかうかと浮かれ烏《からす》の ただ一羽ねぐらへ帰る川ばたで、棹《さお》の雫《しずく》か濡手《ぬれて》で粟《あわ》、思いがけなく手にいる百両、
御厄払いましょう。厄落とし！
ほんに今夜は節分か、西の海より川の中、落ちた夜鷹《よたか》は厄落とし、豆沢山《まめだくさん》に一文の銭と違って金包み、こいつぁ春から縁起がいいわえ
七五調のセリフ、名調子だにゃ〜
←杭に片足を置いて決めポーズ
ポイント
名ゼリフ「厄払い」※2
…
この場を立ち去ろうとするお嬢吉三に、駕篭の中にいた浪人風の男が「その金を貸せ」と言ってきた。渡せ、渡さないで言い争う二人
←盗賊のお坊吉三
ほしい金なら、そっちが下から、出たがいい…命とともに、取んなせえーな
そりゃあ取れと、言わねえでも、命も一緒に、取る気だが

作者：河竹黙阿弥《かわたけもくあみ》

初演：一八六〇（安政七）年一月、江戸・市村座。

概要：**世話物**。**白浪物**。初演時はあまり評判にならなかったが、約三十年後、話を一部変え、名題も**『三人吉三巴白浪』**と変更して再演したところ大評判に。現在、序幕〈大川端庚申塚〉が単独で上演されることが多い。

**白浪物の傑作の一つ**

坊主だが賽銭泥棒《さいせんどろぼう》をするようなワルの和尚吉三《おしょうきちさ》、女装の旅役者姿で盗みを働くお嬢吉三《じょうきちさ》、元は武士で盗まれた家宝の刀・庚申丸《こうしんまる》を探していたのに途中でグレてしまったお坊吉《ぼうきち》三《さ》。「吉三」という同じ名を持つ三人の盗賊が、百両の金と庚申丸をめぐる因果に巻き込まれていく物語は、黙阿弥の代表作の一つであり、

互いに名乗ると、どちらも名の知れた盗賊のお嬢吉三とお坊吉三だと分かる。とうとう刀を抜いて争い始めると、止めが入る。この男、名高い盗賊の和尚吉三だった
まったー
まったぁー
百両を割って五十両。お坊も半分、お嬢も半分、止めにへえった俺にくんねぇ。その代りにゃ和尚が両腕、五十両じゃあ高えものだなぁ
えーっ、ひとり占め?!
意気投合した三人は、お互いの血を飲んで、義兄弟の契りを交わす
百両ひとり占めされても兄貴になってほしいほど、和尚は親分肌の人なのかにゃぁ
百両にずいぶんこだわるにゃん…
この百両は、二つに割って、五十両ずつ、持っていきねぇ
その百両は、ふたーりが、捨てる命を、助かりし
おさめてくだせぇー
そうかぁ。そんなら俺が、預かっておく
ぐいっ
あっ、すばやい！結局、まるもうけだー
思いがけねぇ、力ができ
祝いにこれから
三人一座で、
義を結ぼうか
〈大川端庚申塚の場〉はこれで幕だけど…
次の〈本郷火之見櫓《ひのみやぐら》の場〉は、雪が降る中で三人が捕まる絵のようなラストシーン
因果や悪事が雪で浄化されているみたいだにゃ
ほほぉー

白浪物の傑作とも評されている。

**黙阿弥得意の女装キャラ** ※1

お嬢吉三は、女装した男性。女装姿で悪事を働く役は、黙阿弥作品では『白浪五人男』の弁天、『忍ぶの惣太《そうた》』の傾城花子などがある。

**唄うような七五調の名ゼリフ「厄払《やくはら》い」** ※2

江戸時代、節分の夜になると厄払いが「御厄はらいましょう。厄おとし」と言いながら市中を歩いたという。お嬢のセリフの途中に厄払いの掛け声が聞こえると、「ほんに今夜は節分か、西の海より川の中」とお嬢がセリフをつなぐ。これは厄払いの「西の海とは思えども、この厄払いが引っ捕らえ、東の川へさらり」をアレンジしたもの。黙阿弥の七五調のセリフと厄払いのセリフが似ていたことから、**七五調のセリフをうたいあげる技巧は「厄払い」**と呼ばれるようになった。

# ヘアカタログ 女方編

## 女方の主な髪型

### 吹輪《ふきわ》

髷を高く輪のように結った、姫役の典型的な髪型。前面に小さな花で飾られた銀色の「花かんざし」をつける。

↑『十種香』の八重垣姫

### 片はずし

笄（こうがい ※髪を整えるための道具）一本で髪をまとめる髪型。武家女房や武家屋敷で働く御殿女中に使われ、役柄の通称でもある。

↑『伽羅先代萩』の政岡

### 伊達兵庫《だてひょうご》

最高位の傾城に使われる独特の髪型で、笄や櫛などの髪飾りをたくさんつけて豪華に装飾されるのが特徴。

↑『助六』の揚巻

### 高島田

髷の部分の髪を2つに折って、中央を結わえた髪型「島田髷」は、江戸時代、未婚女性に使われていた。中でも高く結い上げる「高島田」は御殿女中などで使われる。

↑『鏡獅子』の弥生

## 髪型から役柄が分かる

歌舞伎の鬘のもとになっているのは、江戸時代の人々の髪型。江戸時代は、職業や身分、年齢などによって髪型が決まっていました。歌舞伎でも、役によって髪型がだいたい決まっていますから、髪型を見ただけでその役の性格が分かると言われています。

### 結綿《ゆいわた》

島田髷の髷を鹿の子絞りなどで巻いたスタイル。裕福な町娘に使われる。

↑『野崎村』のお染

### にゃんざえもんのワンポイントアドバイス

女方の髪型は大きく、前髪、鬢（びん ※耳上の側頭部）、髱（たぼ ※後頭部）、髷（まげ ※前髪・鬢・髱の毛を頭の上でまとめたところ）の4カ所に分けられるにゃん。ヘアスタイルの特徴を見分けるとき、髷に注目すると分かりやすいにゃんよ。

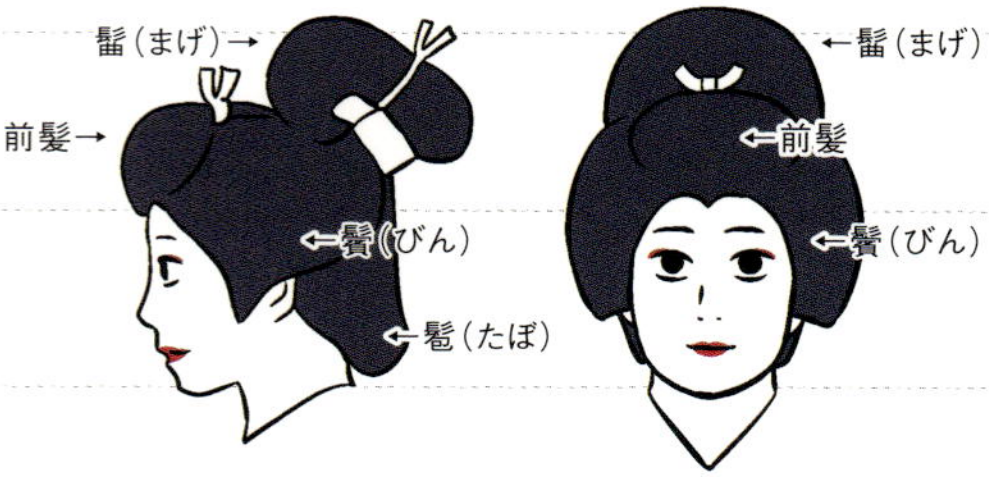

### 世話丸髷

未婚女性が島田髷なのに対し、既婚女性は「丸髷」という髪型。世話物で女房役に使われる丸髷のことを世話丸髷とも呼ぶ。

↑『吃又』のお徳

### 馬のしっぽ

髪を垂らし後ろで無造作に束ねる髪型。悪婆（あくば）役で使われる。

↑『お染の七役』の土手のお六

PART Ⅱ

50演目を観てみよう

第7章

# 心に染みる人間ドラマ

23

# 熊谷陣屋

KUMAGAIJINYA

本名題『一谷嫩軍記《いちのたにふたばぐんき》』

## 忠義のために我が子を犠牲にする悲劇

作者：並木宗輔《なみきそうすけ》（並木千柳《なみきせんりゅう》）他※三段目まで書いたところで宗輔が病死したため、四段目以降は浅田一鳥らが補って仕上げた。

初演：人形浄瑠璃で一七五一（宝暦元）年十二月、大坂・豊竹座。歌舞伎では一七五二（宝暦二）年五月、江戸・中村座、江戸・森田座。

概要：**時代物の義太夫狂言**。『**一谷嫩軍記**』は全五段の長編だが、現在では三段目後半の通称『**熊谷陣屋**』が単独でよく上演される。通称『**壇《だん》特山《とくせん》**』と呼ばれる二段目の〈陣門〉〈組討〉の場も上演されることがある。

**三大名作の作者の一人**

『**菅原伝授手習鑑**』『**義経千本桜**』『**仮名手本忠臣蔵**』は三人の作者による共作だが、並木宗輔は共作者の一人。『**熊谷陣屋**』は彼の遺作。

〔人物相関図〕

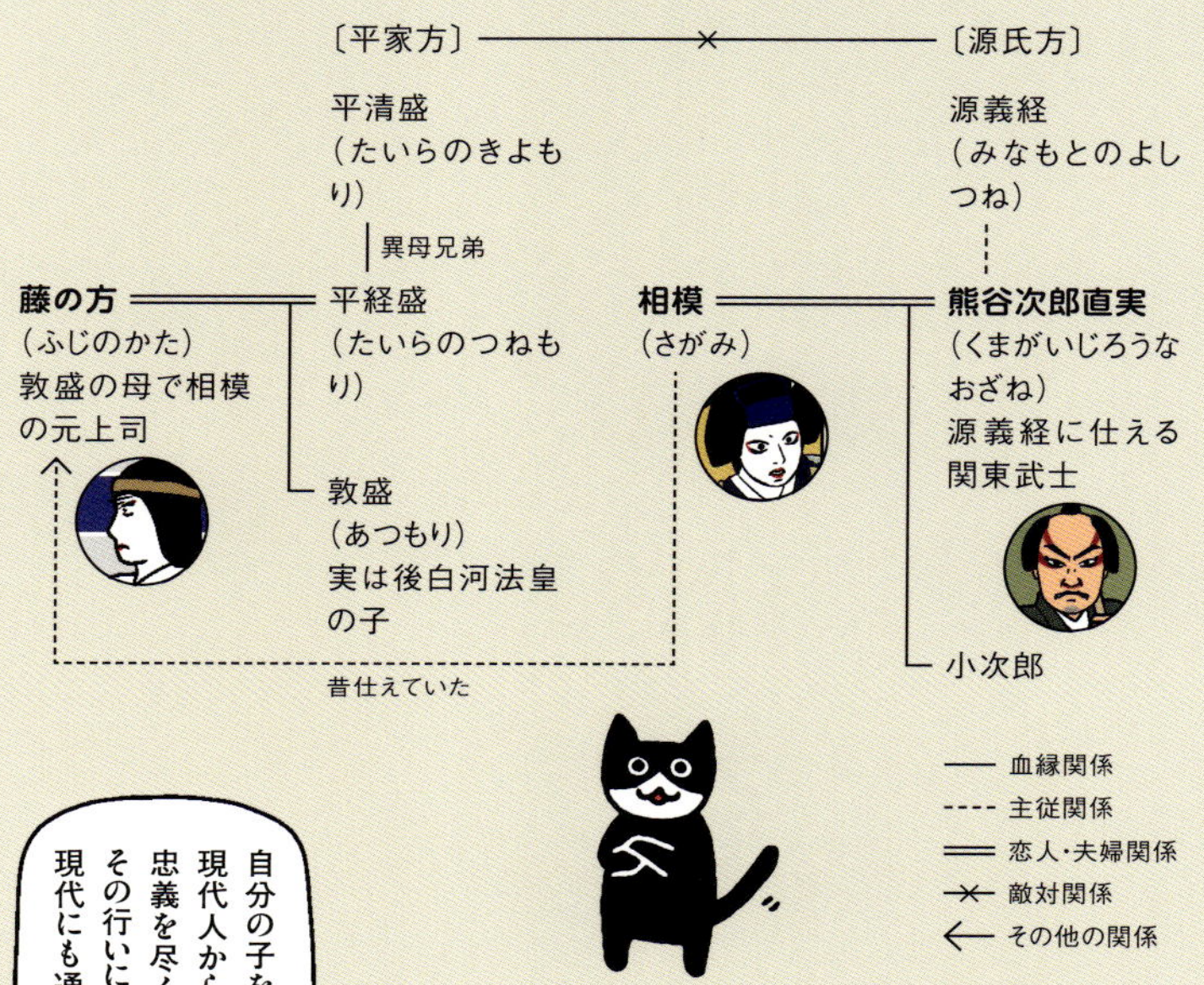
〔平家方〕
〔源氏方〕
平清盛
（たいらのきよもり）
異母兄弟
源義経
（みなもとのよしつね）
藤の方
（ふじのかた）
敦盛の母で相模の元上司
平経盛
（たいらのつねもり）
相模
（さがみ）
熊谷次郎直実
（くまがいじろうなおざね）
源義経に仕える関東武士
敦盛
（あつもり）
実は後白河法皇の子
小次郎
昔仕えていた
血縁関係
主従関係
恋人・夫婦関係
敵対関係
その他の関係

▽**あらすじ**

源平合戦の真っ最中、熊谷次郎直実は、主君・源義経の密命で敵軍の平敦盛を助けるために息子を身替りにする。この物語では、敦盛は実は法皇の息子で、義経は法皇のために敦盛を救うという設定。愛する息子を失った直実は、世の無常を嘆いて出家し、一人旅立っていく。

自分の子を身替りにするなんて、現代人からすれば理解しにくいけど。忠義を尽くし、任務を果たす。その行いに理不尽さを感じる…って、現代にも通じる心情かもね

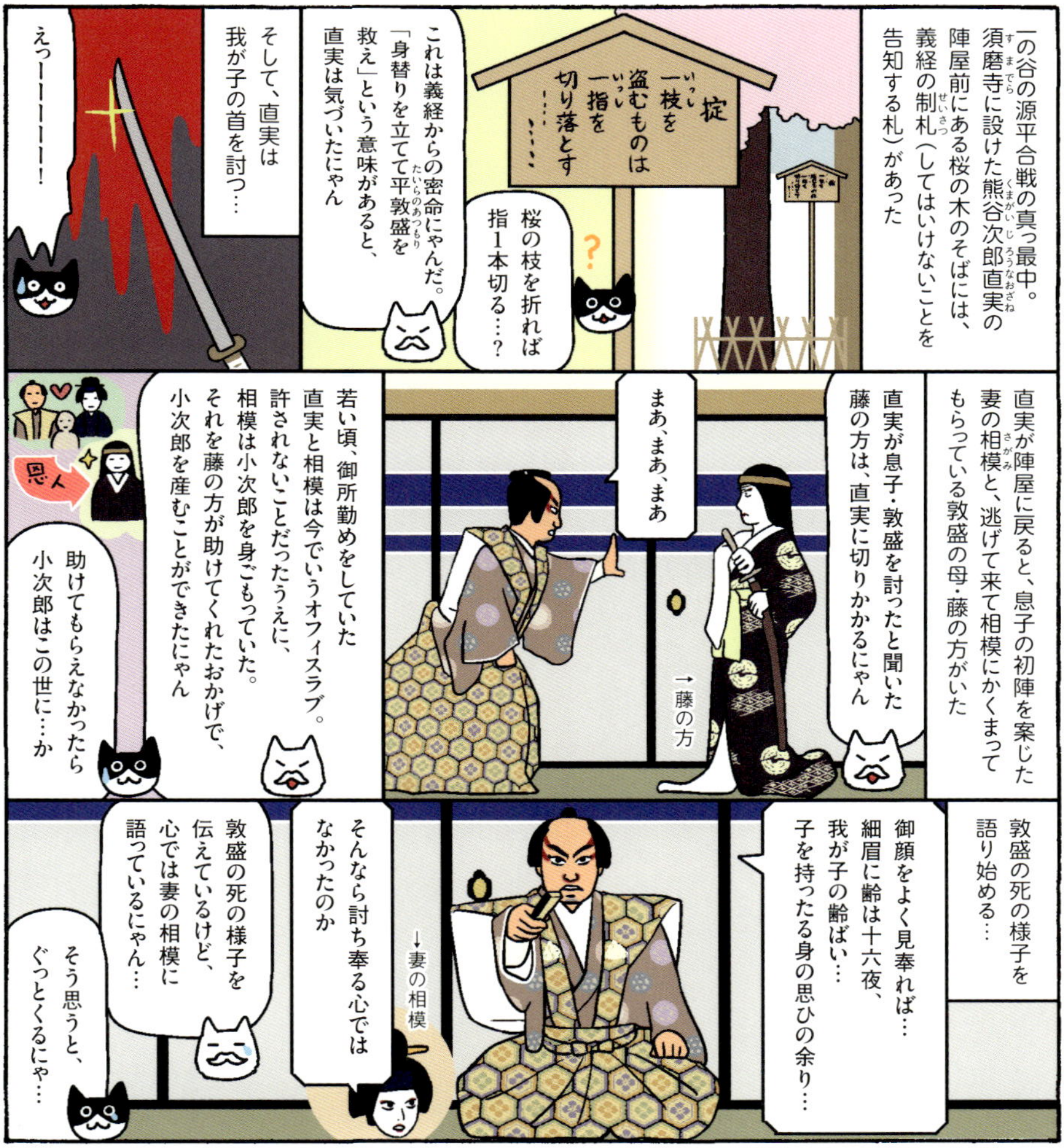
一の谷の源平合戦の真っ最中。須磨寺《すまでら》に設けた熊谷次郎直実《くまがいじろうなおざね》の陣屋前にある桜の木のそばには、義経の制札《せいさつ》（してはいけないことを告知する札）があった
掟
一枝《いっし》を盗むものは一指《いっし》を切り落とす……
桜の枝を折れば指1本切る…？
これは義経からの密命にゃんだ。「身替りを立てて平敦盛《たいらのあつもり》を救え」という意味があると、直実は気づいたにゃん
そして、直実は我が子の首を討つ…
えっーーーーー！
直実が陣屋に戻ると、息子の初陣を案じた妻の相模《さがみ》と、逃げて来て相模にかくまってもらっている敦盛の母・藤の方がいた
直実が息子・敦盛を討ったと聞いた藤の方は、直実に切りかかるにゃん
まあ、まあ、まあ
→藤の方
若い頃、御所勤めをしていた直実と相模は今でいうオフィスラブ。許されないことだったうえに、相模は小次郎を身ごもっていた。それを藤の方が助けてくれたおかげで、小次郎を産むことができたにゃん
恩人
助けてもらえなかったら小次郎はこの世に…か
敦盛の死の様子を語り始める…
御顔をよく見奉れば…細眉に齢は十六夜、我が子の齢ばい…子を持ったる身の思ひの余り…
↓妻の相模
そんなら討ち奉る心ではなかったのか
敦盛の死の様子を伝えているけど、心では妻の相模に語っているにゃん…
そう思うと、ぐっとくるにゃ…

### 『平家物語』がベース

鎌倉時代に成立した『平家物語』の「敦盛最期《あつもりさいご》」がベースになっている。「敦盛最期」では、敦盛を討った直実が、敦盛を供養するために出家したと描かれている。

### 須磨寺《すまでら》の桜伝説をアレンジ

直実の陣屋がある須磨寺は、兵庫県神戸市に実在する。ここには弁慶が書いたとされる「若木の桜制札」が伝わる。そこに書かれているのは「一枝を伐らば、一指を剪《き》るべし（桜の枝を折ったものは、指を一本切れ」という内容。この制札にヒントを得た並木宗輔は、「一枝＝一子」「一指＝一子」と言葉をかけて、「身替りを立てて敦盛を助けよ」という義経の密命とした。

### 平敦盛は実は後白河法皇の子？

物語の中では、平敦盛が実は後白河法皇と藤の方の間にできた子という設定。そのため、後白河法皇の血

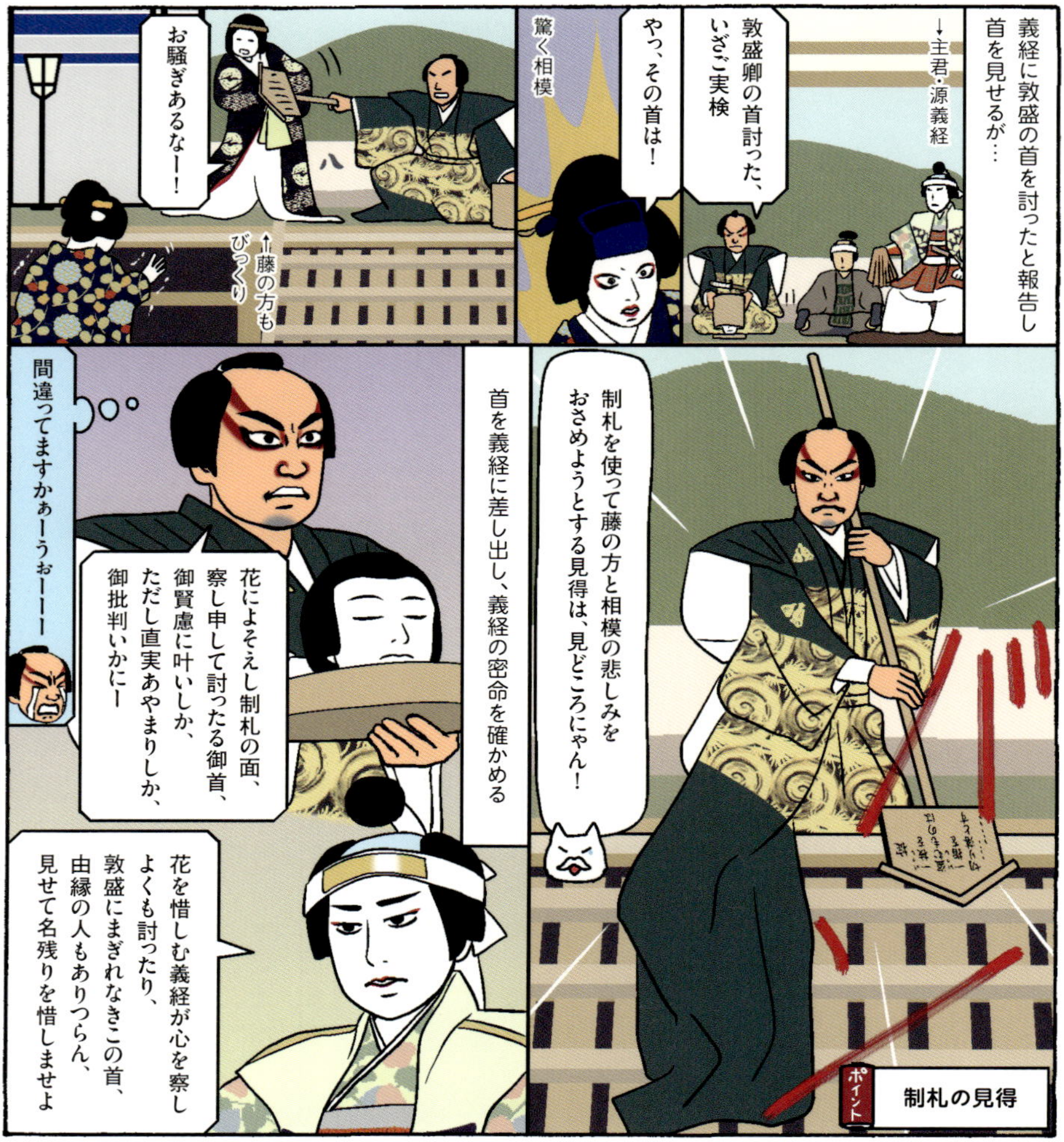
義経に敦盛の首を討ったと報告し首を見せるが…
←主君・源義経
敦盛卿の首討った、いざご実検
やっ、その首は！
驚く相模
お騒ぎあるなー！
↑藤の方もびっくり
制札を使って藤の方と相模の悲しみをおさめようとする見得は、見どころにゃん！
ポイント
制札の見得
首を義経に差し出し、義経の密命を確かめる
花によそえし制札の面、察し申して討ったる御首、御賢慮に叶いしか、ただし直実あやまりしか、御批判いかにー
間違ってますかぁーうぉーーー
花を惜しむ義経が心を察しよくも討ったり、敦盛にまぎれなきこの首、由縁の人もありつらん、見せて名残りを惜しませよ

を継ぐ敦盛を何とか助けたいと義経は考えた。

### 武士の忠義を貫く直実

忠義のために、わが子を犠牲にした直実だが、義経は制札の密命で「自分の息子・小次郎を身替りにせよ」とは言っていない。にも関わらず、他人の子どもではなく、あえて自分の子どもを犠牲にしたところに、直実の武士としての実直さが表れている。

### 最大の見せ場は大胆な創作

**討ちとった首が本物かどうかを確かめるために検分する首実検**が、「熊谷陣屋」では重要な見せ場。その内容は、直実が討ったのは敦盛ではなく身替りの我が子だったという大胆な創作だ。

### 團十郎型は内面を重視した演出

直実は出家のために丸坊主になり、幕が閉じてから花道で「十六年

その後…。
出家し僧になった直実は、世の無常を嘆いて、つぶやくのだった…
ポイント
名ゼリフ
十六年は、ひと昔
夢だ… 夢だー
ポイント
名ゼリフ
どどん とどん
太鼓の音は戦の音だにゃん。太鼓が鳴ると、つい条件反射で身構えてしまうんだ…
スサ
サ
サ
サ
泣きながら、そして何かから逃れるように、一人旅立っていく

はひと昔…」とつぶやく。このラストシーンの演出は、七代目市川團十郎から九代目團十郎が継いで完成に至った「團十郎型」と呼ばれるもの。現在では、ほとんどがこの型で演じられている。

**原作に忠実な芝翫型《しかんがた》**

江戸時代の演出により近いのが、三代目中村歌右衛門からさらに四代目中村芝翫に伝わった「芝翫型」。現在演じられることは少なかったが、およそ半世紀ぶりに当代の八代目芝翫が、その襲名披露の際に復活上演させている。芝翫型の衣裳は黒ビロードの着付け赤地錦の裃《かみしも》で、顔は芝翫隈。最後の場面の直実は原作通り有髪で、「十六年…」のセリフも花道ではなく舞台上で自嘲的に語られる。「制札の見得」にも違いがあり、マンガで表した「團十郎型」に対し、「芝翫型」では、制札を上に向け担ぐようにして見得をする。

24

# 引窓
HIKIMADO

本名題『双蝶々曲輪日記《ふたつちょうちょうくるわのにっき》』

## それぞれが相手を思いやる家族の物語

作者：二代目竹田出雲《たけだいずも》、三好松洛《みよししょうらく》、並木千柳《なみきせんりゅう》による合作。

初演：人形浄瑠璃では一七四九（寛延二）年七月、大坂・竹本座。歌舞伎では同年八月、京都・嵐三右衛門座。

概要：**世話物**の**義太夫狂言**。全九段だが、現在では二段目の『**角力場**《すもうば》』と八段目の『**引窓**《ひきまど》』が単独でよく上演される。

### 明治期の復活上演が大ヒット

人形浄瑠璃で初演されたときはあまり話題にならなかったが、翌年歌舞伎で上演されると大好評。けれどもその後、歌舞伎でも長く上演されず、復活したのは明治になってから。初代中村鴈治郎《なかむらがんじろう》が南与兵衛《なんよへえ》を演じ『引窓《ひきまど》』を単独で復活上演したのが評判となり、以後、頻繁に上演されている。

〔人物相関図〕

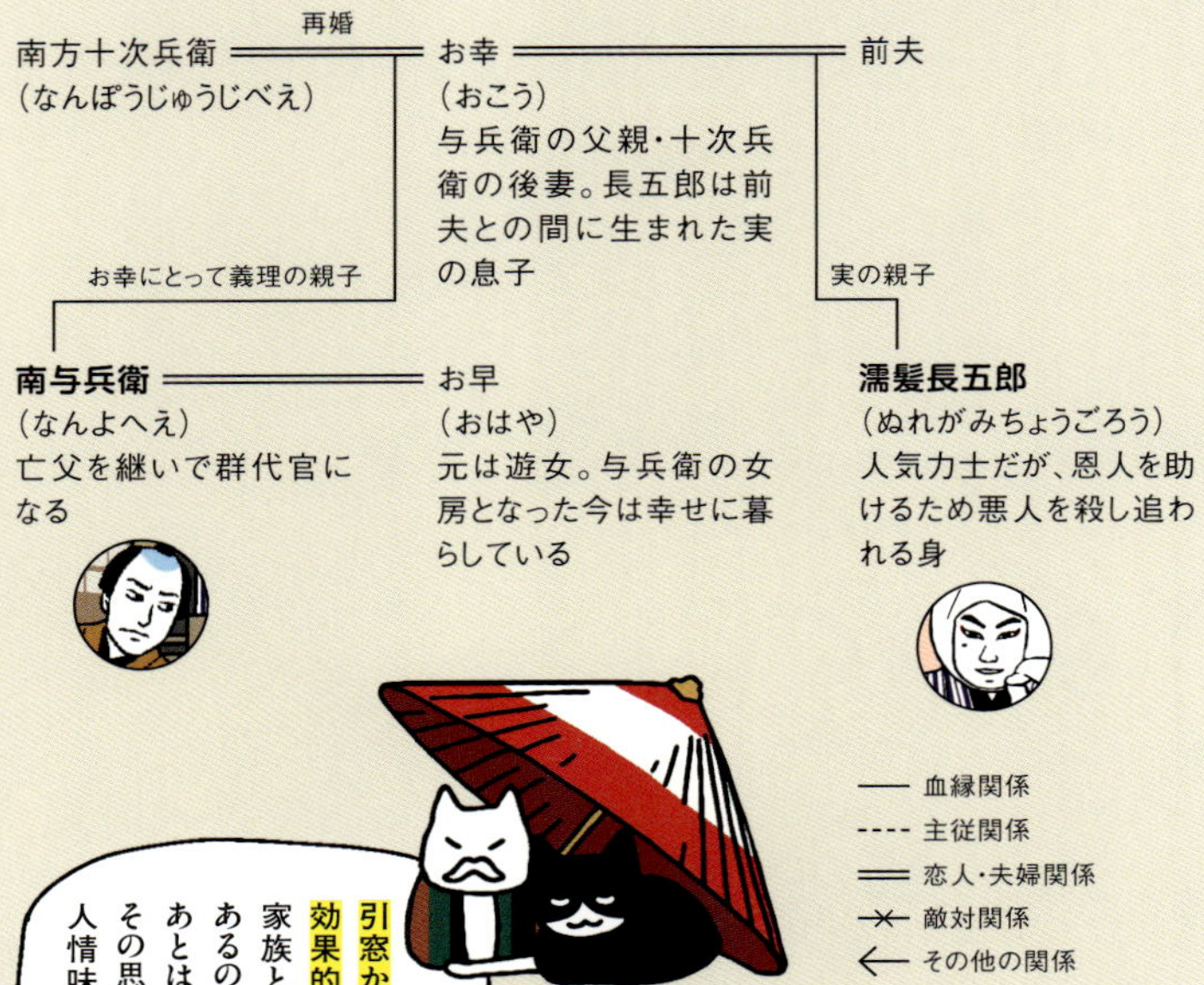
南方十次兵衛
（なんぽうじゅうじべえ）
再婚
お幸
（おこう）
与兵衛の父親・十次兵衛の後妻。長五郎は前夫との間に生まれた実の息子
前夫
お幸にとって義理の親子
実の親子
南与兵衛
（なんよへえ）
亡父を継いで群代官になる
お早
（おはや）
元は遊女。与兵衛の女房となった今は幸せに暮らしている
濡髪長五郎
（ぬれがみちょうごろう）
人気力士だが、恩人を助けるため悪人を殺し追われる身
血縁関係
主従関係
恋人・夫婦関係
敵対関係
その他の関係

家族の情愛に、引窓から差しこむ月の光の明暗が効果的に使われるにゃん。
家族といっても、血のつながりがあるのは長五郎とお幸だけ。
あとは義理の関係だからこそ、その思いやりの深さにほっこりする、人情味あふれる物語だにゃん

▽**あらすじ**

やむをえずとはいえ人を殺してしまった人気力士の長五郎。一目、実母に会いたいと密かに訪ねて来たが、実母の再婚相手の息子は、長五郎を捕らえようと探している郷代官（地元の警察官）の与兵衛だった…。

京都に程近い八幡の里にある南与兵衛《なんよへえ》の家——。今宵《こよい》は中秋の名月の晩で、明日は放生会《ほうじょうえ》※1。女房のお早《はや》がお月見の支度に忙しい
てきぱきー
タイトルの『引窓』は、明かり採りのために天井に設けてある窓のことにゃんだけど、引窓の開け閉めで差しこまれる月の光の明暗と放生会が、この物語のポイントになっているにゃん
明
放すと開く
暗
引くと閉まる
月の光か…。一夜限りの物語っていうのがまた、泣けるにゃ…
まだ始まってないにゃん
お早とお幸《こう》（与兵衛の継母）は、与兵衛の帰りをワクワクしながら待っている。というのも、今日は与兵衛が郷代官（地元の警察官）の任命を受けて役所に呼ばれているからだ
まだかしら～
待ち遠しいわね～
そこへ、お幸が再婚する前に里子に出した実の息子・濡髪長五郎《ぬれがみちょうごろう》が訪ねて来る
濡髪はお客のためにやむをえず悪人を殺してしまい、追われる身にゃんだ
だから、こそこそしてるのか…
嬉しや、ここじゃ
捕まる前に母親に会いたかったんだにゃ…
長五郎の突然の訪問に喜ぶお幸。そんな義母を見て、喜ぶお早…
二階の座敷でゆっくり休んで
…

## 二人の主人公を表すタイトル

『双蝶々曲輪日記』を全九段通すと、力士の濡髪長五郎《ぬれがみちょうごろう》と素人力士の放駒長吉《はなれごまちょうきち》の二人が主人公。ケンカを経て分かり合っていくというストーリー展開を、二人の名前の「長」を重ねて「長々」、これを飛び交う二匹の「蝶々」に見立て、タイトルに表している。

## 実在した力士がモデル

享保の頃に「荒石」というしこ名で活躍した荒石長五郎がモデルと言われている。濡れた紙には刃物が通らないという俗説があったので、長五郎がケンカをするときは水に浸した紙を額にあてていたというエピソードから、濡髪長五郎という名前が生まれたとも言われている。

**放生会《ほうじょうえ》とは** ※1

捕獲した生き物を野に放して殺生を戒める仏教の儀式。

やがて帰って来た与兵衛が、父の名を継いで南方十次兵衛《なんぽうじゅうじべえ》を名乗ることになった、と嬉しそうに報告する
思いがけなさに総身に汗を流しましてござりまする
今日からは私も侍の女房なりゃ。氏神さまへ参るというても…おふくろ様はお乗物、私は馬に乗ってハイシドウドウ～
これ、なんぼ侍の女房じゃとて、女子が馬に乗って良いものかいなぁ
幸せそうだにゃ～
その初仕事は、大坂で人殺しをし、このあたりに逃げてきた濡髪長五郎を捕らえることだという
手柄のほどを見せたれば、これ第一の孝行じゃわい
長五郎を括《くく》らしゃんしたら、大の不孝になりますぞえ
これ嫁、何も言わぬ。いや、何にも言やんな
止めたいお早と捕らえたい与兵衛で言い合いが始まるにゃん
二階にいるんだよにゃ…ドキドキする
人の気配を感じた与兵衛が手水鉢《ちょうずばち》の水面をのぞくと、二階から様子をうかがっている長五郎の姿…
長五郎がいることを与兵衛が気づいたと察したお早は、とっさに引窓のヒモを引いて部屋を暗くする
ポイント
名場面
女房、何とする
雨もぽろつく最早日の暮れ、灯をともしてあげましょう
日がくれたれば与兵衛が役、忍び居るおたずね者、いで召し捕って…、
あれ、まだ日が高い
と、引窓がらり、開けて言われぬ女房の心遣いぞせつなけれ～

**人気力士がなぜ殺人を？**

大坂相撲の人気力士・濡髪長五郎は、恩人の息子与五郎《よごろう》のために遊女吾妻《あずま》の身請《みう》け話を手助けしたいと考えた。けれども、吾妻を身請けしたい平岡郷左衛門《ひらおかごうざえもん》がじゃまをする。そこで、平岡が贔屓《ひいき》にしている素人力士放駒長吉《はなれごまちょうきち》との取組にわざと負けた。それを知った長吉と争いになるが、長吉の姉おせきの機転のおかげで長五郎と長吉は義兄弟の契りを交わす。しかし、平岡にだまし討ちされた長五郎は、平岡を殺してしまった。そして、殺人の罪で追われる身となってしまう。

**お早は、以前は遊女だった**

お早は、もとは吾妻と同じ大阪新町の遊女だったが、与兵衛と駆け落ちしてその女房となる。時々廓《くるわ》の言葉がでるらしく、お早が「おお、笑止《しょうし》」と言うと、お幸が「ああこれ、その笑止はやっぱり廓の言葉」とたしなめるシーンも。屈託のないやり

お早が引き窓を閉めたことで、すべてを察した与兵衛。人相書を売ってほしいと頼むお幸に…
なぜ物をお隠しなされまする、私はあなたの子でござりまするぞ。二十年以前にご実子を大坂へ養子に遣わされたと聞きましたが、そのご子息は今に堅固でござりまするか
母親思いのセリフが泣かせるにゃ…
この後、人相書を渡し、里の抜け道を長五郎に聞こえるような声で話して、与兵衛は外へ出るにゃん
二階から出てきた長五郎は、与兵衛に捕らわれたいと申し出るが、お幸は「生きなさい」と涙ながらに説得。そして人相を変えるため長五郎の前髪を落とす
けれど、いちばんの目印になるホクロは父親ゆずりなのでお幸には剃り落とせない。と、外でうかがっていた与兵衛が、路銀（旅費）を投げるとホクロに命中
ポロリン
ホクロ
ここまでしてくれる異父兄の与兵衛に申し訳ない、母の手で縄をかけてほしい、それが異父兄への義理だと長五郎が訴えると…
←引窓のヒモで縛る
濡髪の長五郎を召し捕った。受け取って手柄に召され〜
戻ってきた与兵衛は縄を切る。引窓が開き、部屋に月明かりが射しこんだ
夜が明けた。身どもの役目は夜の内ばかり、一夜明くれば放生会。生けるを放つ所の法、恩に着ずとも勝手にお行きゃれ
重なるご恩は
それも言わずに、さらばさらば
そっか。引窓の開け閉めは、それぞれの人物の明暗も表していたのかもにゃ
おー、鋭くなってきたにゃん！

とりからも、二人の良い関係が伝わってくる。

## 登場人物の誰もが身内を思う

母の頼みで人相書を渡すとき、与兵衛が「人を殺めて立ち退く曲者、大胆にもこのあたりを徘徊はいたしますまい。河内へ超ゆる抜け道は、堀川を左へとり、川を渡って山越えに…」と、濡髪に聞こえるように逃げ道を教えてから捜査に出かける。こうした登場人物たちの身内を思う場面は全体を通して随所に見られ、物語が進むにつれ温かく積み重ねられていく。

## 小道具の引窓がドラマを創る

最後の場面での与兵衛のセリフは「夜が明けたから、今日はもう放生会。放生会は捕獲した生き物を野に放して殺生を戒める日だから、お前も逃がす」という意味。このセリフを言う場面でも、引窓の開け閉めが効果的に使われている。

25

# 先代萩

SENDAIHAGI

本名題『伽羅先代萩《めいぼくせんだいはぎ》』

御殿の場
お家騒動のさなか、乳母《めのと》の政岡《まさおか》は我が子・千松《せんまつ》とともに、若君・鶴千代《つるちよ》を守っていた
←鶴千代
←政岡
←千松
お腹がすいてもひもじゅうない
若君毒殺の動きがあって、子ども二人は朝から何も食べていないにゃん
毒殺を恐れ、食事はすべて政岡が手作り
ポイント
飯炊き《ままたき》
茶道具でご飯を炊く「飯炊き」の美しい所作《しょさ》は見どころだにゃん
乗っ取り派の八汐《やしお》が、見舞いの菓子を持って来た管領《かんれい》（幕府高官）の妻・栄御前《さかえごぜん》を連れ訪ねて来た
←乗っ取り派を後押しする管領の妻・栄御前
→乗っ取り派のトップ仁木弾正（にっきだんじょう）の妹・八汐
毒入りの可能性大だけど、管領の見舞いを断るわけにいかないにゃん
絶体絶命だにゃ！
突然、千松が駆け寄って菓子をほおばり、菓子箱を蹴散《けち》らす。たちまち苦しみだすと…
←千松を刺し殺す八汐
ひどいぃーーー！
毒殺の証拠隠滅のためだ。憎たらしい役で有名で、立役が務めることもよくあるにゃん
なみだ一滴目にもたぬ～
あるまじき烈女《れつじょ》の鑑《かがみ》
平静を装っているけど本当はショック。それを演技する女方の最高の大役だにゃんね
ポイント
耐える政岡
その後、栄御前は秘かに政岡を呼び、乗っ取り派の連判状を渡す
千松が殺されても顔色一つ変えなかったから、二人を取り替えて鶴千代を殺させたと、栄御前が誤解したにゃん
仲間だと勘違いしたわけか…

## お家騒動をめぐる女たちの戦い

作者：奈河亀輔《ながわかめすけ》

初演：一七七七（安永六）年四月、大坂・中の芝居。

概要：**江戸時代に仙台藩で起こったお家騒動「伊達騒動《だてそうどう》」をもと**に、室町時代に移し足利家を舞台に描いた**時代物**。六場構成だが、最も有名なのが通称『**御殿**《ごてん》』と呼ばれる〈御殿〉の場。〈床下〉〈対決・刃傷〉の場も人気があり、これらの各場面を中心に上演されることが多い。

### 仁木弾正《にっきだんじょう》役の約束事

仁木弾正は、江戸後期に活躍した五代目松本幸四郎が演じ完成させた型が継がれている。五代目幸四郎の特徴の一つだった眉尻のホクロを模し、弾正を演じるときは眉尻にホクロを描いたり、弾正の裃の家紋は松本幸四郎家の定紋・四《よ》つ花菱《はなびし》紋を使うなど、五代目幸四郎に敬意を表し

栄御前が帰り、ひとりになった政岡は、息絶えた我が子に駆け寄って…
でかしゃった…でかしゃったのう…
ポイント
死を嘆くクドキ※1
「でかしゃった」は「よくやった」。息子の忠義をほめるにゃん。打掛を脱いだのは、乳母というキャリアを捨て一人の母になった表れかもにゃ
この様子を見ていた八汐が政岡に斬りかかるが、逆に討って恨みを晴らす。と、突然現われたネズミが連判状をくわえて去って行く
床下の場
御殿の床下で若君を守る番をしている荒獅子男之助《あらじしおとこのすけ》が、連判状をくわえたネズミをとらえ額に鉄拳をくらわす
ただのネズミじゃあんめえ
→男之助は荒事の役
花道の切り穴にネズミが逃げると、額に傷を負った仁木弾正《にっきだんじょう》※2が登場
もくもく
仁木弾正。国崩（くにくず）しとよばれる敵役（かたきやく）の大役
ネズミは妖術で姿を変えた弾正だったにゃん
奪った連判状を持って悠然と花道を引っ込む
取り逃がしたか！
対決・刃傷の場
乗っ取り派の弾正と鶴千代派の渡辺外記左衛門《わたなべげきざえもん》が、裁きの場で対決。乗っ取り派の山名宗全《やまなそうぜん》の裁きで弾正勝利になりそうだったが、清廉な細川勝元《ほそかわかつもと》が登場
勝元によって弾正の悪事がばれ、鶴千代派が勝利。追い詰められた弾正は、外記に斬りかかるが逆に討たれて、お家は安泰だにゃん
千松の死はムダにならなかったけど…

た約束事《やくそくごと》がある。

**女方最高の大役・政岡のクドキ**※1

「御殿」の主役・政岡は、**女方の役の中で最高の大役**と言われる。**義太夫狂言で女方が心情を切々と訴える場面を「クドキ」**と呼ぶが、政岡が一人になり息子の死を嘆く場面でのクドキは、最大の見どころ。竹本の三味線に合わせたセリフ回しとしぐさで、我が子への心情を表現する。

**ロウソクの灯りで怪しさが増す**

仁木弾正は鼠の妖術を使うという設定。そのため、**妖怪や幽霊などの役の出入りに使われる花道のスッポンから登場**する。このとき**「差出し《さしだし》」「面明り《つらあかり》」と呼ばれる照明器具**が使われる。長い柄の先に四角い燭台《しょくだい》が付いていて、ロウソクで役者を照らすもので、ライトがなかった江戸時代に使われていた。現在は演技を古風に演出したいときに使われる。

26

# 一本刀土俵入

IPPONGATANADOHYOIRI

## 貧しい境遇にあった者同士、通い合う心

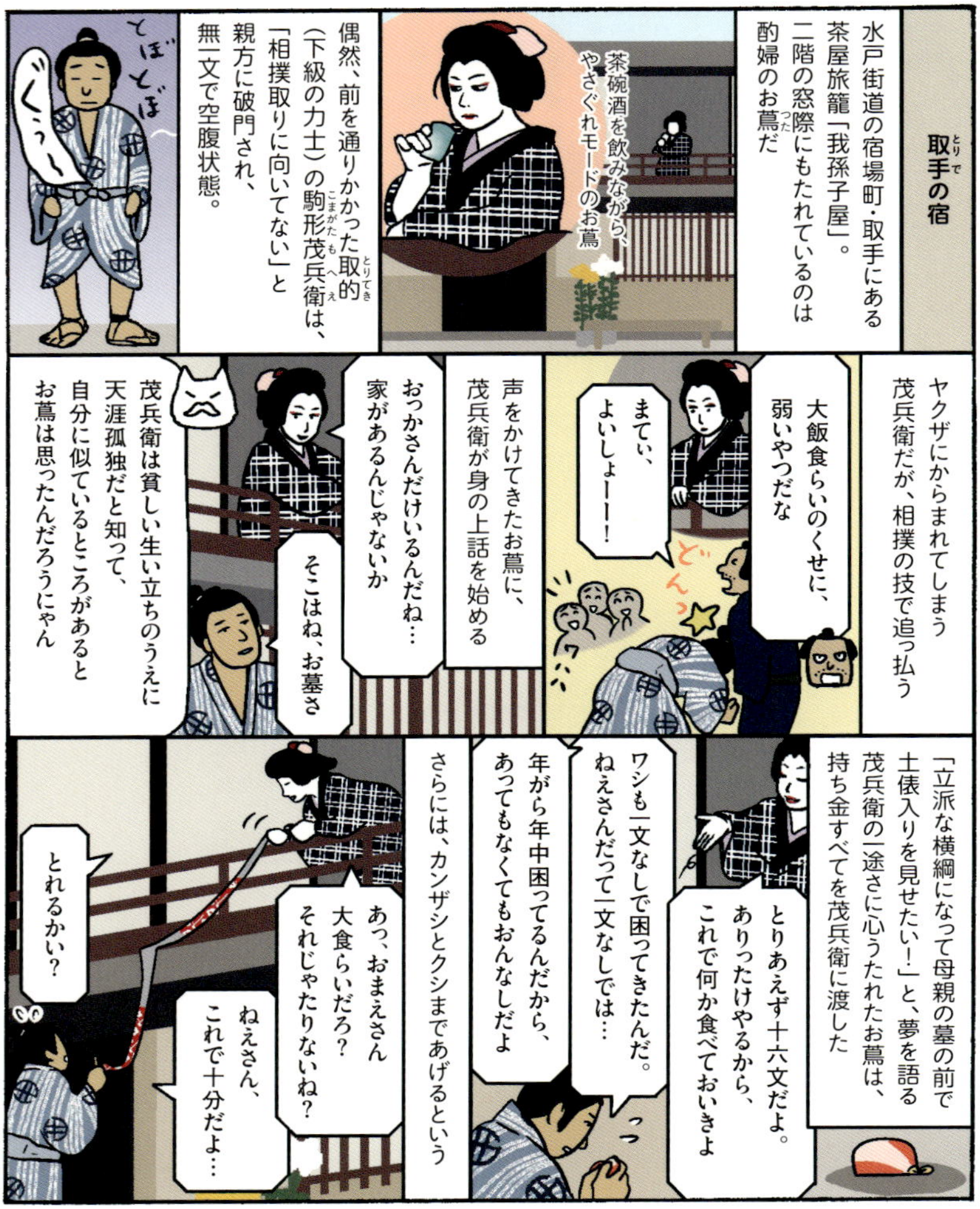

取手《とりで》の宿
水戸街道の宿場町・取手にある茶屋旅籠「我孫子屋」。二階の窓際にもたれているのは酌婦のお蔦《つた》だ
茶碗酒を飲みながら、やさぐれモードのお蔦
偶然、前を通りかかった取的《とりてき》（下級の力士）の駒形茂兵衛《こまがたもへえ》は、「相撲取りに向いてない」と親方に破門され、無一文で空腹状態。
とぼとぼ
ぐぅ〜
ヤクザにからまれてしまう茂兵衛だが、相撲の技で追っ払う
大飯食らいのくせに、弱いやつだな
まてい、よいしょーー!
どんっ
声をかけてきたお蔦に、茂兵衛が身の上話を始める
おっかさんだけいるんだね…家があるんじゃないか
そこはね、お墓さ
茂兵衛は貧しい生い立ちのうえに天涯孤独だと知って、自分に似ているところがあるとお蔦は思ったんだろうにゃん
「立派な横綱になって母親の墓の前で土俵入りを見せたい!」と、夢を語る茂兵衛の一途さに心うたれたお蔦は、持ち金すべてを茂兵衛に渡した
とりあえず十六文だよ。ありったけやるから、これで何か食べておいきよ
ワシも一文なしで困ってきたんだ。ねえさんだって一文なしでは…
年がら年中困ってるんだから、あってもなくてもおんなしだよ
さらには、カンザシとクシまであげるという
あっ、おまえさん大食らいだろ? それじゃたりないね?
ねえさん、これで十分だよ…
とれるかい?


作者：長谷川伸《はせがわしん》
初演：一九三一（昭和六）年六月、東京・東京劇場。
概要：**新歌舞伎**の代表作の一つ。大衆演劇や演歌歌手の芝居などでも上演されてきた人気作。

**作者のエピソードから生まれた**

作者の長谷川伸が四歳のとき、父の暴力が原因で母が家出。その後、父の破産で小学校を中退し、幼い頃からいろいろな仕事を経験した。品川の仕出屋で出前持ちをしていた少年時代、おたかと呼ばれる越後出身の遊女から「その若さでこんなところにいてはいけない」と意見され、お金とお菓子をもらったという。このおたかがお蔦のモデルと言われている。長谷川は、おたかに母の面影を重ねたのかもしれない。ちなみに、後におたかを探したが、再会できな

横綱の卵が泣きべそだね
うう…
わしは、こんな女の人にはじめて会うた…
がんばんなよー
ありがとうございます
利根《とね》の渡《わた》し・布施《ふせ》の川べり
十年後… 相撲をあきらめヤクザになっていた茂兵衛だが、お蔦に十年前の礼をしたくて取手へとやって来た
キリッ
別人のようにかっこいい〜
お蔦《つた》の家
一方、お蔦は飴売りをして娘のお君と細々とだがまともに暮らしている。と、行方知れずだった夫・辰三郎が戻ってくるが…
少しでも金を増やそうとして博打《ばくち》に手を出しヤクザに追われているにゃん
どうしよう…
そこへ茂兵衛が訪ねてきて、十年前の恩返しにと金を渡すと…
あの節はいろいろ助けていただきまして、ありがとうございました
スッ
そういうお前さんはどなたなんでしょ?
?
おもいだせないんだよ、
と、辰三郎を狙っていたヤクザたちが襲撃してくると茂兵衛が…
よいしょーー!
どん
あっ! 思い出した!
軒《のき》の山桜《やまざくら》
お蔦家族は恩返ししてくれた茂兵衛に感謝しつつ、お蔦の故郷へ旅立った
ぎゃ…
十年前に、クシ、カンザシ、巾着《きんちゃく》ぐるみ、意見をもらったねえさんに、せめて見てもらう駒形の、しがねえ姿の、横綱の土俵入りでござんす!
ポイント
名場面
しみじみと、いい話だにゃー

かったそうだ。

**駒形茂兵衛《こまがたもへえ》のモデルは二人?**

一人は、大正期に活躍した真砂石《まさごいわ》（最高位小結）という力士。得意技は頭突きで、不愛想だったため贔屓《ひいき》客は少なかったそうだ。もう一人は、上州（群馬県）勢多群駒形《せたごおりこまがた》出身の侠《きょう》客《かく》。博奕打《ばくちう》ちを辞め故郷へ帰ったが、百姓一揆の首謀者となって刑死したと言い伝えられている。

**一本刀はやくざ者の意味**

侍が二本差しなのに対し、やくざは一本差しだったため。

**母を想って歌った「おわら節」が再会を叶えた**

お蔦は越中（富山県）八尾出身という設定。母想いの茂兵衛に心をうたれ、故郷の母親を想い故郷の民謡「おわら節」を口ずさむ。十年後、娘のお君《きみ》が歌う「おわら節」に導かれるように茂兵衛が訪ねてくる。

27

# 逆櫓

SAKARO

本名題『ひらかな盛衰記《せいすいき》』

## 義父への恩義より、忠義を貫く苦悩

『逆櫓《さかろ》』は全五段ある『ひらかな盛衰記』の三段目の後半部分。ここまでのあらすじ※1は、下で紹介するにゃん
大津の宿の騒動から一カ月後。摂津《せっつ》の国にある権四郎《ごんしろう》の家——
現在の婿の松右衛門《まつえもん》が帰宅。源氏の武将・梶原に呼ばれて源義経の乗る船の船頭を任されることになったと告げ、家族は出世を大喜び
娘・およしの夫は三年前に亡くなって、今は二代目の松右衛門が婿《むこ》養子になっているにゃん
→権四郎
→松右衛門
→松右衛門の女房・およし
この松右衛門、実は木曽義仲の四天王の一人・樋口次郎兼光《ひぐちじろうかねみつ》にゃんだ。船頭・権四郎のスーパーテク・逆櫓《さかろ》の技を身につけるために一般人といつわって、婿養子に入ったにゃん
歌舞伎によくある、実は…のパターンだにゃ
松右衛門が一休みに奥に入ったとき、武家の腰元・お筆《ふで》が訪ねて来た
大津の宿で取り違えた子がいるのはこちら？
ん？… 槌松《つちまつ》が帰ってきた!!
宿での騒動で槌松はあやまって殺されてしまった。で、権四郎の家に今いるのは大事な若君・駒若丸《こまわかまる》だと言う
嘆いたとて槌松の帰るというではなし。さっぱりと思召《おぼしめ》しあきらめて、若君をお戻しくだされ
カチーン
町人でこそあれ、孫が敵《かたき》、首にして戻そうぞ！
怒る気持ち分かるにゃん！でも… 駒若丸に罪はないよにゃ…
と、奥の部屋の障子が開き、松右衛門が若君を抱いて堂々と座っていた。
ごんしろう
頭が高い
これこそ朝日将軍、義仲公《よしなかこう》の御公達駒若君《ごきんだちこまわかぎみ》。かく申すそれがしは、樋口の次郎兼光なるわ
ポイント
名ゼリフ
ここからは武将の樋口。威厳のある声、にらむ迫力が見どころだにゃん


作者：文耕堂《ぶんこうどう》、三好松洛《みよししょうらく》、浅田可啓《あさだかけい》、竹田小出雲《たけだこいずも》、千前軒《せんぜんけん》（竹田出雲《たけだいずも》）らの合作。

初演：人形浄瑠璃で一七三九（元文四）年四月、大坂・竹本座。歌舞伎では同年五月、京都・辰之助座。

概要：**時代物の義太夫狂言**。**軍記物『源平盛衰記《げんぺいせいすいき》』を題材に、木曽義仲《きそよしなか》の討伐から一の谷の戦いまでの史実をもと**にした全五段の長編。中でも三段目『逆櫓《さかろ》』は人気があり、単独で上演されることが多い。

**ここまでのあらすじ** ※1

義経に攻められた木曽義仲は自害する前、妻の山吹御前《やまぶきごぜん》と息子の駒若丸《こまわかまる》を逃がした。腰元のお筆《ふで》を伴って木曽に向かう途中、大津の宿に宿泊。そこに、義経軍の家来がやって来て山吹御前を殺害。たまたま同じ宿に摂津（今の大阪府）の船頭・権四郎《ごんしろう》

忠義に免じて…
槌松は自分にとってかわいい息子。武将の子として身替りで死んだ忠義に免じ、若君を返してやってほしい、と頼むにゃん
これも誰ゆえ親父様…
逆櫓の技術を教えてもらったから、義経を討つチャンスがめぐってきたと権四郎に感謝するにゃん
松右衛門を息子同然に思ってたから、孫を失った怒りをおさえたんだにゃ
夜になって船頭仲間と海に出た。が、仲間のはずの船頭たちが、急に殴りかかってくる。梶原に樋口だとバレていて、梶原が船頭たちに襲わせたのだった
おのれら風情の手に負えようか～！
陸に戻ると、樋口を捕まえる軍勢が襲ってきた
←血糊（ちのり）のついた顔
←ざんばらになった髪
ポイント
立ち廻り
立ち廻りの最後、船の形で決まるにゃん
きれいだにゃー！
松に登って周囲を見ると、樋口を捕まえるための篝火《かがりび》が燃えていた
北は海老江…西は源氏の陣所まで
権四郎に案内されて敵の武将・畠山重忠《はたけやましげただ》がやって来る
さては訴人したか！
密告したと疑ったんだけど、槌松（実は駒若丸）は前の婿の子だから命を助けてほしいと重忠に訴えに行ってたにゃん
樋口は権四郎と畠山の温情に感謝し、縄にかかる。最後に、一時は親子になったからと、樋口と槌松（実は駒若丸）に別れの対面をさせて幕
畠山は若君だって気づいているけど、知らないふりをしているにゃん。畠山のようにうまくおさめるのを「さばき役」っていうにゃん
権四郎にすごく感謝してるんだろうにゃ…



と孫の槌松《つちまつ》も泊まっていたのだが、駒若丸と同じくらいの年齢だったため、暗闇のどさくさに槌松が間違えて殺されてしまう。それを知らない権四郎は、取り違えられた子を連れて帰って大切に育てながら、槌松が戻る日を楽しみに待っていた。

### 逆櫓とは？

櫓《ろ》をこいで舟で進めるとき、後ろに下がる特別なこぎ方のことを「逆櫓」という。船は前にしか進めないので、前後に自由に動ければ戦のときに圧倒的に有利となる。

### 名ゼリフ「頭が高い」をきっかけに別人格

樋口が本名を名乗るところで、義理の息子から武将へと変貌。「権四郎、頭《ず》が高い。いやさ、頭《かしら》が高い。～樋口次郎兼光なるわ」のセリフでは、声の抑揚、動き、権四郎をにらむときの動きなど見どころが続く。

28

# 魚屋宗五郎

SAKANAYASOGORO

本名題『新皿屋舗月雨暈《しんさらやしきつきのあまがさ》』

芝片門前魚屋内の場《しばかたもんぜんさかなやうち》
旗本屋敷に妾奉公していた妹のお蔦《つた》が殿様に成敗された。酒を持ってお悔やみに来た腰元おなぎから、無実だったと真相を知る。と、酒乱のため酒を断っていた宗五郎が…
←宗五郎の父
酒でも飲まずには、いられません
もっともだ。俺が許すッ。一杯やれぃ！
←女房おはま
←腰元おなぎ
←使用人の三吉
最初の一杯は一気飲み
これはいい酒だ〜
くい〜
二杯、三杯と飲み進み…
いい心持ちだなぁ〜
飲む口で言うんじゃねぇが。酒飲みっていうのは毎日ちょっとずつやらねぇと、身体に毒だねぇ
完全に酔っぱってるにゃ…
すっかりいい気分で、器ごと飲み始める
あれっ お客さんだ…
?
が
ばっ
おーい、飲んでるよ！
こういうことでしたら、お菓子でも持ってまいれば…すまぬことをいたしました
菓子？ ご冗談でございましょ。酒を飲むから気が晴れるんでございましょ…あはははは
もう一杯ついでくれ。な、これでしまいだから、もう一杯
つがれないよ！
おい、三公、おめえがついでくれい
つげねぇよ…
つげっていったらつがねぇかいッ！
←ぬいだ

## 妹殺しに怒り、酒乱が本領発揮

作者：河竹黙阿弥《かわたけもくあみ》

初演：一八八三（明治十六）年五月、東京・市村座。

概要：**世話物**。三幕九場の構成だが、二幕からの〈芝片門前魚屋内《しばかたもんぜんさかなやうち》〉〈磯部屋敷玄関《いそべやしきげんかん》〉〈同庭先《どうにわさき》〉の三場の上演が多く、通称は『**魚屋宗五郎**』。

**ここまでのあらすじ**

魚屋宗五郎の妹・お蔦はその美しさから、旗本の磯部主計之助《いそべかずえのすけ》の屋敷へ妾奉公に上がった。お蔦に惚れている磯部家の侍・岩上典蔵《いわがみてんぞう》が、相手にされなかった腹いせに、お蔦が浮気をしていると殿様・主計之助に告げ口をする。真に受けた主計之助は、お蔦を惨殺してしまう。

**酒に酔う芸が最大の見どころ**

五代目尾上菊五郎の「酒乱の役を世話物でやってみたい」という要望

たんとつがねぇか！
いけませんよっ、あねさーん！
ぐびーっ
樽に返して後でおあがんなさい
ゴッ ゴッ ゴッ
こぼれた、こぼれた～
おいっ、飲んでるよ！
自分が持ってきた酒のせいでと、申し訳なく思ったおなぎが止めに入るが…
もう、これぎりになさいませ
てめぇが飲めって持ってきた酒じゃねえか！
…黙ってろ、おたふく
ベロ ベロ
こういう酔っ払い、今でもよく見るにゃん
樽ごと全部飲んでしまうと…
俺の妹は人間なんだ。親もあれば兄弟もあるんだ。誰に断って殺しやがった！
ただの酒乱じゃなくて妹への愛情だったんだにゃ
磯部屋敷《いそべやしき》に乗り込もうとする
お前さん、待って
おはまたちが止めるのを振り切って、酔ったまま磯部屋敷へ
ポイント 樽を振り上げて見得
磯部屋敷玄関《いそべやしきげんかん》の場
屋敷に泥酔状態で乗り込んだ宗五郎、後を追ってきたおはま。お蔦を陥れた張本人の典蔵に斬られそうになるのを、家老の浦戸十左衛門に助けられる
←浦戸十左衛門
悪いようにはしない
酔った勢いで真相をぶちまけるにゃん
磯部屋敷庭先《いそべやしきにわさき》の場
庭先で寝てしまった宗五郎。目が覚め、おはまから自分がやったことを聞かされ、殿様の手討ちになるのを覚悟したが…
←磯部の殿様
殿様は心からあやまって典蔵の成敗も約束したにゃん
パチ パチ

に応えて、河竹黙阿弥が怪談話の「皿屋敷」をベースに、お家騒動とからめて書いた。最大の見どころは、宗五郎の酒乱ぶり。一杯目は一気に飲み、二杯目は二度に分けて飲み、三杯目からどんどん酔っぱらっていく演技の手順は、五代目菊五郎、六代目菊五郎によって完成されてきた。

**ただの酒乱ではない宗五郎の魅力**

お蔦の死を知った家族が屋敷へ掛け合おうと騒ぐのを、最初は静かにいさめていた宗五郎は本来、思慮深い性格。そもそも働き者でもあり、酒ばかり飲んでいるダメ男ではない。その真面目さと妹を想うやさしさが演じられている。

**江戸っ子気質がうかがえるコミカルなやり取り**

宗五郎一家は芝の魚屋。江戸っ子らしいテンポの良さで芝居は進んでいく。宗五郎を中心とした登場人物たちのやりとりも見どころの一つ。

# ヘアカタログ 立役編

## 立役の主な髪型

**生締《なまじめ》**

月代(さかやき)を剃り、髷を棒状に固めた髪型。裁(さば)き役の武士や分別のある町人などで使用する。

↑『仮名手本忠臣蔵』の大星由良之助

**燕手《えんで》**

月代の部分の毛を伸ばしてなでつけた髪型。時代物の実悪などで使われる。

↑『伽羅先代萩』の仁木弾正

**車鬢《くるまびん》**

頭の両側の鬢(びん)という部分の毛を束ねて数本に分け、顔の外側に張り出すように固めた髪型。荒事で使われる。

↑『暫』の鎌倉権五郎

**前髪**

前髪を残した髪型。「若衆方(わかしゅがた)」と呼ばれる少年役に使われる。

↑『野崎村』の久松

**銀杏《いちょう》**

後頭部の髱(たぼ)にふくらみがある髪型で、髷(まげ)の先端を銀杏のように開くことからこの名がついた。町人の役一般が使用。髷の先端が大きく開いた髪型は「大銀杏(おおいちょう)」と呼び、今でも十両以上の力士が結う髪型として知られる。

↑『魚屋宗五郎』の宗五郎

**むしり**

月代が伸びた様子を表す。主に浪人役に使われる。

↑『四谷怪談』の民谷伊右衛門

キャラと
髪型が
合ってるにゃ

**五十日《ごじゅうにち》**

月代を50日剃っていない状態を表したもの。浪人、病人、盗賊などに使われる。

↑「寺子屋」(『菅原伝授手習鑑』)の松王丸

**百日《ひゃくにち》**

50日よりさらに多い、月代を100日剃っていない状態を表したもの。盗賊や謀反人などに使われる。

↑『山門』の石川五右衛門

## 実際には1000種類も!

女方の鬘が約400種なのに対し、立役の鬘は約1000種。とはいえ女方と同様、よくある髪型を知っていれば、それを見ただけでその役の性格が理解できるようになります。

### にゃんざえもんのワンポイントアドバイス

歌舞伎で使われている髪型の全部が江戸時代に実際にあった使われていたというわけでもなく、例えば「車鬢」や「燕手」のように、歌舞伎でオリジナルの髪型もあるにゃんよ。

PART Ⅱ

50演目を観てみよう

第8章

# ワルっぷりが、たまらない

# 四谷怪談

YOTSUYAKAIDAN

本名題『東海道四谷怪談《とうかいどうよつやかいだん》』

## さまざまな仕掛けで見せる、女のすさまじい怨念

作者：四代目鶴屋南北《つるやなんぼく》

初演：一八二五（文政八）年七月、江戸・中村座。

概要：**世話物**。怪談物の代表作であり、**生世話物《きぜわもの》**の代表作としても有名。**『仮名手本忠臣蔵』のサイドストーリーとして書かれたもの**で、今も東京・四谷にある「お岩稲荷」にまつわる言い伝えがもとになっている。全五幕十一場の長編。

### 登場人物は忠臣蔵で知られる塩治家《えんやけ》※1ゆかりの人々

『仮名手本忠臣蔵』がベースにあるので、塩谷家※1はお家断絶になった浅野家のこと。お岩《いわ》とお袖《そで》の父・四谷左門《よつやさもん》、お岩の夫・民谷伊右衛門《たみやいえもん》、お袖の夫・佐藤与茂七《さとうよもしち》も、お家断絶によって浪人中。みな貧しい暮らしをしていた。

〔人物相関図〕

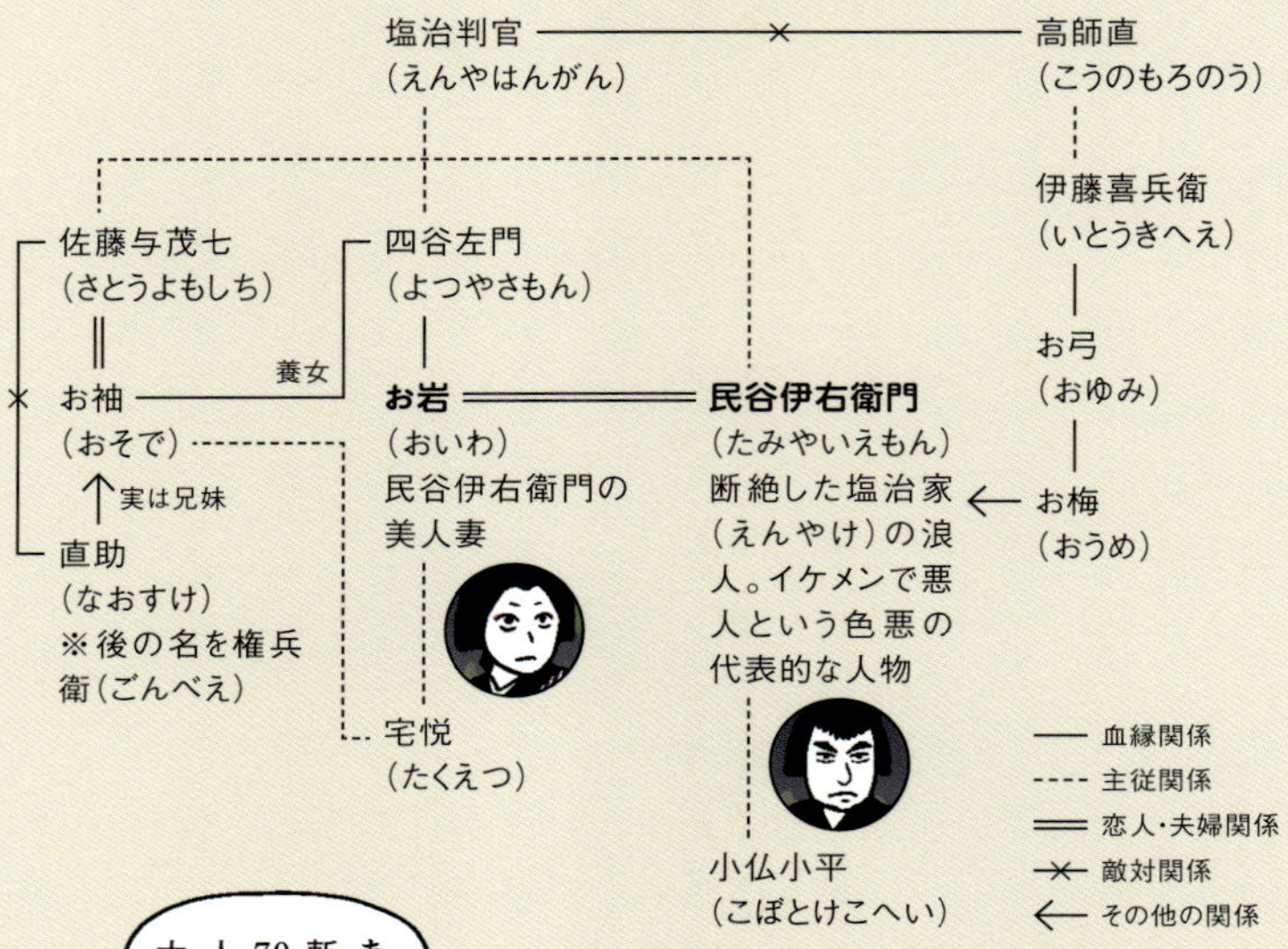

塩治判官（えんやはんがん）
高師直（こうのもろのう）
伊藤喜兵衛（いとうきへえ）
お弓（おゆみ）
お梅（おうめ）
佐藤与茂七（さとうよもしち）
四谷左門（よつやさもん）
養女
お袖（おそで）
実は兄妹
直助（なおすけ）
※後の名を権兵衛（ごんべえ）
お岩（おいわ）
民谷伊右衛門の美人妻
民谷伊右衛門（たみやいえもん）
断絶した塩治家（えんやけ）の浪人。イケメンで悪人という色悪の代表的な人物
宅悦（たくえつ）
小仏小平（こぼとけこへい）
血縁関係
主従関係
恋人・夫婦関係
敵対関係
その他の関係


▽**あらすじ**

浪人中の伊右衛門は、かつての不正発覚を恐れて義父を殺害。何食わぬ顔で妻・お岩と暮らし子を授かったが、お金持ちの伊藤家の孫娘との結婚話が持ち上がると、お岩がジャマになり殺害。幽霊になったお岩は、毒を飲ませた伊藤家と、自分を裏切った伊右衛門に復讐をしていく…。忠臣蔵の世界をベースに、お岩という女性のすさまじい怨念を描いた怪談物。

あっと驚く仕掛けが見せ場を作る斬新なこの作品を、鶴屋南北は70歳のときに書いたにゃん。人間ドラマの心理描写も見事な大傑作！

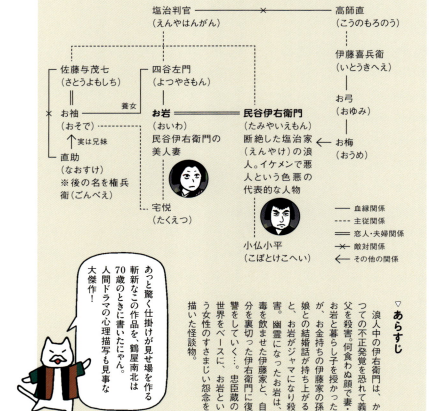

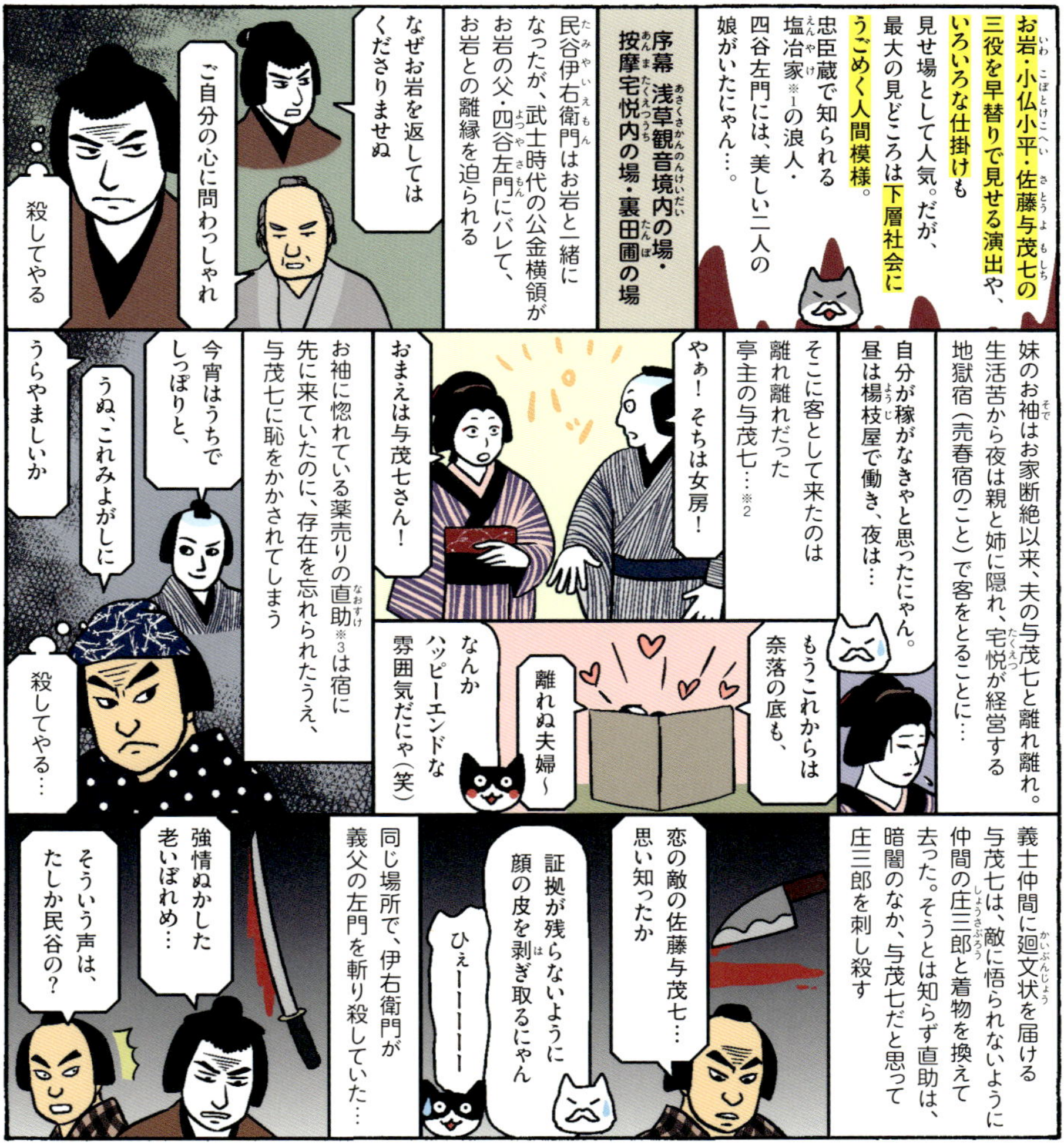
お岩《いわ》・小仏小平《こぼとけこへい》・佐藤与茂七《さとうよもしち》の三役を早替りで見せる演出や、いろいろな仕掛けも見せ場として人気。だが、最大の見どころは下層社会にうごめく人間模様。
忠臣蔵で知られる塩冶家《えんやけ》※1の浪人・四谷左門には、美しい二人の娘がいたにゃん…。
序幕 浅草観音境内《あさくさかんのんけいだい》の場・按摩宅悦内《あんまたくえつうち》の場・裏田圃《たんぼ》の場
民谷伊右衛門《たみやいえもん》はお岩と一緒になったが、武士時代の公金横領がお岩の父・四谷左門《よつやさもん》にバレて、お岩との離縁を迫られる
なぜお岩を返してはくださりませぬ
ご自分の心に問わっしゃれ
殺してやる
妹のお袖《そで》はお家断絶以来、夫の与茂七と離れ離れ。生活苦から夜は親と姉に隠れ、宅悦《たくえつ》が経営する地獄宿（売春宿のこと）で客をとることに…
自分が稼がなきゃと思ったにゃん。昼は楊枝《ようじ》屋で働き、夜は…
そこに客として来たのは離れ離れだった亭主の与茂七…※2
やぁ！ そちは女房！
パッ
おまえは与茂七さん！
もうこれからは奈落の底も、
離れぬ夫婦～
なんかハッピーエンドな雰囲気だにゃ（笑）
お袖に惚れている薬売りの直助《なおすけ》※3は宿に先に来ていたのに、存在を忘れられたうえ、与茂七に恥をかかされてしまう
今宵はうちでしっぽりと、
うぬ、これみよがしに
うらやましいか
殺してやる…
義士仲間に廻文状《かいぶんじょう》を届ける与茂七は、敵に悟られないように仲間の庄三郎《しょうさぶろう》と着物を換えて去った。そうとは知らず直助は、暗闇のなか、与茂七だと思って庄三郎を刺し殺す
恋の敵の佐藤与茂七…思い知ったか
証拠が残らないように顔の皮を剥《は》ぎ取るにゃん
ひぇーーーーー
同じ場所で、伊右衛門が義父の左門を斬り殺していた…
強情ぬかした老いぼれめ…
そういう声は、たしか民谷の？

**夫である与茂七となぜ久々の再会？※2**

与茂七とはお家断絶の騒動以降、離れ離れに。しかも、与茂七は四十七士の一人。仇討ち準備のため密かに奔走中なので、そうそう居場所を告げられない身だった。

**お家断絶でかつての上下関係が逆転!?※3**

薬売りの直助はかつて、塩谷家の武士に中間《ちゅうげん》として仕えていた。中間は武士の身分ではない奉公人。お家断絶後は薬売りに転身したところ、商売繁盛で景気がいい。お家が断絶してから、貧乏暮らしをしている登場人物たちとは大違い。

**お岩の祟《たた》りは今も…？**

お岩のモデルは、四谷に住んでいた下級武士・田宮家の娘。浪人の伊右衛門を婿に迎えたが、伊右衛門の上司・伊東喜兵衛《いとうきへえ》が妊娠した妾を伊右衛門に押し付けるため、お岩をさ

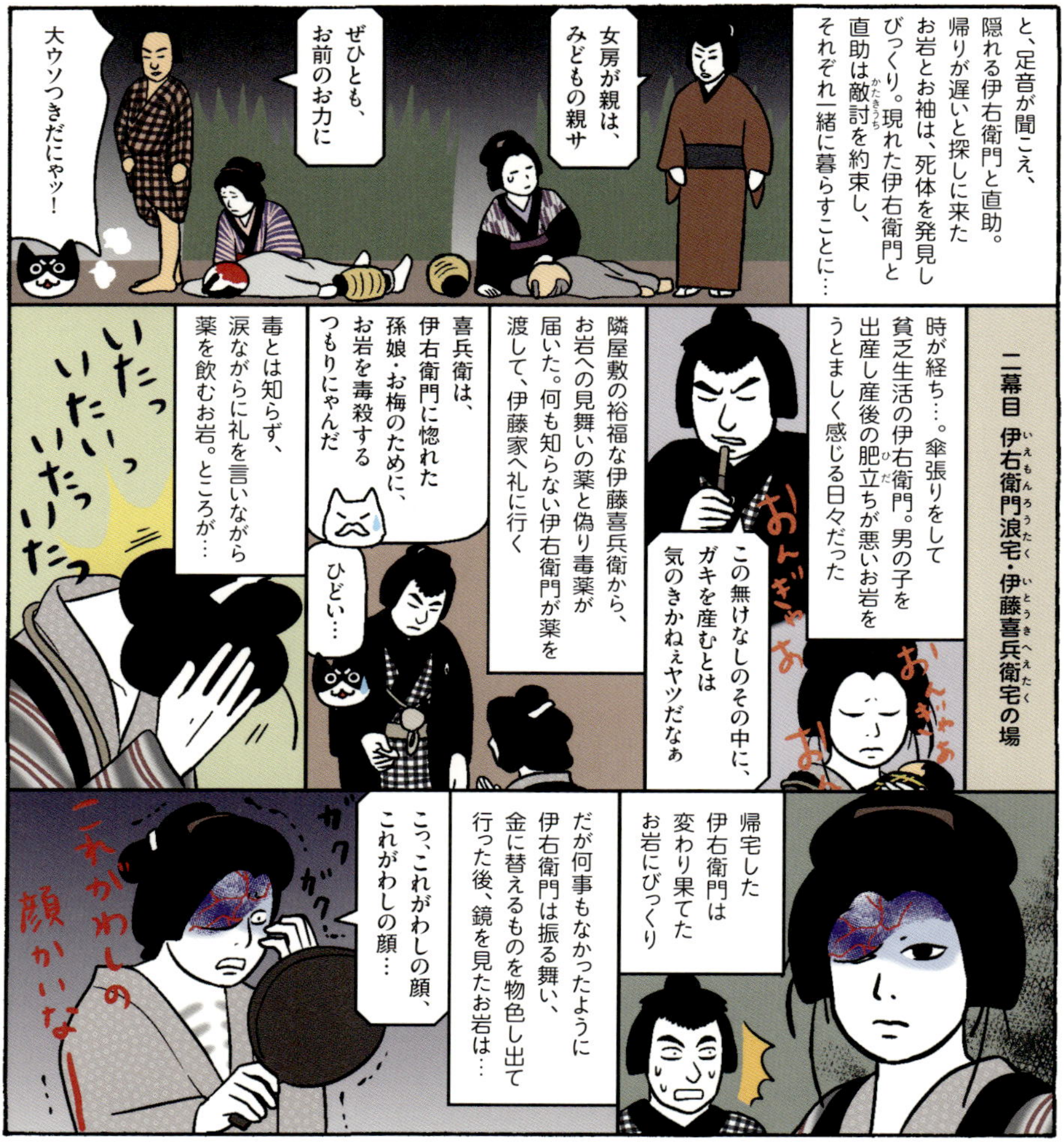
と、足音が聞こえ、隠れる伊右衛門と直助。帰りが遅いと探しに来たお岩とお袖は、死体を発見しびっくり。現れた伊右衛門と直助は敵討《かたきうち》を約束し、それぞれ一緒に暮らすことに…
女房が親は、みどもの親サ
ぜひとも、お前のお力に
大ウソつきだにゃッ!
二幕目 伊右衛門浪宅《いえもんろうたく》・伊藤喜兵衛宅《いとうきへえたく》の場
時が経ち…。傘張りをして貧乏生活の伊右衛門。男の子を出産し産後の肥《ひ》立《だ》ちが悪いお岩をうとましく感じる日々だった
おんぎゃあ
おんぎゃあ
おん
この無けなしのその中に、ガキを産むとは気のきかねぇヤツだなぁ
隣屋敷の裕福な伊藤喜兵衛から、お岩への見舞いの薬と偽り毒薬が届いた。何も知らない伊右衛門が薬を渡して、伊藤家へ礼に行く
喜兵衛は、伊右衛門に惚れた孫娘・お梅のために、お岩を毒殺するつもりにゃんだ
ひどい…
毒とは知らず、涙ながらに礼を言いながら薬を飲むお岩。ところが…
いたっ いたい いたっ いたっ
帰宅した伊右衛門は変わり果てたお岩にびっくり
だが何事もなかったように伊右衛門は振る舞い、金に替えるものを物色し出て行った後、鏡を見たお岩は…
こっ、これがわしの顔、これがわしの顔…
ガクガク…
これがわしの顔かいな…

んざんいじめて離縁し家から追い出した。お岩は狂乱し行方知れずになったが、伊右衛門の周囲は変死者が続出したという。江戸時代、伊右衛門役者は病気になるとも言われたそうだが、病人やケガ人が続くなど、〝お岩様〟の祟り説は現存。そのため、役者も制作者も、上演前は祈願するのが恒例になっている。

## 典型的な色悪、伊右衛門

悪いやつでもいい男、というのは歌舞伎独特の美学で、その典型が「色悪」と呼ばれる役柄。『四谷怪談』の民谷伊右衛門は、色悪の典型。白塗りの敵役であり、二枚目の役でもある。

## 髪梳《かみす》きの演技に込められた女の恨み

伊藤家の悪だくみでみにくい顔になったお岩が、お歯黒をつけて髪を梳く、通称「髪梳き」は有名なシーン。はれ上がった顔、やつれ果てた

あわれに思った宅悦が、伊藤家の企てと、伊右衛門が伊藤家の孫娘と今夜、内祝言をあげることも暴露
息あるうちに伊藤どのへ、この礼をーーー！
伊藤家に恨みを言いに行くために身だしなみを整えようと、おはぐろを付け、髪を梳《す》くと髪がゾロリゾロリと抜け落ち、髪からは血がしたたり落ちる
ポイント
髪梳きの場
うらめし〜 伊右衛門どのぉぉ〜 伊藤一家の者どももぉ…
帰宅した伊右衛門はお岩が死んだと知ると、小者（使用人）の小仏小平を殺し、お岩と心中したことに。亡きがらは戸板の裏と表に打ち付けて川に流した
お岩を演じる役者が小平も演じることが多いにゃん
祝言のため伊藤喜兵衛と花嫁姿のお梅が来訪。だが、お梅が顔をあげるとお岩…。すかさず伊右衛門が斬ると…
やぁぁー お梅だ！
あわてて喜兵衛に声をかけると、それは小平。またも伊右衛門が斬ると…
やや、舅殿《しゅうとどの》！
三幕目 砂村《すなむら》隠亡堀《おんぼうぼり》の場
ここまでのあらすじ※4。釣りをしていた伊右衛門が引っ掛けた戸板を引き上げると、そこにはお岩。そして戸板を返すと、そこには小平。斬りつけると骸骨になった
ポイント
戸板返し
くるり
これも死霊のぉ〜！

姿で、女性としての身だしなみと整えようとするお岩。だが、櫛で髪を梳くたびに毛が抜け落ちて血が流れ、みにくい形相に変化していく様子は、ゾッとするほど怖ろしい。髪が抜ける鬘《かつら》の工夫もさることながら、だまされた女の哀しみと恨みを切々と表す役者の演技が、すごみのある恐ろしさを創り出す。

**ここまでのあらすじ** ※4

父と娘を伊右衛門に殺された伊藤家のお弓は、流浪の生活を送りながら、仇を討つため伊右衛門を探していた。そこへたまたまやって来たのが、権兵衛と名を変え鰻掻《うなぎか》きになった直助。網にかかったべっ甲の櫛《くし》（お岩の母の形見）を金になりそうなので懐に入れてしまう。そこへたまたまやって来た伊右衛門が、お弓を見かける。お弓を生かしておいてはまずいと思い、掘に蹴り落として殺害。日が暮れ、伊右衛門が帰ろうとしたところに戸板が流れてきた…。

どんな仕組みにゃんだ？
戸板をひっくり返す間に、お岩の鬘《かつら》を小平の鬘に変える。小平の体は人形で、役者は顔と右手だけを戸板の穴から出すという仕組みで、早替りを可能にしているにゃん
正面
ヨコ
こっちの体は人形
伊右衛門がコモをかぶせる間に役者は居なくなり、骸骨の顔だけ見えるにゃん
コモ
コモが下に落ちるのと同時に小平の衣裳も落ちて骸骨が残るにゃん
そこへ、与茂七が現れ…伊右衛門・与茂七・直助・お岩による暗闇での立ち廻り
ポイント
だんまり
きれいだにゃ
四幕目 深川三角屋敷《ふかがわさんかくやしき》の場
体は許さず直助と暮らしていたお袖だが、姉・お岩の死の真相を知り仇討ちを決意。加勢すると直助に言われ、とうとう体を許してしまう※5
そこへ現れたのはお袖の夫・与茂七。死んだはずの与茂七に驚く直助とお袖。直助には与茂七を討たすと言い、一方、与茂七には直助を討たせると誓う
手引きの合図は、行燈《あんどん》の灯を消すこと。暗闇の中、刃を受けたのはお袖だった。死ぬ間際、出生の証をお袖から受け取った直助は、お袖が実の妹だと知り、その場で自害

### 様式美が美しい場面「だんまり」

暗闇の中で探り合うような歌舞伎独特の「だんまり」が、本作品でも効果的に使われ、歌舞伎ならではの様式美をたっぷり堪能できる。

### 妹に死を知らせる亡霊 ここまでのあらすじ※5

戸板に打ち付けられた男女の死骸が運ばれたというウワサを耳にしたお袖。細々と洗濯屋をやっているお袖のところに持ち込まれた着物は、その男女が着ていたものらしい。そんなおり、直助が拾った櫛を金に換えるため出かけようとしたら、女の着物を浸けたタライから手がニュッと出て、直助の足首をつかんだ。そしてお袖がタライの中の着物を絞ると、水が血に変わって滴り落ちる。怖がりながらも姉を案じるお袖。そこへやって来た宅悦が、お岩が殺害された経緯を教えてくれた。

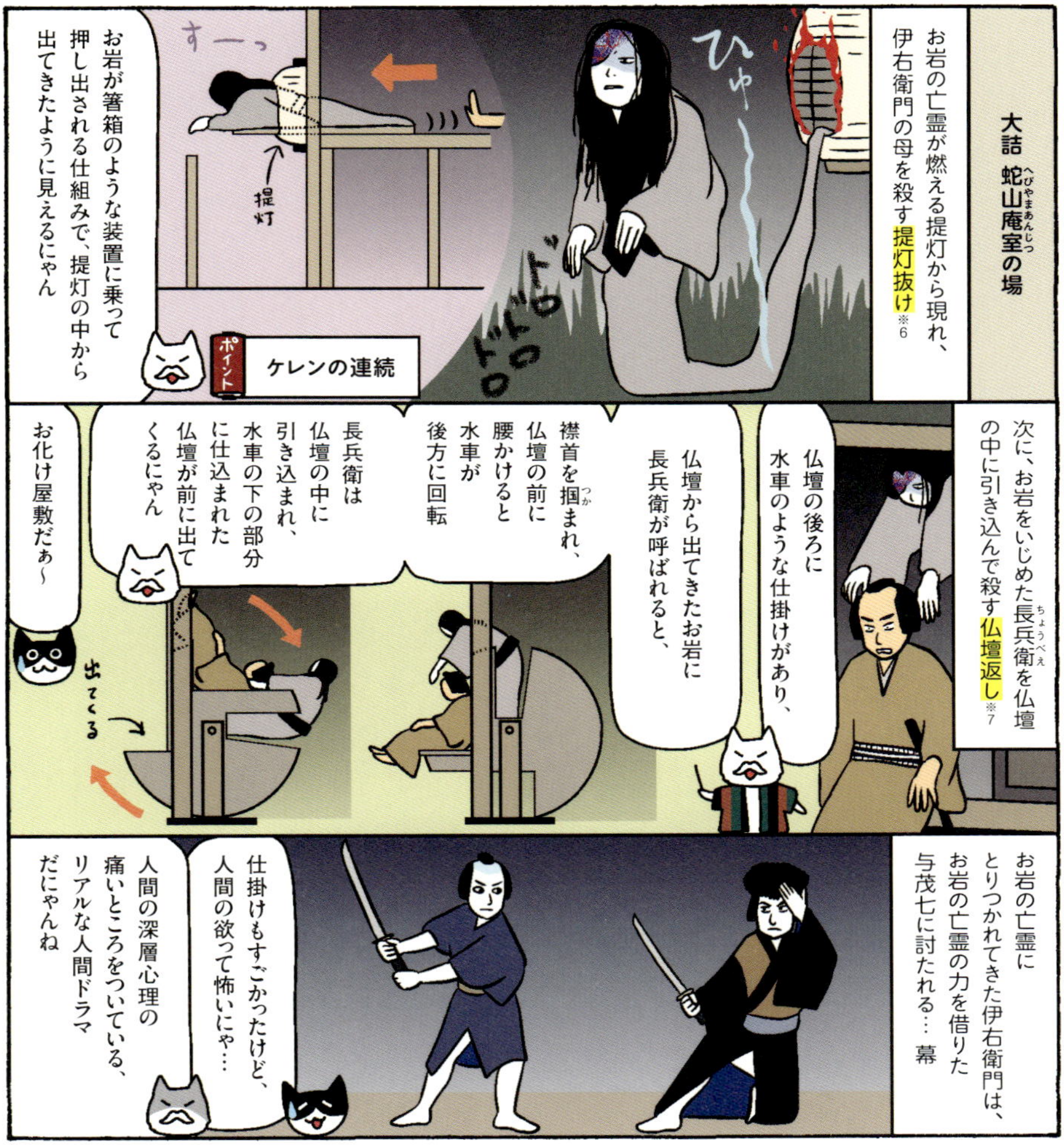
大詰 蛇山《へびやま》庵室《あんじつ》の場
お岩の亡霊が燃える提灯から現れ、伊右衛門の母を殺す提灯抜け※6
ひゅ～～～
ドロドロドロ
ポイント
ケレンの連続
すーっ
提灯
お岩が箸箱のような装置に乗って押し出される仕組みで、提灯の中から出てきたように見えるにゃん
次に、お岩をいじめた長兵衛《ちょうべえ》を仏壇の中に引き込んで殺す仏壇返し※7
仏壇の後ろに水車のような仕掛けがあり、
仏壇から出てきたお岩に長兵衛が呼ばれると、
襟首を掴《つか》まれ、仏壇の前に腰かけると水車が後方に回転
長兵衛は仏壇の中に引き込まれ、水車の下の部分に仕込まれた仏壇が前に出てくるにゃん
出てくる
お化け屋敷だぁ～
お岩の亡霊にとりつかれてきた伊右衛門は、お岩の亡霊の力を借りた与茂七に討たれる… 幕
仕掛けもすごかったけど、人間の欲って怖いにゃ…
人間の深層心理の痛いところをついている、リアルな人間ドラマだにゃんね

## 蛇山《へびやま》に逃れたが亡霊に苦しむ伊右衛門

伊右衛門は母お熊の手引きで蛇山の庵室《あんじつ》に逃れたが、毎夜お岩の亡霊に苦しめられ、すっかり弱ってしまった。そしてお岩の亡霊は、お熊も憑《と》り殺してしまう。

## 次々に驚きの演出

**幽霊となったお岩が提灯から登場する「提灯抜け」**※6、**お岩をいじめた長兵衛が仏壇の中に引き込まれる「仏壇返し」**※7など、ケレンを活用した驚きの演出が続く。

## お岩は武家の女

お岩が伊右衛門に疎まれても離れなかったのは、単にイケメンだからというだけではない。父の仇討ちをしてくれると伊右衛門のことを信じていたから。そうした律儀なところは、武家の女性だからこそ。本流の物語『仮名手本忠臣蔵』の仇討ちと、どこか通じるものがある。

# 30 女殺油地獄

ONNAKOROSHIABURANOJIGOKU

## 家庭内DVの果てに善意のご近所を殺害

## 〔人物相関図〕

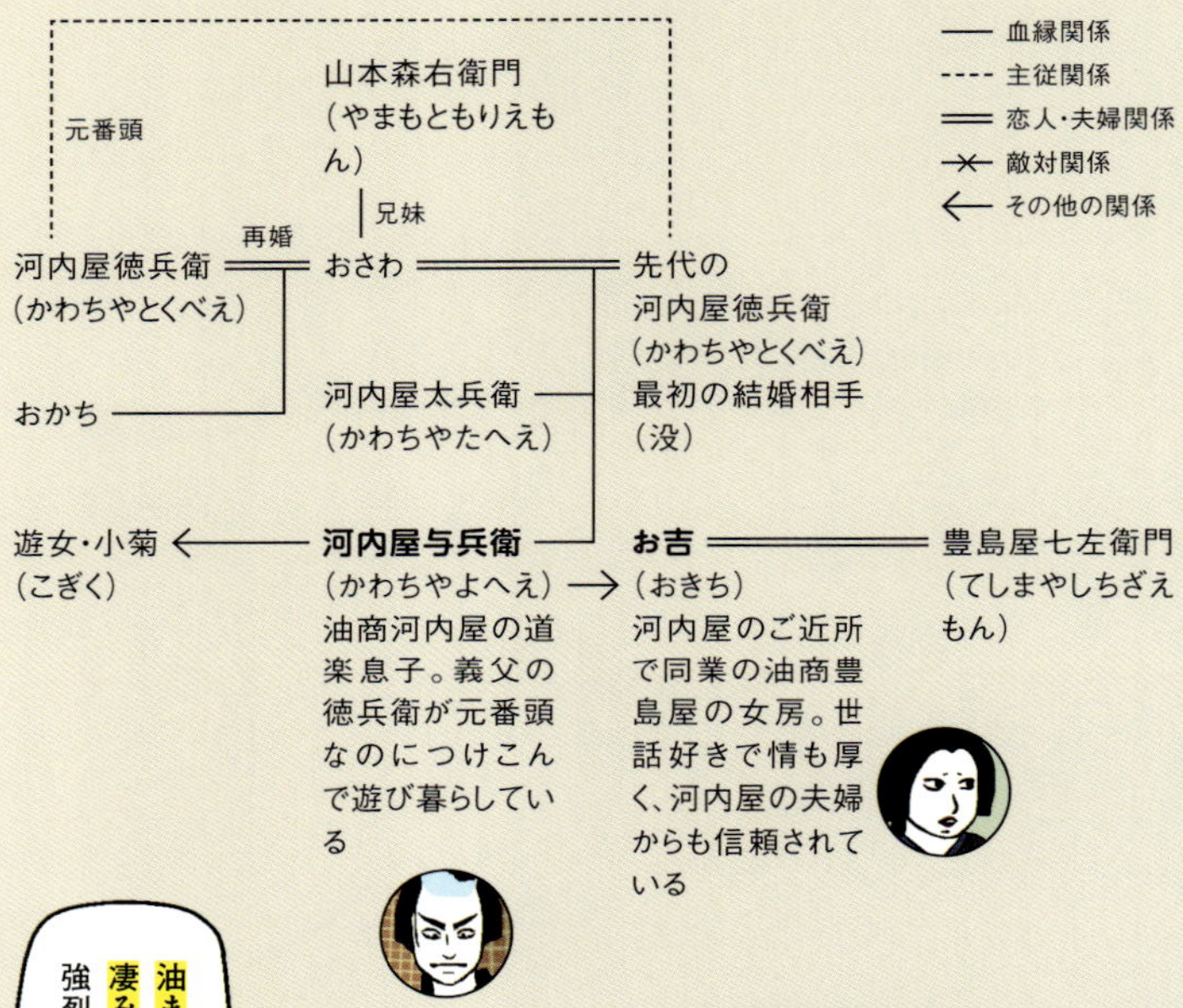

血縁関係
主従関係
恋人・夫婦関係
敵対関係
その他の関係
山本森右衛門（やまもともりえもん）
元番頭
兄妹
再婚
河内屋徳兵衛（かわちやとくべえ）
おさわ
先代の河内屋徳兵衛（かわちやとくべえ）最初の結婚相手（没）
おかち
河内屋太兵衛（かわちやたへえ）
河内屋与兵衛（かわちやよへえ）油商河内屋の道楽息子。義父の徳兵衛が元番頭なのにつけこんで遊び暮らしている
遊女・小菊（こぎく）
お吉（おきち）河内屋のご近所で同業の油商豊島屋の女房。世話好きで情も厚く、河内屋の夫婦からも信頼されている
豊島屋七左衛門（てしまやしちざえもん）

油まみれの殺しのシーンは、凄みのある独特の美しさで強烈なインパクトだにゃん！


▽**あらすじ**

家庭の事情でわがままに育った与兵衛が、道楽の果てに顔見知りの人妻お吉を殺して金を奪って逃走。美しく凄惨《せいさん》な殺しの場が有名だが、家庭内DVなど現代の話かと思うほどにリアルに共感できるストーリーは見ごたえ十分。

作者：近松門左衛門《ちかまつもんざえもん》

初演：人形浄瑠璃で一七二一（享保六）年、大坂・竹本座。歌舞伎では一九〇九（明治四十二）年十一月、大阪・朝日座。

概要：**世話物**の**義太夫狂言**。実際にあった事件をヒントに、近松門左衛門が最晩年の六十八歳で書いた作品。だが、不評ですぐにクローズ。長く上演されなかったが、明治末期に歌舞伎で上演されると、文楽でも復活上演されるようになった。

### 十五代目片岡仁左衛門の当たり役

一九六四（昭和三十九）年七月、十五代目片岡仁左衛門（当時は孝夫）が二十歳で演じた与兵衛が大評判となる。二〇〇九年（平成二十一）六月、歌舞伎座さよなら公演で**一世一代**（その役を演じ納めること）をつ

徳庵堤茶屋《とくあんづつみちゃや》の場
なじみの女郎・小菊を野崎参り※1に誘ったが、田舎者の客を選んだことに腹を立てた与兵衛《よへえ》。と、顔見知りの豊島屋《てしまや》の女房お吉《きち》が、娘を連れて茶店に立ち寄る
田舎者に負けたくないもんね。小菊たちを待ち伏せしてるんです!
プイ
ご両親が心配して、私たち夫婦にも意見してほしいと頼んできてるのよ
お吉は娘を連れて本堂へ。その後ろ姿を見送りながら与兵衛はぽつりと…
色気はあるけど…見かけばかりでうま味のない飴細工の鳥みたいだ
憎まれ口は姉のように慕っているからかな…と、想像させるセリフだにゃん
小菊一行が来ると、与兵衛&友人チームとでケンカに。
たまたま馬で通りかかった侍に、与兵衛が投げた泥がかかってしまう
なんと、泥を浴びせた侍の家来は伯父の森右衛門《もりえもん》。「甥ならなおさら許せん」と斬りかかるのを上司の侍が止めて命拾い。だが、おびえた与兵衛は、お参りを終えたお吉に助けを求める
お吉どの、わしゃ今斬られる。助けてくだされー
あきれたお人じゃなあ。ともかく茶店の奥を借りて、裸にならしゃんせ
着物をつくろってあげるわよ
後から来た亭主に「世話が過ぎると、とんだ間違い」と怒られるにゃん。このあたりから事件の匂いがプンプンするにゃん
河内屋座敷《かわちやざしき》の場
与兵衛のせいで森右衛門が浪人になったと知り、義父の徳兵衛《とくべえ》はびっくり。そこへ外回りから戻ってきた与兵衛が、森右衛門に頼まれたとウソを言って親から金をだまし取ろうとする
ああ、しんど。遊んでいるより商いはよほど体がつかれるなぁ
森右衛門の伯父さんが、お金貸してくれってさ
商いの金を一銭も家に入れず何に使ってる…。貸したければお前の商いで儲けた金をやれ

とめた。

**「野崎詣り」とは?**※1

野崎観音(現在の大阪府大東市)に参詣する「野崎詣り」の場面から物語は始まる。「野崎詣り」とは、有縁無縁全てのものに感謝の読経を捧げる無縁経法要《むえんきょうほうよう》のこと。江戸時代から、庶民の間で人気があった。

**甘ったれ次男が起こした家庭内DV、そして殺人……。**

主人公の与兵衛は大坂天満の油屋河内屋《かわちや》の次男。長男は独立して家を出たので、跡をつぐのは次男の与兵衛のはずだった。ところが父親の死後、母親は先代からの番頭・徳兵衛《とくべえ》と再婚し、店を任せてしまう。番頭だった徳兵衛が自分に遠慮しているのをいいことに、遊びたい放題で文句を言えば家族に暴力をふるう…。と、家庭内問題や堕ちていく若者の姿など、現代にも通じる不条理は見ごたえがある。

具合の悪い妹おかじのために呼んだ法印（祈祷《きとう》する人）が祈祷を始める。おかじは亡くなった父の霊がとり憑《つ》いたかのように口走る…
与兵衛が好いた女郎を身請けし家督をゆずらないと、おかちの命は無いぞー
与兵衛に家督をゆずったら店が潰れてしまう
なに、義理知らずめ！
ボカ
スカ
与兵衛が乱暴をしているところに母おさわが帰宅。「もう、勘当する！」と言うと、一転、おとなしくなるが、徳兵衛が涙ながらにさとしても上の空
兄さんの言うとおり死霊のマネをすれば、商いに精を出し親孝行すると約束したから…
ガッ
言わないって約束しただろーが！
あー、憎たらしいにゃー！
指折って何か数えてるのは、借金の返済日かもにゃん
母にまで暴力をふるい、とうとう与兵衛は家から追い出された
バン！
望み通り出ていくが俺がこうなったのもお袋が悪いのじゃ！番頭の、こんな野郎を引き入れたばっかりに俺がこんな極道になったんだ
出てったらえぇねやろっ！
ビリッ
止めてほしいんだにゃ。甘ったれだぁ…
豊島屋油店《てしまやあぶらみせ》の場
返済に困った与兵衛はお吉に借金を頼みに行く。そこに、義父と母が「与兵衛が来たら渡してほしい」と金を預けに来たのを目撃
親には迷惑をかけまいと思う与兵衛だが…
親たちの愁嘆《しゅうたん》を聞いて涙をこぼしました
みな聞いていやしゃったか。他人の私でさえ目を泣きはらした。この銭一文もあだにはなりませぬぞ

**お吉と与兵衛に恋愛感情はあったのか？**

お吉は、与兵衛一家と同じ町内で同業の油屋を営む豊島屋の女房。当時、店の油が足りないときは融通し合うなど、同業同士で親しく付き合っていたらしい。お吉と与兵衛の間に恋愛感情はなかったという見方がある一方で、ささやかな恋心が潜在的にあったかも…という見方もある。二十代後半のお吉は子供が三人いるが、まだ色香のある年頃。何かと気にかけてくれる年上の女性に甘えたかった与兵衛。一方、甘えてくる年下の不良青年にかわいらしさを感じていたお吉…。日常の中で何気なく生じた感情が、事件を引き起こすきっかけになったのだろうか、とつい想像してしまう。

**美しく様式化された「油地獄」のシーン**

油桶が倒れて流れ出た油に足を滑らせ、油まみれになりながらの凄惨

借金は親が持ってきてくれた金額ではどうにもならない。金を貸してくれと懇願する与兵衛だが、夫の留守には貸せないと断るお吉に…
かねてからぞっこん、こなたを思うていた…
不義になって貸してくだされお吉どの!
声をたててわめくぞえ!
失礼をしたと詫びをいれると、今度は泣いて金を貸してくれと頼むが、心を鬼にして貸さないお吉。与兵衛ついに覚悟を決める
だが、与兵衛はなかなか思いきれない。お吉が、様子がおかしいと気づく
なんぞ光りが? そ、その右の手をちょっと出してみやしゃんせ!
な、なんにもない
だが、ついに斬りかかった…
今死んだら、おさない子らが苦労する…かわいい、死にとうない。助けてくだされ
こなたが娘をかわいいほど、俺も俺をかわいがるオヤジが愛しい
暗闇の中、油まみれで逃げ回るお吉、必死に追う与兵衛
つるりん
ポイント
油まみれの殺し場
金を盗みだし、闇の中を与兵衛は逃げて行く…
すごい惨劇、口の中がカラカラだにゃ…
ここまでの上演が多いけど、この後のあらすじ※2は下で

な殺人シーンは、タイトル通りの「油地獄」。**まさに地獄絵図だがそれが美しく様式化**されており、強烈なインパクトで見る者を魅了する。

### 与兵衛の心理変化にも注目

当代の仁左衛門はこの場面での与兵衛の心理変化を、最初は無我夢中→段々と落ち着いてくる→すると今度は殺しを楽しみ出す→だが、お吉が死ぬと怖がり出してしまう、と、とらえ絶妙に演じていた。

### この後のあらすじ ※2

与兵衛は奪った金で遊び回り、しかもお吉の三十五日の逮夜《たいや》になにくわぬ顔をして豊島屋に現れる。その時、ねずみが天井であばれ、血のついた紙片が落ちて来た。そこに書かれた文字の筆跡から、与兵衛が書いたものだと知られてしまう。それをきっかけに、殺害したことがバレてしまい引っ立てられて行く。

31

# 髪結新三

KAMIYUISHINZA

本名題『梅雨小袖昔八丈《つゆこそでむかしはちじょう》』

## 憎らしいけど、粋でいなせないい男

序幕 白子屋《しらこや》先《さき》の場
材木商白子屋は主人が亡くなってから経営難に。後家お常《つね》は一人娘お熊《くま》に持参金付きの婿《むこ》を迎え、店を立て直そうと考えた
だがお熊は、店の手代《てだい》（番頭と小僧の中間の使用人）忠七《ちゅうしち》と恋仲。事情を盗み聞きした髪結《かみゆい》の新三《しんざ》は、それをネタに金もうけを考える
たとえ親不孝になろうとも、連れて逃げてたもう…
……
髪結は現代の理髪師で、新三は得意先を回るフリーランス。新三は前科者で、いっぱしの悪党になりたい野心もあったにゃん
髪結の新三
忠七の髪を結いながら、そそのかすようなことを言い、お熊ともども家出させる
サッ
粋な男になりますぜ～
新三の髪を結う手さばき、みごとだにゃ。本物の職人みたいだ
深川永代橋橋詰め《ふかがわえいたいばしはしづめ》
お熊を新三の家に籠で先に送り、雨の中、新三と忠七が後を追う。その途中で…
これ、よっく聞けよ。……一銭職と昔から下がった稼業の世渡りに、にこにこ笑った大黒の口をつぼめた傘も、並んでさして来たからは、相合傘の五分と五分
ポイント 「傘づくし」のセリフ ※1
忠七をののしるセリフは、傘にちなんだ言葉がおりこまれているから「傘づくし」と言われるにゃん
だまされたと分かった忠七だが、新三の家も分からず、思い詰めて身投げしようとする。と、土地の顔役・源七（弥太五郎源七《やたごろうげんしち》）に助けられた
悪いヤツだと分かっているけど、かっこいいにゃ～


作者：河竹黙阿弥《かわたけもくあみ》
初演：一八七三（明治六）年六月、東京・中村座。
概要：**世話物**。原作は四幕十一場だが、現在では、省略された内容で上演されることが多い。

**実際に合った事件がベース**

一七二七（享保十二）年、江戸の材木商白子屋の娘・お熊らが、婿の殺害を図った事件が世間を騒がせ、数々の芝居や読物にも描かれた。本作は、落語家の三代目麗々亭柳橋《れいれいていりゅうきょう》の人情噺《ばなし》をアレンジしたもの。

**お熊が着ていた黄八丈《きはちじょう》の小袖**

有名な大岡越前守の裁きで死罪になったお熊が、市中引き回しされたときに着ていたのが黄八丈の小袖。とても美しかったことから、その後、江戸では黄八丈が流行ったという。

二幕目 富吉町新三内《とみよしちょうしんざうち》の場
金ずるができた上、お熊をもて遊んでいる新三は、朝湯帰りに高価な初鰹《はつがつお》を買って前祝い
さくーっ
カツオ売り
白子屋から身代金を取るつもりだにゃん
そこへ白子屋に頼まれた源七が身代金十両を持って来たが、新三はタンカを切って追い返す。
おどされて、さらった娘を返すような新三と思うかっ!
ケンカをしたら事件が表ざたになって白子屋と娘の将来に傷がつくからと、源七はガマンして帰ったにゃん
と、次に出てきたのが長屋の家主・長兵衛。白子屋に身代金三十両で請け負い、タンカを切る新三を逆に言い負かして、お熊を帰宅させる
入れ墨者だぞ!
じゃ、そんなヤツは置いておけないね
その上、身代金と鰹を手間賃だと言ってどちらも半分もらってしまう
上が十両、下が五両…鰹は半分もらっていくよ
ぽかーーん
強欲な大家だにゃ(笑)
この後、大家の家に泥棒が入って、新三はまた高笑いにゃんだ
三幕目 深川《ふかがわ》閻《えん》魔《ま》堂橋《どうばし》の場
怒りがおさまらないのは源七。やりこめられたウワサが広まり新三は悪名を高め、源七は落ち目に。数ヵ月後、地獄に縁ある閻魔堂橋で新三を待ち伏せし…
ちょうどところも寺町にトバと冥土の分かれ道…
ポイント 「地獄づくし」のセリフ
地獄にちなんだ言葉を盛り込んだ七五調のセリフ。江戸の粋を感じるにゃん
悪運つきて、源七の刃に討たれる新三だった…



名題はお熊の着物にちなんでつけられたと言われている。

## 憎らしいが仕事ができて人を惹きつけるキャラ

新三は、「鬢《びん》だらい」という手提げ箱に道具一式を入れて得意先を回る髪結。新三役者が、舞台上で鮮やかな手さばきで髪の手入れをする。髪結いの腕があって客扱いもうまいところが、見事に演じられている。

## 傘づくしのセリフ ※1

傘で忠七を打ち、踏みつけながら言う「傘づくし」のセリフは聞きどころ。傘を片手で開き決める姿など、悪党ながら粋なかっこよさがある。

## 季節感たっぷりの演出

二幕目、新三の花道の出でホトトギスが鳴き、鰹売《かつおう》りが小気味いい売り声を聞かせる。新三の家の縁先には青葉があって「目に青葉 山ほととぎす 初鰹」の句の通り。

32

# 河内山

KOUCHIYAMA

本名題『天衣粉上野初花《くもにまごうえののはつはな》』

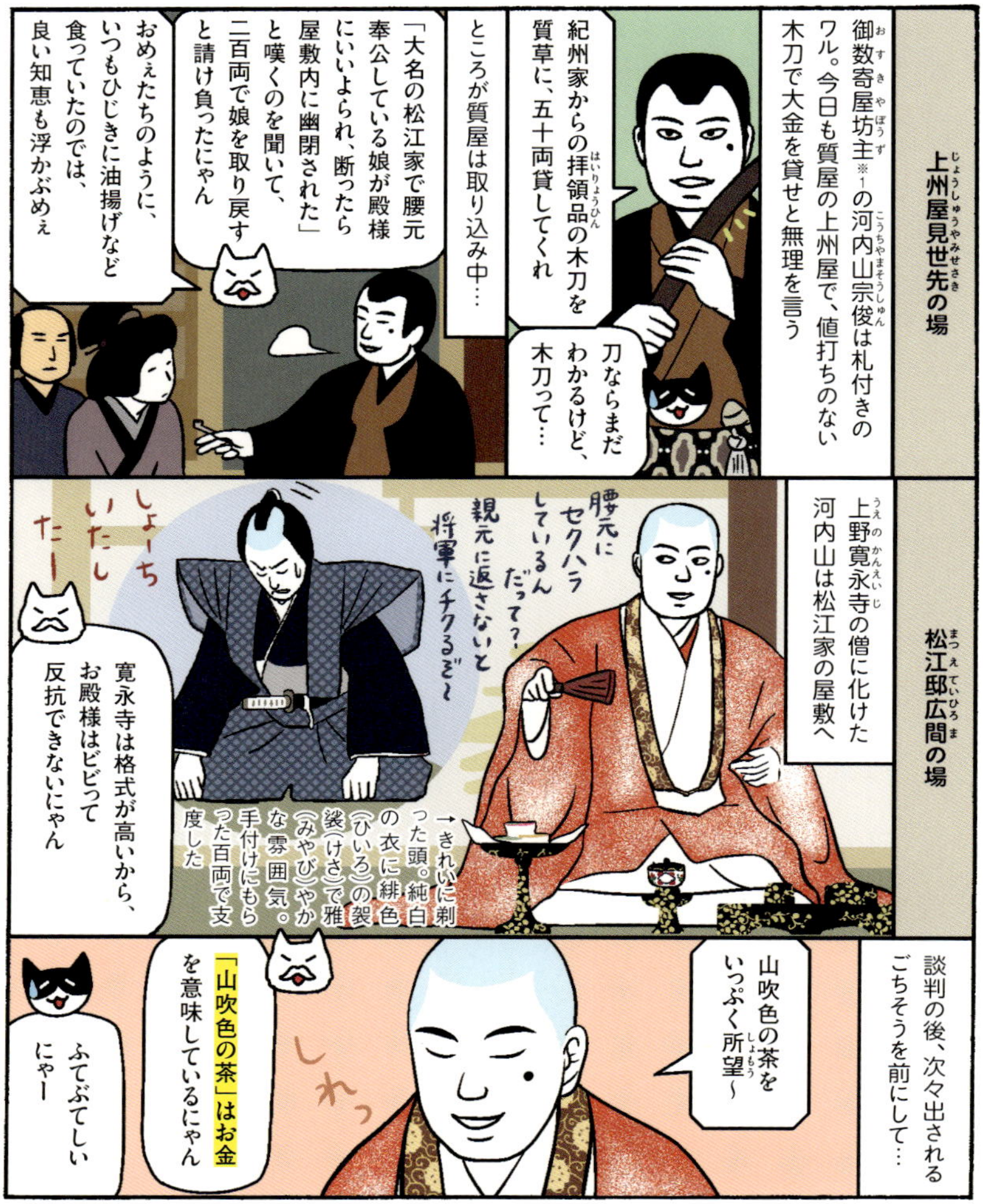
上州屋見世先《じょうしゅうやみせさき》の場
御数寄屋坊主《おすきやぼうず》※1の河内山宗俊《こうちやまそうしゅん》は札付きのワル。今日も質屋の上州屋で、値打ちのない木刀で大金を貸せと無理を言う
紀州家からの拝領品《はいりょうひん》の木刀を質草に、五十両貸してくれ
刀ならまだわかるけど、木刀って…
ところが質屋は取り込み中…
「大名の松江家で腰元奉公している娘が殿様にいいよられ、断ったら屋敷内に幽閉された」と嘆くのを聞いて、二百両で娘を取り戻すと請け負ったにゃん
おめぇたちのように、いつもひじきに油揚げなど食っていたのでは、良い知恵も浮かぶめぇ
松江邸広間《まつえていひろま》の場
上野寛永寺《うえのかんえいじ》の僧に化けた河内山は松江家の屋敷へ
腰元にセクハラしているんだって？ 親元に返さないと将軍にチクるぞ〜
しょーちいたしたー
寛永寺は格式が高いから、お殿様はビビって反抗できないにゃん
→きれいに剃った頭。純白の衣に緋色（ひいろ）の袈裟（けさ）で雅（みやび）やかな雰囲気。手付けにもらった百両で支度した
談判の後、次々出されるごちそうを前にして…
山吹色の茶をいっぷく所望《しょもう》〜
しれっ
「山吹色の茶」はお金を意味しているにゃん
ふてぶてしいにゃー

## 権威を恐れない、大胆不敵な男の生きざま

作者：河竹黙阿弥《かわたけもくあみ》

初演：一八八一（明治十四）年三月、東京・新富座。

概要：**世話物**。**講談『天保六花撰《てんぽうろっかせん》』をもと**に、幕末の悪党をめぐる物語を脚色した全七幕の長編。河内山が活躍する前半部分は通称**『河内山』**、直次郎と恋人の遊女三千歳《みちとせ》が中心の後半部分は通称**『三千歳直侍』**と呼ばれ、この二つの部分が単独でよく上演される。**『三千歳直侍』**の上演時は、**『雪暮夜入谷畦道《ゆきのゆうべいりやのあぜみち》』**という別名題が使われる。

**御数寄屋坊主《おすきやぼうず》とは？** ※1

江戸城で将軍や幕府の諸役人のお世話をする人を御坊主衆《おぼうずしゅう》と言うが、その中で茶道担当の人を御数寄屋坊主と呼んだ。役職上は何の権限もないが、将軍と接する機会もある。河内山宗俊はそれをいいことに、正体

松江邸玄関先の場
だが帰る直前、顔を知っている人が松江家にいてバレてしまう
覚えあるほくろ～！
はっ
バレちゃった
これを知っていたのか、あははは
あはははは
開き直った!?
何もかも言って聞かせらぁ…悪に強けりゃ善にもと、
河内山は直参《じきさん》だぜ…大名ふぜいに裁きを受けるいわれはねえ
ポイント
名ゼリフ
つきだせるものならつきだしてみろって、タンカを切ってるにゃん
がらりと口調が変わって迫力満点！
なるほど知恵はござらぬな
馬鹿めっ！
ポイント
名ゼリフ
にゃんか、すっきり～！
河内山は悪党だけど権力に立ち向かっていくからにゃ。見ていて痛快だにゃーん

がばれたとき「将軍直参だ！」と、大名家相手にすごんでいる。

## 上野寛永寺の格式にふさわしい高貴な姿に変身

上野寛永寺は徳川家の菩提寺なので、将軍にモノ言えるくらいの格式があった。その使いの僧に化けた宗俊は、高貴で美しい姿。この変身ぶりは見どころの一つ。

## 胸のすくような一言に思わずすっきり

正体がばれてもひるまない、大名家の権威も恐れず言いたいことを言うのが宗俊の魅力。「悪に強きは善にもと、世のたとえにもいうとおり、親の嘆きが不憫さに、娘の命を助けようと、腹に企みの魂胆を練塀小路《ねりべいこうじ》に隠れのねえ、御数寄屋坊主の宗俊が…」と始まる長ゼリフは有名。あげく、出雲守に「馬鹿めっ」と言い放ちさっそうと引き上げていくところは痛快。

# 帯結びカタログ 女方編

## 女方の主な帯結び

帯結びでも
立場や職業が
分かるんだにゃ

### 帯結びから役柄が分かる

帯の結び方もいろいろあり、身分などによって違います。帯結びからも役柄を理解することができます。

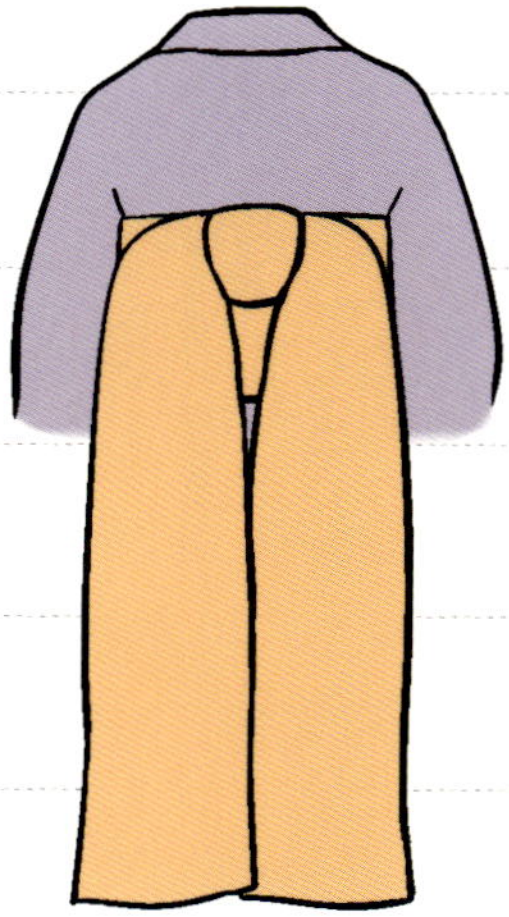

**だらり**

長く垂らす結び方で、現代では舞妓さんの帯結びとして知られている。歌舞伎では、姫役や若い娘役に使われる。

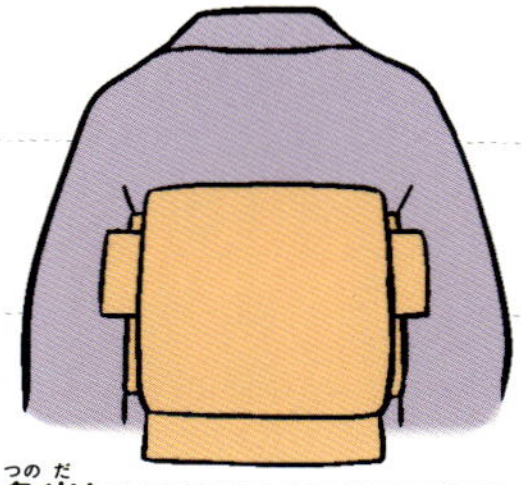

**角出し《つのだ》**

現代のスタンダードな帯結びに「お太鼓（たいこ）」と呼ばれるものがある。お太鼓の中に手が通っているような形になるものが「角出し」。歌舞伎では長屋の女房など町人の女性で使われる。

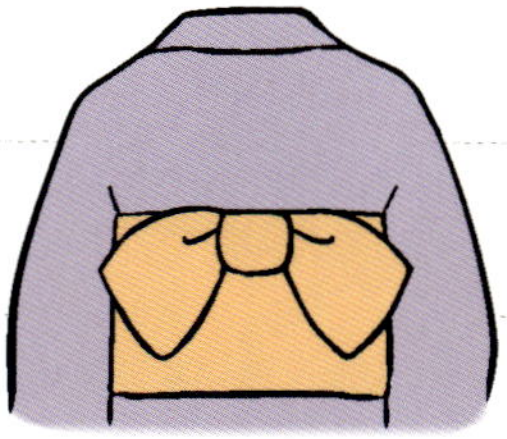

**文庫《ぶんこ》**

武家の女房が主に使用するので「武家文庫（ぶけぶんこ）」とも呼ぶ。奥女中の局にも使われる。

**にゃんざえもんのワンポイントアドバイス**

矢の字結びは、外出時は左が上、御殿の大広間など室内では右が上になるように結ぶのが一般的にゃんだ。外で懐剣を使うことになったときジャマにならないようにするためなんだとか。例えば『魚屋宗五郎』で弔問に来た腰元・おなぎの矢の字結びは、左上になっているにゃんよ。

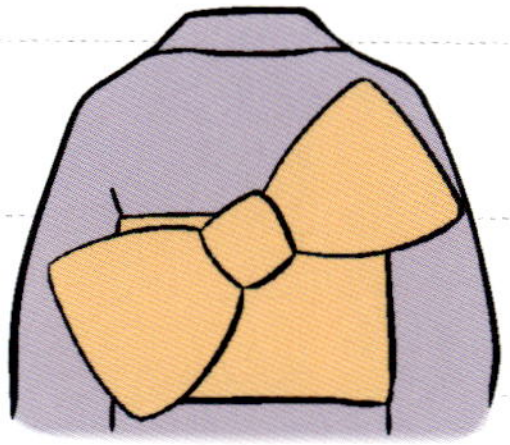

右矢（みぎや）の字

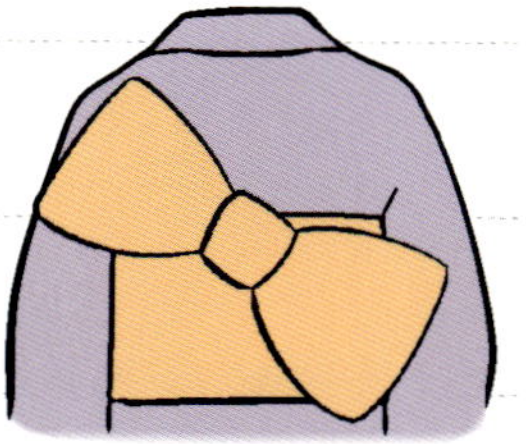

左矢（ひだりや）の字

**矢の字**

江戸時代には「矢の字結び」と呼ばれ、現在では「立て矢結び」と呼ばれている結び方。歌舞伎では、腰元や御殿女中が使用する。

PART Ⅱ

第9章

# 歌舞伎でとことん笑っちゃおう

33

# 身替座禅

MIGAWARIZAZEN

## 恐妻をうまくだませるか⁉ 替え玉大作戦

さるお屋敷の主・山蔭右京《やまかげうきょう》はやきもち焼きの妻・玉《たま》の井《い》に気づかれないように遊女・花子《はなご》に会いに行きたい。そこで、屋敷内にある持仏堂《じぶつどう》に一晩こもって座禅するとウソをつく。一晩でも花子に会えるならと、右京はノリノリだ
よいことを思いついた
油断はならない妻なので、太郎冠者《たろうかじゃ》※1に身替りを頼むと…
このことばかりは、なにとぞごめんくだされい
山の神が怖ろしゅうて、みどもは怖うないか。それへ直れ、打ち捨てよう！
やります やります
山の神は、奥さんの玉の井のことだにゃん
お早うお戻りなされませ
トホホ
←太郎冠者
じゃ、よろしく～
↑太郎冠者がかぶっているのは夜通し座禅するときに使う座禅衾（ざぜんぶすま）
いそいではなこのもとへ～
心配した通り様子を見に来た玉の井に、化けの皮ならぬ衾《ぶすま》をはがされてウソがばれてしまう
きーッ
殿様をどこへやったッ！
申します、申します、殿様は花子様へ行かれましてございます…
怒りに燃えた玉の井は、太郎冠者に代わって右京を待ち受ける
メラメラ
こわい。山の神って感じ…

作者：作詞＝岡村柿紅《おかむらしこう》、作曲＝七代目岸澤式佐《きしざわしきさ》（常磐津）、五代目杵屋《きねや》巳太郎《みたろう》（長唄）。

初演：一九一〇（明治四十三）年三月、東京・市村座。

概要：**狂言の大曲『花子《はなご》』を歌舞伎舞踊にした松羽目物《まつばめもの》**。常磐津と長唄の掛合による、にぎわいのある舞踊劇。恐妻にびくびくする夫という普遍的なテーマと心理描写の面白さもあって、現在でも人気演目の一つ。

### 花形役者で初演から大好評

初演時の配役は、山蔭右京《やまかげうきょう》が六代目尾上菊五郎、奥方玉《たま》の井《い》が七代目坂東三津五郎、太郎冠者《たろうかじゃ》が初代中村吉右衛門で、三人とも二十代。大好評で繰り返し上演されるようになり、菊五郎家の家の芸**「新古演劇十種」**の一つにもなった。

何も知らない右京はほろ酔い気分で帰宅
うふふふ
→花子の内掛を着て来てしまった
客席は知ってるけど、悲劇が起こるのを知らない右京を見てると、おかしくてたまらないにゃ
人の不幸はにゃんとやら、だにゃん
太郎冠者だと思って、花子との楽しい一夜をたっぷりおのろけ
まず奥へ通るとな。これ、この小袖を着せてくだされた。さて、それからは酒肴、積もる話のその末に、舞いつ唄いつ〜
喜びマックスだにゃー（笑）
それだけに悲劇が怖いにゃん
花子に「奥様のお顔が見たいわ」と言われ、答えた様子を唄にしたのが…
さっても不思議な御面像〜鼻は低うてきょろきょろ目、色は真っくろくろと、深山《みやま》の奥のこけ猿が、しょぼしょぼ雨にしょぼぬれて、ついつくぼうたにさも似たり〜
さて、右京が衾を取ってみると…
右京さん、固まっちゃったよ
プププ…
ええい、腹の立つ！人があらば、とらえてたもっ！
許されい、許されい…

**松羽目物は、明治期に作られたものが多い**

**松羽目物**は古風な印象があるが、江戸後期に作られた『**勧進帳**』が例外くらいで、多くは明治以降に作られた。本作は、劇作家・岡村柿紅にとって**松羽目物**の初作品だったが、本作成功後、『**棒しばり**』『**茶壺**《ちゃつぼ》』など、現在でも人気があるコミカルな**松羽目物**を残している。

**太郎冠者とは？**※1

冠者は、成人した男子のことを指す言葉だが、狂言では主《あるじ》に雇われた従者として登場。太郎、次郎は一番目の男子、二番目の男子を意味するので、さしずめ太郎冠者は若い使用人のトップと言ったところ。

**立役が務める奥方玉の井役**

玉の井役は、立役の役者が演じることが多い。男性的な迫力で怒ったり追いかけたりする姿がユーモラスで、面白さを盛り上げている。

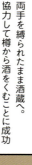

34

# 棒しばり

BOSHIBARI

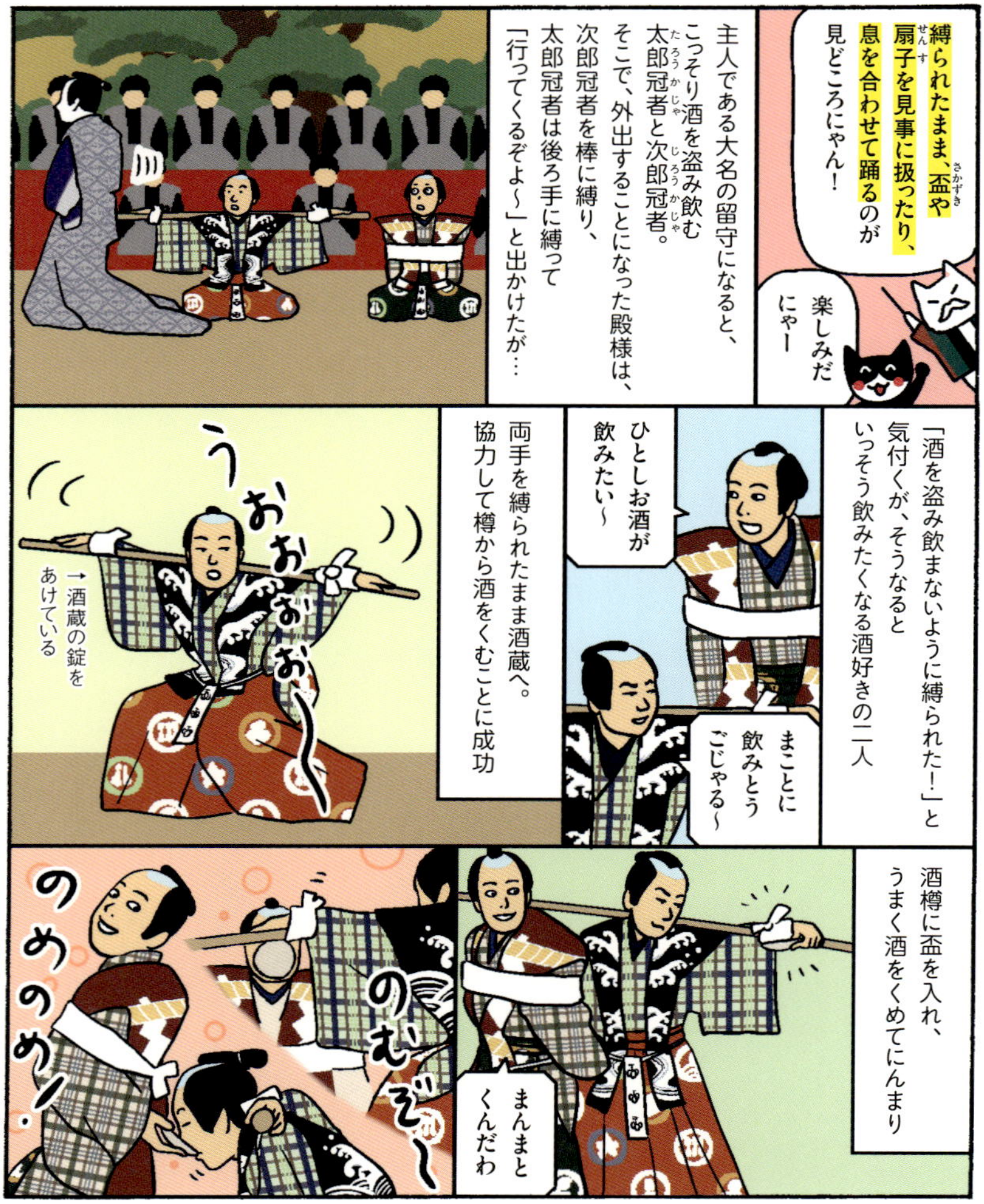
縛られたまま、盃《さかずき》や扇子《せんす》を見事に扱ったり、息を合わせて踊るのが見どころにゃん！
楽しみだにゃー
主人である大名の留守になると、こっそり酒を盗み飲む太郎冠者《たろうかじゃ》と次郎冠者《じろうかじゃ》。そこで、外出することになった殿様は、次郎冠者を棒に縛り、太郎冠者は後ろ手に縛って「行ってくるぞよ～」と出かけたが…
「酒を盗み飲まないように縛られた！」と気付くが、そうなると いっそう飲みたくなる酒好きの二人
ひとしお酒が飲みたい～
まことに飲みとうごじゃる～
両手を縛られたまま酒蔵へ。協力して樽から酒をくむことに成功
うおおおお～
→酒蔵の錠をあけている
酒樽に盃を入れ、うまく酒をくめてにんまり
まんまとくんだわ
のむぞ～
のめのめ！

## コメディ仕立てのハイレベルな踊り

作者：作詞＝岡村柿紅《おかむらしこう》、作曲＝五代目杵屋巳太郎《きねやみたろう》。

初演：一九一六（大正五）年一月、東京・市村座。

概要：狂言の『棒縛《ぼうしばり》』を歌舞伎舞踊にした**松羽目物**《まつばめもの》。

### 手を使わずにどうやって踊るのか？

初演時三十代だった六代目尾上菊五郎と七代目坂東三津五郎。この若手役者たちの手を封じて踊らせたら面白いのでは…という遊び心が本作誕生のきっかけとも言われている。踊りでは、情景や心情を身体と手を使って表現するのだが、手を使わずいかに踊るかが、本作の最大の見どころだ。

### 踊りの名手たちが挑む演目

六代目菊五郎と七代目三津五郎は

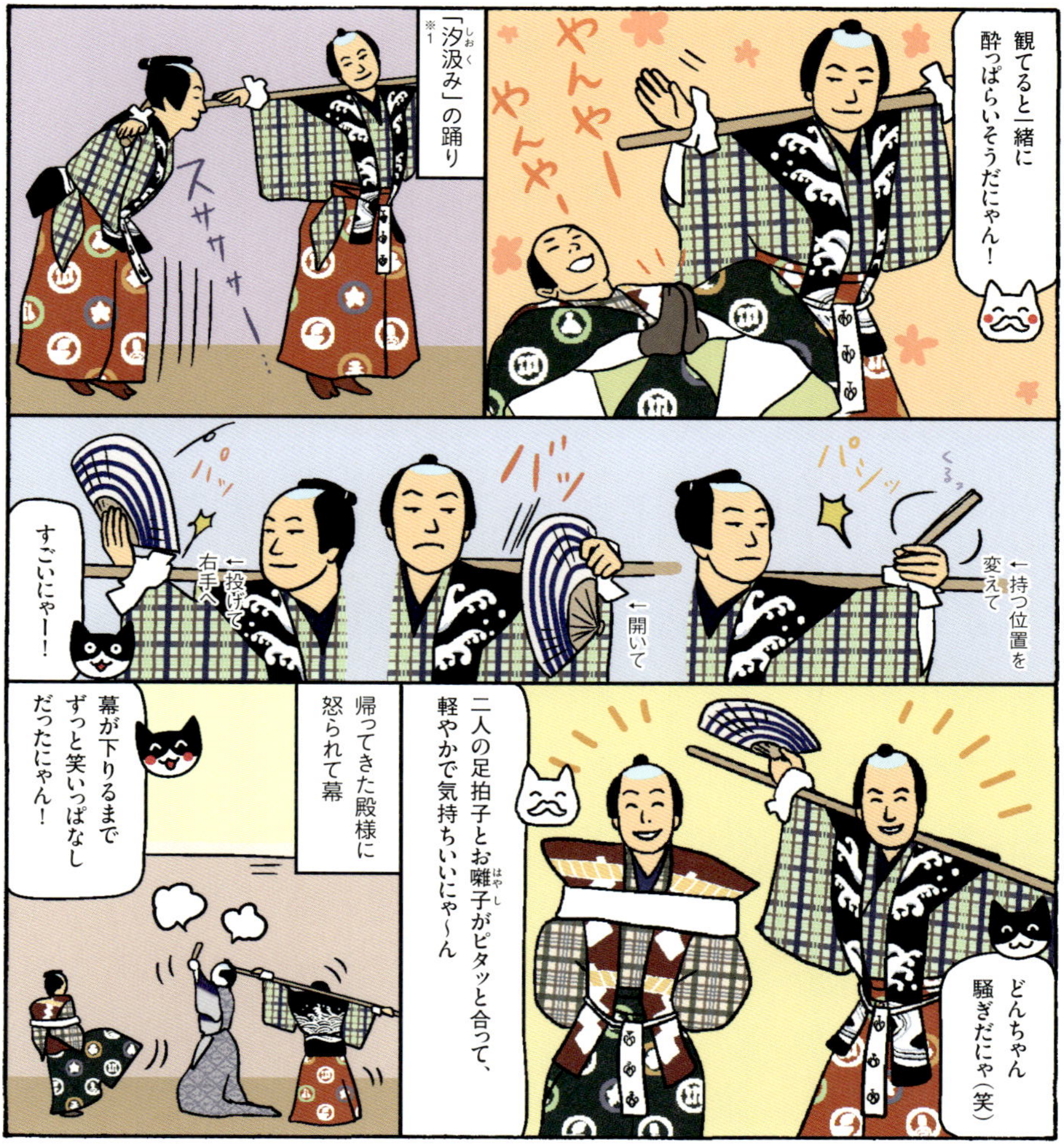
観てると一緒に酔っぱらいそうだにゃん！
やんやー
やんやー
「汐汲《しおく》み」の踊り ※1
スサササー
←持つ位置を変えて
くるっ
パシッ
バッ
←開いて
パッ
←投げて右手へ
すごいにゃー！
どんちゃん騒ぎだにゃ（笑）
二人の足拍子とお囃子《はやし》がピタッと合って、軽やかで気持ちいいにゃ～ん
帰ってきた殿様に怒られて幕
幕が下りるまでずっと笑いっぱなしだったにゃん！

後に「踊りの名手」と言われるが、以来、歴代の踊りの名手たちが本作にチャレンジ。コミカルに演じればいいわけではなく、見た目に美しく動かなくてはならないため、高度な技が求められるという。近年では、六代目菊五郎の孫にあたる十七代目中村勘三郎、七代目三津五郎の曽孫にあたる十代目三津五郎の名コンビが人気だった。

**「汐汲《しおく》み」の踊り** ※1

塩田で仕事をする汐汲《しおく》み娘と、須磨に流された貴公子の恋を描いた、能の『松風《まつかぜ》』がもとになっている舞踊『汐汲《しおくみ》』。本来、風情のある踊りだが、本作では笑いを誘うコミカルな動きが楽しい。

**海外でも大好評**

海外上演でも大受けで、その際は酒樽に「ＷＩＮＥ」と書いたそうだ。言葉の壁を越えて笑える分かりやすさも、本作の大きな魅力。

35

# 毛抜

KENUKI

本名題『雷神不動北山桜《なるかみふどうきたやまざくら》』

## 踊り出す毛抜⁉ 名探偵の推理が冴える

ここまでのあらすじ※1
小野春道の館《おののはるみち》――。家宝の短冊を紛失した責任を取り、春道の息子・春風《はるかぜ》と家老・秦民部《はたみんぶ》は自害しようとしたが…
いま死ぬる命ながらえて、なぜ短冊の詮議《せんぎ》をせぬ!
かしこまりました!
←家老・八剣玄蕃（やつるぎげんば）
←春道
←朝廷の使者
↓春風
↓腰元巻絹（まきぎぬ）
↓民部
↓民部の弟・秀太郎
鉄のわらじで三千世界を詮議したとて、しれそうもないものじゃ
そこへ、文屋豊秀《ぶんやのとよひで》の家老・粂寺弾正《くめでらだんじょう》が来訪
ご縁談が延引きいたし、一家中ことのほか待ちかねまする
豊秀が小野家の姫・錦の前《にしきのまえ》と婚約したのに、病気を理由に話が進まないから様子を見に来たにゃん
錦の前がかぶっている薄衣《うすぎぬ》を取ると…
→逆立つ髪
恥ずかしいぃ～
あのごとくあさましい姫君を送っては…両家のおためにならぬ
薄絹をかけていれば髪は逆立たない…
はてな?
玄蕃は結婚をぶち壊したいにゃん
弾正が探偵みたいになってきたぞ!
真相を知ろうと春道を待つ間、美少年の秀太郎が煙草盆を持って来ると…
馬の乗りよう、ご伝授もうそう
きゃ
あっ、悪いことをなされますな…
美女の腰元・巻絹《まききぬ》がお茶を持って来ると…
そなたのお茶、食べたいでえす
知らぬわいなぁ!
ぎゅ
振られても全然めげないにゃ
二人に振られ退屈した弾正は、毛抜を出してひげを抜き始めた。と、床の上に置いた毛抜が…
?!
毛抜が踊る!
←刀を持った見得
ポイント 見得の連続
驚きながらいろいろな見得や表情を見せるのがおもろいにゃん
毛抜、大きいにゃ…

作者：津打半十郎《つうちはんじゅうろう》・安田蛙文《やすだあぶん》、中田《なかだ》万助《まんすけ》らの合作。
初演：一七四二（寛保二）年一月、大坂佐渡嶋座。
概要：『**雷神不動北山桜**《なるかみふどうきたやまざくら》』は平安時代が舞台の**時代物**。本作は全五段の三段目〈小野春道館〉が独立したもので、「**歌舞伎十八番**」の一つ。物語の重要な小道具の毛抜が、通称名となっている。

**ここまでのあらすじ** ※1

小野家は小野小町の子孫という設定。朝廷から「雨乞いの儀式を行いたいので、小野家家宝の『ことわりやの短冊』を貸してほしい」と、依頼があったが、玄蕃《げんば》の策略で短冊は盗まれていた。罪をなすりつけられた嫡男《ちゃくなん》・春風《はるかぜ》と家老・秦民部《はたみんぶ》が自害するしないでもめる、という場面が冒頭にある。このあたり、小野小町

ためしに銀の煙管《きせる》を置いたが動かない。小刀も毛抜も鉄でできている、ということは…
ピーン
そこへ万兵衛《まんべえ》と名乗る男が押しかけて来たが…
小野家へ腰元奉公していた妹の小磯が殺された! 死んだ妹を返せ!
弾正がバッサリ
なぜ殺したと非難する玄蕃に、弾正が「本物の万兵衛は文屋家の領地にいる」と言い放つ※2
偽の万兵衛のふところから「ことわりやの短冊」が出てきたにゃん
←ことわりやの短冊
元禄見得で決めてから、謎解きを披露する弾正
元禄見得
そして、弾正が槍で天井を突くと…
←磁石を持った忍びの者
磁石を使ったミステリーを江戸時代に作ったなんて、おもしろいにゃー。磁石も特大サイズだし(笑)
鉄製の髪飾りが磁石に吸い上げられ髪が逆立っていたと、弾正が謎を解く。とっさに、玄蕃が忍びの者を斬り殺してしまう
はて、よいお手まわしでござるのう
弾正、皮肉がうまいにゃん
春道は婚約の引出物として小野家の大事な刀を贈る。受け取った弾正は、その刀で玄蕃を…
御祝儀を差し上げましょう
バッサリ
悪を成敗した弾正は、意気揚々と花道から帰っていく…幕

の雨乞い伝説がもとになっている。

**陽気な知性派ヒーロー**

荒事の主人公といえば、超人パワーで事件を解決するのがお決まり。だが本作の粂寺弾正《くめてらだんじょう》は、男女問わずちょっかいを出したかと思えば、鋭い洞察力で毛抜のトリックを見破る。陽気で気さくで仕事もできる、弾正の個性が見どころの一つ。

**にせ者だと知っていた**※2

実は弾正は、本物の万兵衛から妹の小磯が殺され短冊が奪われたことを聞いていた。「死んだ妹を返せ!」と騒ぐにせ者の万兵衛に、にせ者だろうと責めればすむことだが、「自分は閻魔大王と兄弟同然の仲」と言い「閻魔大王に小磯を返すよう手紙を書いた。困ったことに地獄に使いに行くものがない。ちょうどいいからお前が行け」と言い放つ。ユーモアのセンスも弾正というキャラクターの大きな魅力になっている。

# 帯結びカタログ 立役編

## 立役の主な帯結び

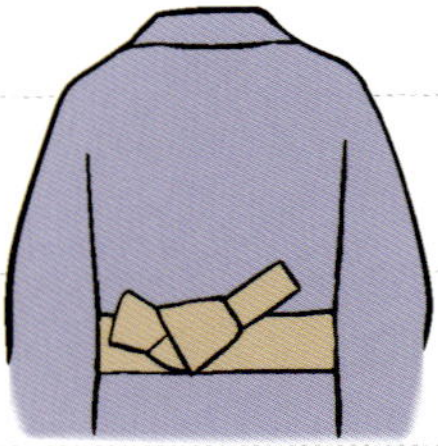

江戸バージョン

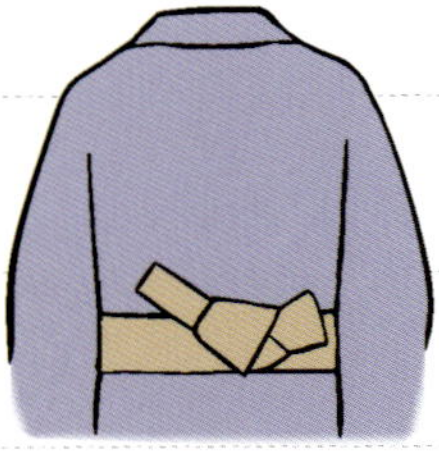

上方バージョン

**貝の口**

江戸時代に町人などの庶民が締めていた結び方で、現代でも着流しスタイルのポピュラーな結び方。歌舞伎では、町人や下級武士などで使われます。関東と関西では結び方が違い、歌舞伎の場合、上方(関西)の役では結び目は右、江戸(関東)の役では結び目が左になります。

### にゃんざえもんのワンポイントアドバイス

武士の正装は裃(かみしも)姿。今で言えば、スーツだにゃん。それに対して着流しは、袴をつけない着物だけのカジュアルスタイルだにゃんね。

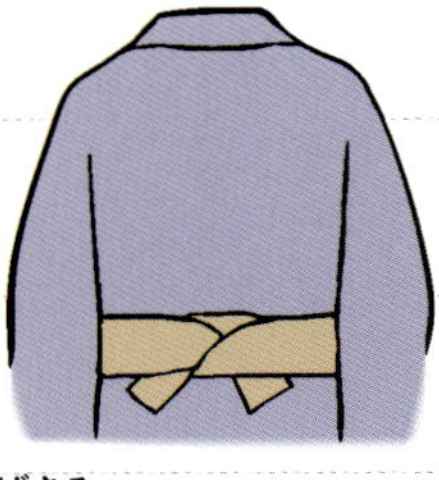

**片ばさみ**

貝の口をアレンジした結び方で、貝の口よりも結び目が平らなのが特徴。もとは武士が刀を差すときの結び方でした。

←着流し

↓裃

←黒四天

## 同じ着流しでも帯結びに違いがある

立役も着流しスタイルのときなど、帯の結び方で役柄が分かります。荒事で見られるような歌舞伎ならではの独特の結び方もあります。

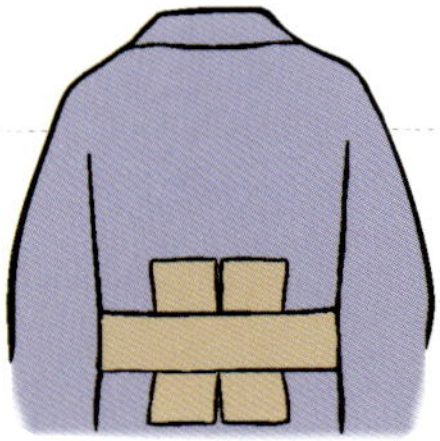

**割りばさみ**

帯の垂と手の部分をたたんで帯にはさみこんで形を作る、華やかな結び方。立ち廻りで登場する四天(よてん※大勢の捕り手)によく使われます。

### にゃんざえもんのワンポイントアドバイス

「四天」は歌舞伎独特の衣裳で、裾の両側にスリットがあるのが特徴。衣裳の名前が役柄名にもなっているにゃん。四天にはいつくかあって、例えば黒装束姿の大勢の捕手は「黒四天(くろよてん)」、所作事に登場する、刀や十手の代わりに花ヤリや桜の枝を持った人たちは「花四天(はなよてん)」と呼ぶにゃん。

黒四天は、アクロバティックな動きもするんだにゃ!

PART Ⅱ

50演目を観てみよう

第10章

# パワハラに我慢の限界

36

# 夏祭

NATSUMATSURI

本名題『夏祭浪花鑑《なつまつりなにわかがみ》』

## 【悪い人でも舅は親…。血と泥にまみれた凄惨な殺し】

作者：並木千柳《なみきせんりゅう》・三好松洛《みよししょうらく》・竹田小《たけだこ》出雲《いずも》の合作。

初演：人形浄瑠璃で一七四五（延享二）年七月、大坂・竹本座。歌舞伎では一七四五（延享二）年八月、京都・都万太夫座。

概要：**世話物**の**義太夫狂言**。全九段の長編だが、現在では、三段目〈住吉鳥居前〉・六段目〈釣船三婦内〉・七段目〈長町裏〉の三場面を中心に上演されることが多い。

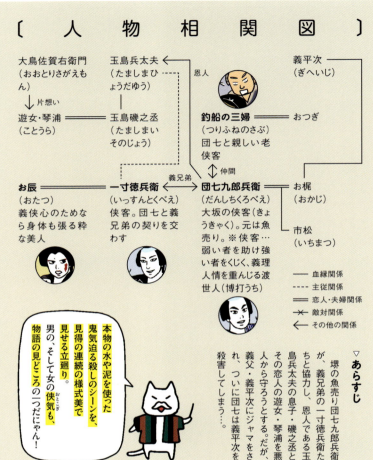

### 〔人物相関図〕

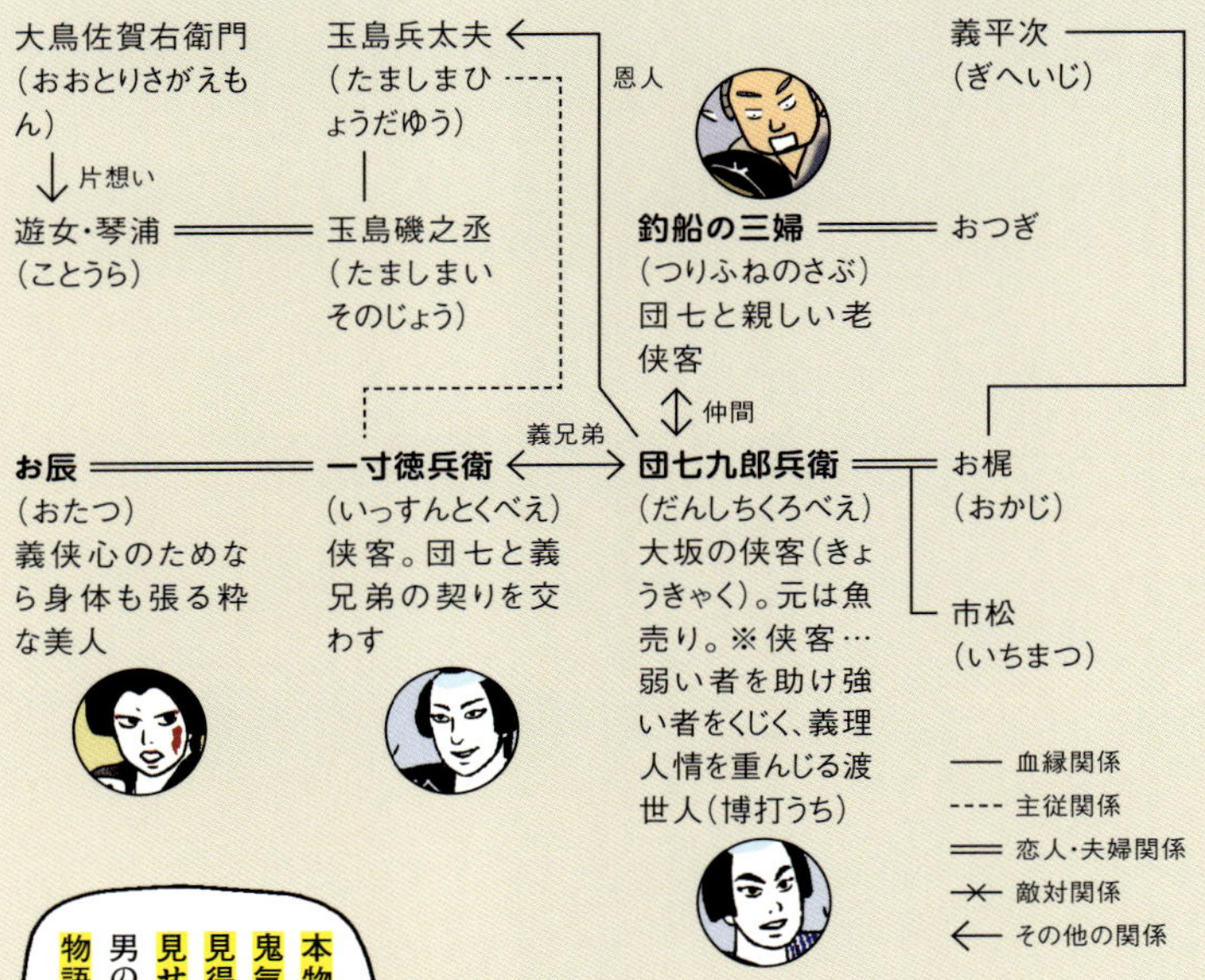


▽**あらすじ**

堺の魚売り団七九郎兵衛が、義兄弟の一寸徳兵衛たちと協力し、恩人である玉島兵太夫の息子・磯之丞とその恋人の遊女・琴浦を悪人から守ろうとする。だが、義父・義平次にジャマをされ、ついに団七は義平次を殺害してしまう…。

### 大変身に客席から感嘆の声

悪人の佐賀右衛門《さがえもん》の仲間とケンカをして牢に入っていた団七が、兵太《ひょうだ》夫《ゆう》の尽力で牢から出ることができた。髪は伸び放題のむさ苦しい姿だったが、髪結床から出てくると、すっきりしたいい男に大変身。客席からも思わず声が上がるほどだ。このとき着ている浴衣は、首から肩にか

三段目 住吉鳥居前（通称 鳥居前）
ケンカをして牢屋に入っていた団七は、兵太夫の情で牢から出られることに…
←髪結床に行く前 髪もヒゲも伸び放題
もっさり…
Before
さっぱり！
After
別人!? きりっとしてかっこいいにゃ！
遊女琴浦（恩人の息子・磯之丞の恋人）が、磯之丞のライバル佐賀右衛門に捕らえられそうなのを救う団七
琴浦に道順を話す教え方が工夫されてるにゃん！
黒塀の後ろから、このような松の木が出ているわ
その松の木の筋向こうに、地蔵様がある
この土橋わたって、はよういかんせ〜
カン！
カン
カ
一件落着と思ったが、佐賀右衛門の指図を受けている一寸徳兵衛《いっすんとくべえ》たちが団七に言いがかりをつけてきた※1
一寸も後へは寄らぬ一寸徳兵衛が、ちっとまあ、こうして見ようかえ！
ポカリ
ポカリ
ほほっ、こりゃまた身があって、おもしろいわい。そんならさしづめこうしょうかいっ！
ケンカっ早い人たちだにゃー
お参り帰りの団七の女房お梶が、ケンカを止めるにゃん
兵太夫に恩がある者同士と知って義兄弟の契りを交わすのに、お互いの片袖を交換するにゃんよ
これは団七が身についた片袖、磯之丞様の世話をするという、かための印
おもしろい！ 磯之丞様をソデにしないという印

けて家紋を染め抜いた「首抜き《くびぬ》」と呼ばれるもの。演じる役者の紋が使用されることが多い。

### 自分の損得をかえりみない団七とその仲間たち

恩人である兵太夫の息子・磯之丞《いそのじょう》を助けるため、団七とその仲間たちは一生懸命。あげく団七は殺人犯、徳兵衛の女房お辰は顔に傷を作ってしまう。ぼんくら息子の磯之丞のために、そこまでしなくても…と思ってしまうが、根底にあるのは義理人情を大切する大坂の侠客の潔《いさぎよ》さ。本名題『**夏祭浪花鑑**』の浪花《なにわ》＝大坂、鑑《かがみ》＝手本・模範。団七たちは、まさに浪花の鑑だ。

### 団七と徳兵衛の立ち廻り ※1

この場面の開帳札を使った立ち廻りでは、二人が同じ見得をするところが特徴的。袖を交換するところでは二人のセリフにもあるように「かためのしるし」「袖にしない」とい

六段目 釣船三婦内《つりふねさぶうち》（通称 三婦内《さぶうち》）
磯之丞と琴浦がかくまわれている三婦《さぶ》の家に、磯之丞を預かることになった徳兵衛の女房お辰が来た。三婦は、美人のお辰に磯之丞は預けられない、と言うと…
じゅぅぅ
↑真っ赤に焼けたコテを顔にあてるお辰
この顔でも色気がござんすかえ！ こちの人が好くのは、ここでござんす！
ポン！
ねえさん、かっこいい〜！
ポイント お辰の心意気
三婦は感心し、お辰は磯之丞を連れて徳兵衛の故郷へ…
三婦の家に来た団七は、舅《しゅうと》の義平次が琴浦を連れていったと聞き、急いで追いかける
お前さんの手紙を持って、琴浦さんを四、五日あずかると…
それ…ほんまかっ！
錦絵みたいにキレイだにゃー！
義平次は悪いヤツだから、ウソをついて琴浦を連れて行き佐賀右衛門に金で売るつもりだと気づいたにゃん
七段目 長町裏（通称 泥場《どろば》）
追いついた団七は琴浦を返すよう頼むが、争うはずみに義平次に傷をつけてしまうと…
ひとごろし〜
ひとごろし〜
親殺しとは何を言うんじゃい！ 人が聞いたらほんまにしまっせ！
あまりに騒ぐ義平次に、もはやこれまでと斬りかかる団七
ピーヒャラ♪
♪どんどん
団七の鮮やかな刺青と泥まみれの義平次。この組み合わせを考えた美意識すっごいにゃぁ…
↑本物の泥
ピーヒャラ♪
明るい音色の祭りばやしに乗って、鬼気迫る殺し場…歌舞伎の中でも屈指の名場面だにゃん！
どん
♪どん
ポイント 見得が連続する殺し場※2

う意味合いがある。

### "色"を捨てたお辰の心意気

通称〈三婦内〉の幕が開くと、三婦の女房・おつぎがアジを焼いている。大坂下町の夏の夕方の風情が表されている。そこへ徳兵衛の女房・お辰が、シースルーが美しい夏仕様の黒い紗の着付で登場。おしゃれで粋な美人が自分の顔に傷をつける。女の意地と夫の男を立てる心意気がかっこいい。

### 「泥場」と呼ばれる美しい殺しの場面 ※2

泥土と泥水の中での団七と義平次の死闘のシーンは、通称「泥場」と呼ばれる。暗い舞台とだんじり祭りの灯、団七の白い体に鮮やかな刺青と真紅の下帯…という季節感と色彩美が印象的な舞台。そして、多くの見得を伴った美しい動きを見せながら、団七は泥にまみれていく。刀を後ろに足を割る型、一本足で立ち刀

殺しの後、汚れた泥を井戸の水で洗い流す※3
ザバァ
ピーヒャラ
→本物の水
どんどん
悪い人でも舅は親。親父どん、許して下されぇーーー
ピーヒャラ
団七、通りかかったおみこしの人混みに紛れて逃げてゆく
どん
八段目 田島町団七内（通称 蚤《のみ》とり）
徳兵衛は義平次殺しの罪を引き受けようとするが、団七は取り合わない
ノミを取ったぁ！ ノミというものは愚かなもので、たちまち命を取られるを知らいで、体の中をはいまわる。取られぬうちにこのノミも、早う高飛びすればよいものを
そのノミもじっと縫い目の中に居りゃあ、取られることもあるまい…※4
お互いに察し合うところにまた、侠気《おとこぎ》を感じるにゃんね
そこで徳兵衛は団七の女房お梶にわざと不義をしかけ、三婦のアドバイスでお梶は離縁されることに。それも、お梶と息子の市松を罪人の身内にしないための計らいだった
そこへ捕手が来てしまう。捕縛を買って出た徳兵衛は屋根上で団七を捕えるが、縄の代わりに渡したのは路銀《ろぎん》（旅費）だった…
！
いいにゃ、いいにゃ、侠気っていいにゃー！！！


を水平にする型、義平次の体をまたいで刀を突きとどめをさすところでの型など、いろいろな美しい形を見ることができる。

**泥場も本水も涼んでもらうため？**

泥まみれになった団七が、身体の泥や刀についた血を洗う場面※3では、**本当の水をかぶる。この時の水を「本水《ほんみず》」**と言う。

実は泥場も本水も、空調設備が整っていなかった時代、観客に少しでも涼しさを感じてもらおうと考えられた演出。夏祭りの演出をはじめ、随所に夏らしさが盛り込まれている本作は、**典型的な夏狂言**とも言われている。

**男の友情が垣間見れる蚤《のみ》とりのセリフ** ※4

周囲に気づかれないよう蚤にたとえて、徳兵衛が団七に逃亡を勧める。通称「蚤とり」と呼ばれる場面。

37

# 伊勢音頭

ISEONDO

本名題『伊勢音頭恋寝刃《いせおんどこいのねたば》』

## ご当地サスペンスの結末は、狂気に満ちた連続殺人

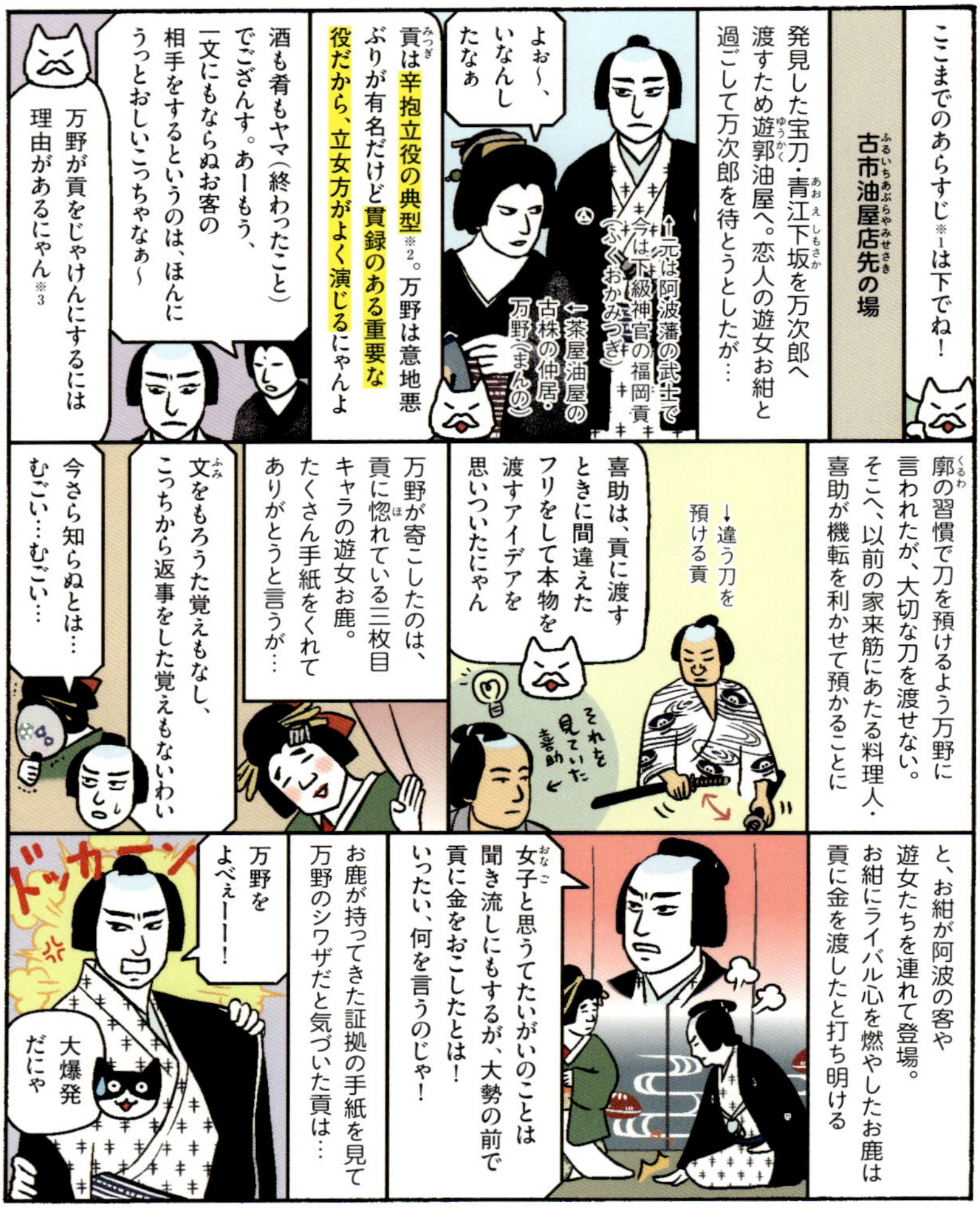

ここまでのあらすじ※1は下でね！
古市油屋店先《ふるいちあぶらやみせさき》の場
発見した宝刀・青江下坂《あおえしもさか》を万次郎へ渡すため遊郭《ゆうかく》油屋へ。恋人の遊女お紺と過ごして万次郎を待とうとしたが…
←元は阿波藩の武士で今は下級神官の福岡貢（ふくおかみつぎ）
←茶屋油屋の古株の仲居・万野（まんの）
よぉ〜、いなんしたなぁ
貢《みつぎ》は辛抱立役の典型※2。万野は意地悪ぶりが有名だけど貫録のある重要な役だから、立女方がよく演じるにゃんよ
酒も肴もヤマ（終わったこと）でござんす。あーもう、一文にもならぬお客の相手をするというのは、ほんにうっとおしいこっちゃなぁ〜
万野が貢をじゃけんにするには理由があるにゃん※3
廓《くるわ》の習慣で刀を預けるよう万野に言われたが、大切な刀を渡せない。そこへ、以前の家来筋にあたる料理人・喜助が機転を利かせて預かることに
↓違う刀を預ける貢
喜助は、貢に渡すときに間違えたフリをして本物を渡すアイデアを思いついたにゃん
それを見ていた喜助
万野が寄こしたのは、貢に惚《ほ》れている三枚目キャラの遊女お鹿。たくさん手紙をくれてありがとうと言うが…
文《ふみ》をもろうた覚えもなし、こっちから返事をした覚えもないわい
今さら知らぬとは…むごい…むごい…
と、お紺が阿波の客や遊女たちを連れて登場。お紺にライバル心を燃やしたお鹿は貢に金を渡したと打ち明ける
女子《おなご》と思うてたいがいのことは聞き流しにもするが、大勢の前で貢に金をおこしたとは！いったい、何を言うのじゃ！
お鹿が持ってきた証拠の手紙を見て万野のシワザだと気づいた貢は…
万野をよべぇーー！
ドッカーン
大爆発だにゃ


作者：近松徳三《ちかまつとくぞう》
初演：一七九六（寛政八）年七月、大坂・角の芝居。
概要：世話物。**伊勢古市《いせふるいち》の遊郭《ゆうかく》油屋で、医者が複数の人を殺傷する実際にあった事件がもと。**全四幕のうち三幕目の通称〈古市油屋店先〉と〈古市油屋奥庭〉がよく上演される。

**ここまでのあらすじ** ※1

阿波藩主のお家騒動で、宝刀・青《あお》江《え》下坂《しもさか》紛失の罪をなすりつけられた今田万次郎。元家来の息子で今は伊勢神宮の下級神官をしている福岡貢《ふくおかみつぎ》に刀探しを依頼する。一方、敵方の手先・岩次も身分を隠して伊勢に刀を探しに来ていた。

**貢にとって因縁の刀**

貢が武士だったときの苗字は青江。祖父と父はこの宝刀のために命

お前が誰ぞに頼んで書かして、寄こしなさんしたものなら。それを私が、知ったことかいいなっ!
ポイッ
「お金をもらったくせに知らないふり!?」ってなじるにゃん
あ〜また辛抱か…
お鹿を呼んだ不実をなじり、貢と縁を切ると言い出すお紺
そばで聞く私…恥ずかしいやら悔しいやら
ポイント 縁切りの場
歌舞伎では、縁切りの場は胡弓の伴奏がお決まりだにゃん
逆上した貢は、預けた刀を持って油屋を出たが、違う刀と気づき駆け戻る
一方の万野は、喜助の機転に気づき、本物の青江下坂を貢から取り返そうとする。口論になり、万野の肩を刀で叩くと…
人殺しぃーーー
スルリ
鞘《さや》が自然と割れて刀がむき出しになるにゃん
貢はもはやこれまでと万野を斬り殺す。さらには来合わせたお鹿や岩次も次々と斬っていく
血を見て狂ったのは、貢か青江下坂か…
古市油屋奥庭《ふるいちあぶらやおくにわ》の場
芸妓たちが伊勢音頭を踊っているところに、血まみれの貢が姿を現わし、次々に斬っていく
ポイント 殺し場
追ってきたお紺は、折紙《おりかみ》(鑑定書)を出す。愛想づかしは、これを手に入れるための芝居だったと知り我に返る貢が…
刀をすりかえられ、大勢の人を殺《あや》めしうえは、しょせん生きてはいられぬ
腹を切ろうとするところへ喜助が駆けつけ、手に持つ刀が青江下坂だと知る。刀と折紙が揃った、国に届けようと勇み立つ貢だった…


を落とし、青江家が没落したという因縁の刀だった。

**辛抱立役《しんぼうたちやく》とは?** ※2

「辛抱立役」は敵役からいじめられるのをじっとこらえる役のこと。怒りを内面でこらえる貢役者の演技が見どころ。和事できりっとした強さがある二枚目を「ぴんとこな」と呼ぶが、貢はその典型でもある。

**お紺の恋人・貢は邪魔者?** ※3

貢とお紺は恋仲だが、お紺に身請け話が舞い込んだ。相手は身分を隠して伊勢に来た岩次。金目当てで岩次の手先になっている万野にとって、貢がジャマになった。

**万野の存在感**

立女方が演じ、色香と貫録も十分な万野。万野役者のいじめっぷりがうまいからこそ、観る側は、貢がブチ切れるのを「待ってました!」と応援してしまうのかも。

38

# 俊寛

SHUNKAN

本名題『平家女護島《へいけにょごのしま》』

## 赦免状に自分の名だけがなく、妻は死んだと耳打ちされ…

俊寛《しゅんかん》、成経《なりつね》、康頼《やすより》の三人は、平清盛に謀反《むほん》がばれ、鬼界《きかい》ヶ島《しま》という南海の孤島に流され三年が経った。成経は島の娘・千鳥《ちどり》と夫婦になるといい、ささやかな祝言が開かれた
←成経
←千鳥
←俊寛
←康頼
と、都から赦免《しゃめん》(罪を許すこと)を知らせる船が到着。夢のようだと喜ぶが、清盛の使者・瀬尾が読む赦免状《しゃめんじょう》に俊寛の名がない。驚いて詰めよるが…
だまれーっ! うたがわしくば、これを見よぉー!
←悪役・瀬尾は赤っ面(あかっつら)
うぁーーー ない、ない、なぁーい
うぁあああ
ショックで半狂乱だにゃ……
もう一人の使者・丹左衛門《たんざえもん》が、重盛の計らいで俊寛も戻れると告げる
←善人役の丹左衛門は白塗り
大喜びもつかの間、瀬尾が千鳥を船に乗せてくれない。しかも俊寛に…
われの妻の東屋《あずまや》はな。入道殿(清盛のこと)の御意にそむきしそれゆえに…首打ち落としたわいなぁー!
なんと!? 妻の東屋が…
奥さんが清盛の愛人になるのを拒んで自害したって暴露したにゃん
伝え方がいじわるだにゃ…
一方、乗船できず悲しむ千鳥は…
鬼界ヶ島に鬼はなく…
鬼は都にありけるぞや~


作者：近松門左衛門《ちかまつもんざえもん》
初演：人形浄瑠璃で一七一九(享保四)年八月、大坂・竹嶋座。翌年、歌舞伎でも全段上演された。
概要：『平家物語』の一部をもとに書かれた。全五段だが二段目の〈鬼界ケ島〉の人気が高く、通称『**俊寛**』の名で単独上演されることが多い。現在上演されている歌舞伎の近松作品の多くは改作されているが『**俊寛**』はほとんど原作通り。

### 「鹿ケ谷《ししがたに》事件」がベース

平安時代末期、俊寛らが平家打倒を企てた鹿ケ谷事件は発覚し、俊寛は薩摩国(鹿児島県)の鬼界ケ島に流罪になったと伝わっている。

### 千鳥の名ゼリフと嘆き

海女《あま》の千鳥は『平家物語』などには登場しない近松のオリジナルキャ

嘆く千鳥を見て、俊寛は自分の代わりに乗せてほしいと瀬尾に頼むが…
お情けでござりまする… 代わりに女を乗せて…
くたばりたければ、都でくたばれっ！
ぐわぁぁ
何度頼んでも聞いてくれない瀬尾に斬りつける俊寛…
俊寛様に申し訳ない、私が残るという千鳥に…
ぐっ
乗ってくれやぁ…
俊寛が乗るは弘誓《ぐぜい》の船※1
うき世の船には望みなし〜
そこまでして、なんで千鳥を乗せようとするんだろ？
娘のような千鳥に未来を託しているのかもにゃ
そして千鳥が乗り、俊寛を残して船は出航したが…
おーい
おーい
ずっと叫んでる… 切ないにゃん
ポイント 叫び続ける俊寛
海に見立てた花道に入るが波に戻され…
思い切っても凡夫心、岸の高見に駆け上がり…
ポイント 名文句
そして、岩によじ登り…
あせれども叫びても、哀れとむろう人とても… 一人を捨てて沖津波
ホントに船が見えてるみたいだにゃん…
だばー

ラクター。千鳥は船に乗せてもらえず一人残される場面では、「鬼界ヶ島に鬼はなく、鬼は都にありけるぞや」の名ゼリフが有名。一連の嘆きの演技は、千鳥役の見せどころだ。

## 悟りの境地を一度は見せる

「弘誓《ぐぜい》の船《ふね》」※1は、仏の菩薩が悟りの彼岸《ひがん》に導くことを、船が人を乗せて海を渡すのにたとえた仏教語。この場面では、死をもって救われるといった、悟りの境地を見せている。

## 俊寛の悲痛な叫びは煩悩に苦しむ人の姿そのもの

一人残ると決意したときは、悟りの境地を見せていたが、いざ船が島を離れると俊寛は一変。自分の意志で残ったはずなのに、猛烈な孤独感に襲われ、取り乱して叫び後を追う。その姿はまるで煩悩に苦しむ人間の姿そのものであり、それが「思い切っても凡夫心《ぼんぷしん》」という名文句に凝縮されている。

# なぜ男性だけで演じるの？

## 演技力で魅了する女方の登場

美少年を売りにしたせいか、若衆歌舞伎もまた風俗を乱すという理由から、1652（承応元）年頃に禁止令が出ます。そして始まったのが、成人男性が演じる「野郎《やろう》歌舞伎《かぶき》」です。容姿重視の若衆歌舞伎と違い、野郎歌舞伎では女方を専門に演じる役者が、女性らしさを見せるなど演技力が重視されるようになります。

## 女性が演じるのを幕府が禁止

お国の人気にあやかり、遊女や女芸人による「女歌舞伎《おんなかぶき》」が始まりましたが、風俗を乱すという理由から、1629（寛永6）年頃、幕府が禁止令を出します。そして、歌舞伎に出演できるのは男性だけになってしまいました。代わって始まったのが、少年たちが演じる「若衆歌舞伎《わかしゅうかぶき》」。このとき、女性役を演じる「女方《おんながた》」が登場しました。

## 歌舞伎のルーツは出雲のお国

江戸に徳川幕府が開かれた1603（慶長8）年頃のこと。宮中に招かれたこともある少女スターだったお国が“出雲のお国”と名乗って踊った「かぶき踊り」が大流行します。

→雪姫（『金閣寺』）

→阿古屋（『阿古屋』）

↑お幸（『引窓』）

いろんなタイプの
女方が
いるんだにゃ

### にゃんざえもんのワンポイントアドバイス

安土桃山時代から江戸時代の初め頃、流行の最先端をいく奇抜なファッションをした人は「かぶき者」と呼ばれたにゃん。そうした「かぶき者」のファッションなどをまねたことから、「かぶき」と呼ばれるようになったにゃんよ。

PART II

50演目を観てみよう

第11章

# 女方を堪能しよう

39

# 十種香・狐火

JUSSYUKO, KITSUNEBI

本名題『本朝廿四孝《ほんちょうにじゅうしこう》』

## 親も家も捨て、恋に走るお姫様

ここまでのあらすじ※1は下で説明するにゃん
十種香《じゅしゅこう》
切腹した婚約者の武田勝頼が忘れられない八重垣姫《やえがきひめ》は、生前の姿を絵に描かせ、十種類のお香を合わせた十種香をたいて供養している
ん？いい香り?!
舞台で実際にお香をたいてるにゃんよ
腰元・濡衣《ぬれぎぬ》が新人の使用人・蓑作《みのさく》と親しそうに話しているのを盗み見た八重垣姫は、蓑作が勝頼にうり二つなのにびっくり！
←八重垣姫は三姫※1の一人
ポイント 柱に袂を巻きつけるポーズ
袂《たもと》の動きで恋心を表しているにゃんよ
勝頼さまではおわさぬか～
ちがいますけど 蓑作ですけど
↓蓑作（実は勝頼）
姫様、積極的だにゃ…
大胆にも「仲を取り持って！」と濡衣に頼み始める八重垣姫
あの蓑作とやらいう人を、そなたはとうから近づきか？
…い、いえ
…殿御でもない人なら、どうぞ今から自らをかわいがってたもるように～
おお、姫様としたことが！
見初《みそ》めたが恋路の始まり、後ともいわず今ここで～
きゃーーー姫様ーーー
お嬢様の大胆発言、品よく可愛く見せるのが見どころでもあるにゃん

作者：近松半二《ちかまつはんじ》、三好松洛《みよししょうらく》、竹田因幡《たけだいなば》、竹田小出《たけだこいで》、竹田平七《たけだへいしち》、竹本三郎兵衛《たけもとさぶろべえ》らによる合作。

初演：人形浄瑠璃で一七六六（明和三）年一月、大坂・竹本座。歌舞伎では、一七六六（明和三）年五月大坂・中の芝居。

概要：**時代物の義太夫狂言**。全五段だが、通称『**十種香**《じゅしゅこう》』と呼ばれる四段目の〈十種香〉の場と通称『**狐火**《きつねび》』と呼ばれる〈奥庭狐火〉の場が単独で上演される。

**ここまでのあらすじ** ※1

戦国時代の武田信玄と上杉謙信（本作では長尾謙信）の争いが軸。武田家の勝頼と長尾家の八重垣姫は婚約したが、武田家の家宝の兜《かぶと》を長尾家が借りて返さないため、両家は不仲に。そんなおり、将軍家暗殺の疑いがかかった信玄は、勝頼を切腹

兜を持ってきてくれたら仲を取り持ちますよ
兜？ということは、やはり勝頼様ーー！
違いますから
一途な八重垣姫を利用して、濡衣はしたたかだにゃ
と、長尾謙信に呼ばれた蓑作は、塩尻の陣営に手紙を届けるように言いつけられる。これは罠《わな》で、勝頼だと見抜いている謙信は途中で討つつもりだった。濡衣も武田のスパイだと気づき取り押さえる
←長尾謙信
武田のまわし者、憎き女め
狐火《きつねび》
父謙信の策略を追手より先に勝頼に知らせたいが、女の足では追いつけないと嘆く八重垣姫…
翼がほしい、羽根がほしい。飛んで行きたい、知らせたい〜
ポイント
名ゼリフ
神仏に祈るしかないと兜《かぶと》を手にして勝頼の無事を祈っていると、池に写る自分の姿が狐になっていてびっくり
諏訪明神の白狐の霊力に付きそわれた八重垣姫は、塩尻を目指し凍った諏訪湖を駆け抜けて行く…
←引き抜きで白い衣裳になった八重垣姫

させた。が、切腹したのは身代わりの使用人・蓑作。勝頼は蓑作になりすまし、腰元・濡衣と組んで長尾家にもぐりこみ兜を取り返そうとする。

**三姫※2の中でも恋に積極的な八重垣姫**

赤地の振袖を着ていることから、歌舞伎のお姫様役は「赤姫《あかひめ》」と呼ばれる。赤姫の中でも代表的で難しいとされる大役が、本作の八重垣姫、『金閣寺』の雪姫、『鎌倉三代記』の時姫で、これらを「三姫《さんひめ》」と呼ぶ。三姫のタイプはそれぞれ異なり、八重垣姫は恋に積極的。お姫様の品格を保ちながら、大胆発言をしたり、恋する気持ちを情熱的に表現するところが見どころ。

**濡衣は、なぜ黒の振袖？**

亡くなった箕作は濡衣の恋人だったので、衣裳に喪服の意味が込められている。

40

# 金閣寺

KINKAKUJI

本名題『祇園祭礼信仰記《ぎおんさいれいしんこうき》』

## つま先で絵を描き奇跡を起こす美人妻

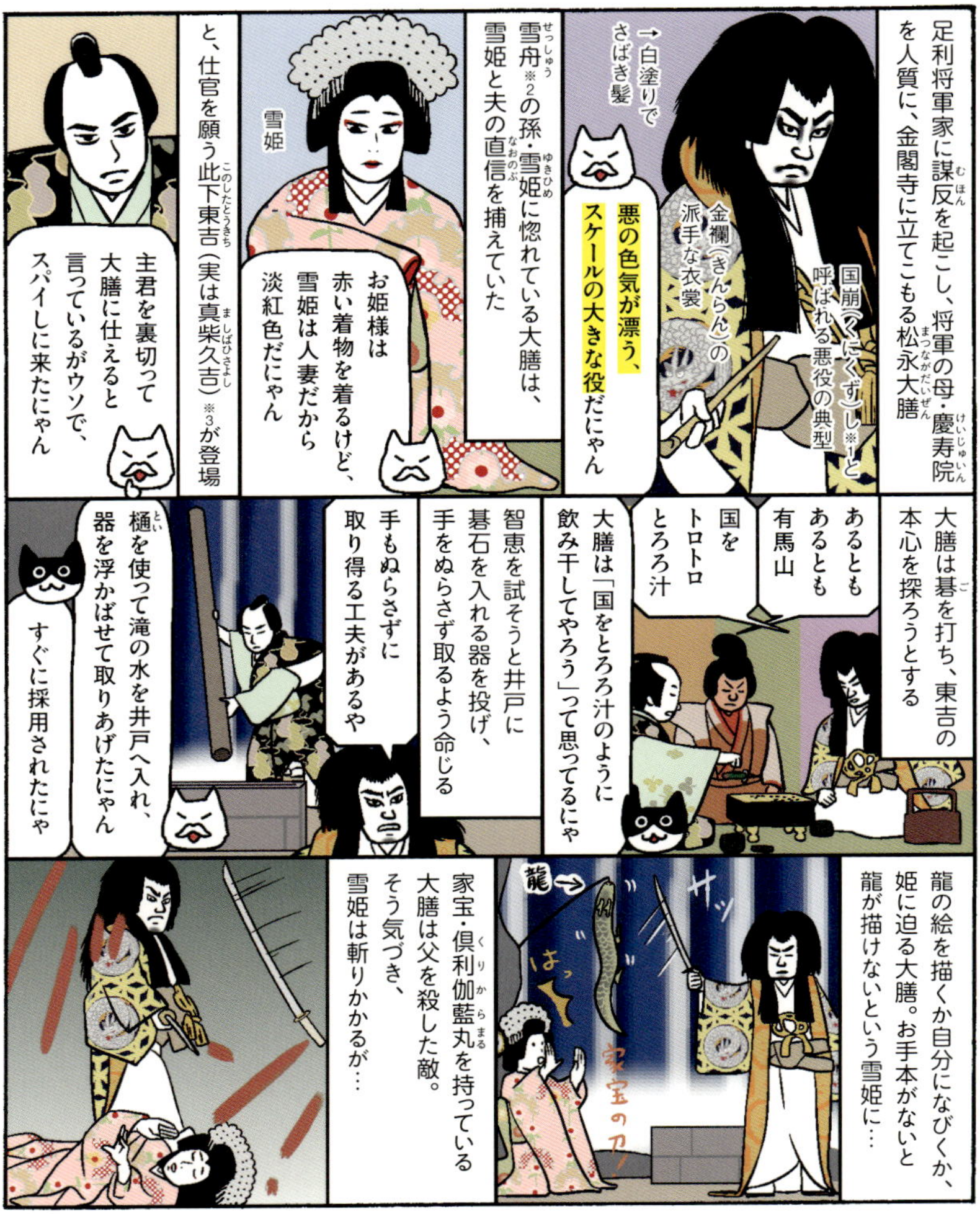

足利将軍家に謀反《むほん》を起こし、将軍の母・慶寿院《けいじゅいん》を人質に、金閣寺に立てこもる松永大膳《まつながだいぜん》
→白塗りでさばき髪
国崩(くにくず)し※1と呼ばれる悪役の典型
金襴(きんらん)の派手な衣裳
悪の色気が漂う、スケールの大きな役だにゃん
雪舟《せっしゅう》※2の孫・雪姫《ゆきひめ》に惚れている大膳は、雪姫と夫の直信《なおのぶ》を捕えていた
雪姫
お姫様は赤い着物を着るけど、雪姫は人妻だから淡紅色だにゃん
と、仕官を願う此下東吉《このしたとうきち》(実は真柴久吉《ましばひさよし》)※3が登場
主君を裏切って大膳に仕えると言っているがウソで、スパイしに来たにゃん
大膳は碁《ご》を打ち、東吉の本心を探ろうとする
あるともあるとも有馬山
国をトロトロとろろ汁
大膳は「国をとろろ汁のように飲み干してやろう」って思ってるにゃ
智恵を試そうと井戸に碁石を入れる器を投げ、手をぬらさず取るよう命じる
手もぬらさずに取り得る工夫があるや
樋《とい》を使って滝の水を井戸へ入れ、器を浮かばせて取りあげたにゃん
すぐに採用されたにゃ
龍の絵を描くか自分になびくか、姫に迫る大膳。お手本がないと龍が描けないという雪姫に…
龍→
サッ
はっ
家宝の刀!
家宝・倶利伽藍丸《くりからまる》を持っている大膳は父を殺した敵。そう気づき、雪姫は斬りかかるが…


作者：中邑阿契《なかむらあけい》、豊竹応律《とよたけおうりつ》、黒蔵主《こくぞうす》・三津飲子《みついんし》、浅田一鳥《あさだいっちょう》による合作。

初演：人形浄瑠璃では一七五七（宝暦七）年十二月、大坂・豊竹座。歌舞伎では一七五八（宝暦八）年一月、京都・南側芝居、北側芝居。

概要：**時代物**の**義太夫狂言**。全五段だが、四段目の〈金閣寺〉の場が単独で上演される。

**国崩し** ※1

「国崩し」は悪人の役柄の一つで、国を傾けるようなスケールの大きい悪人という意味からきている。歌舞伎で悪役と言えば赤っ面だが、国崩しの大膳は白塗り。高貴な人の部屋着「小忌衣《おみごろも》」を着ているが、金襴でなんとも豪華。

**雪舟** ※2

室町時代の水墨画家。幼少期、禅

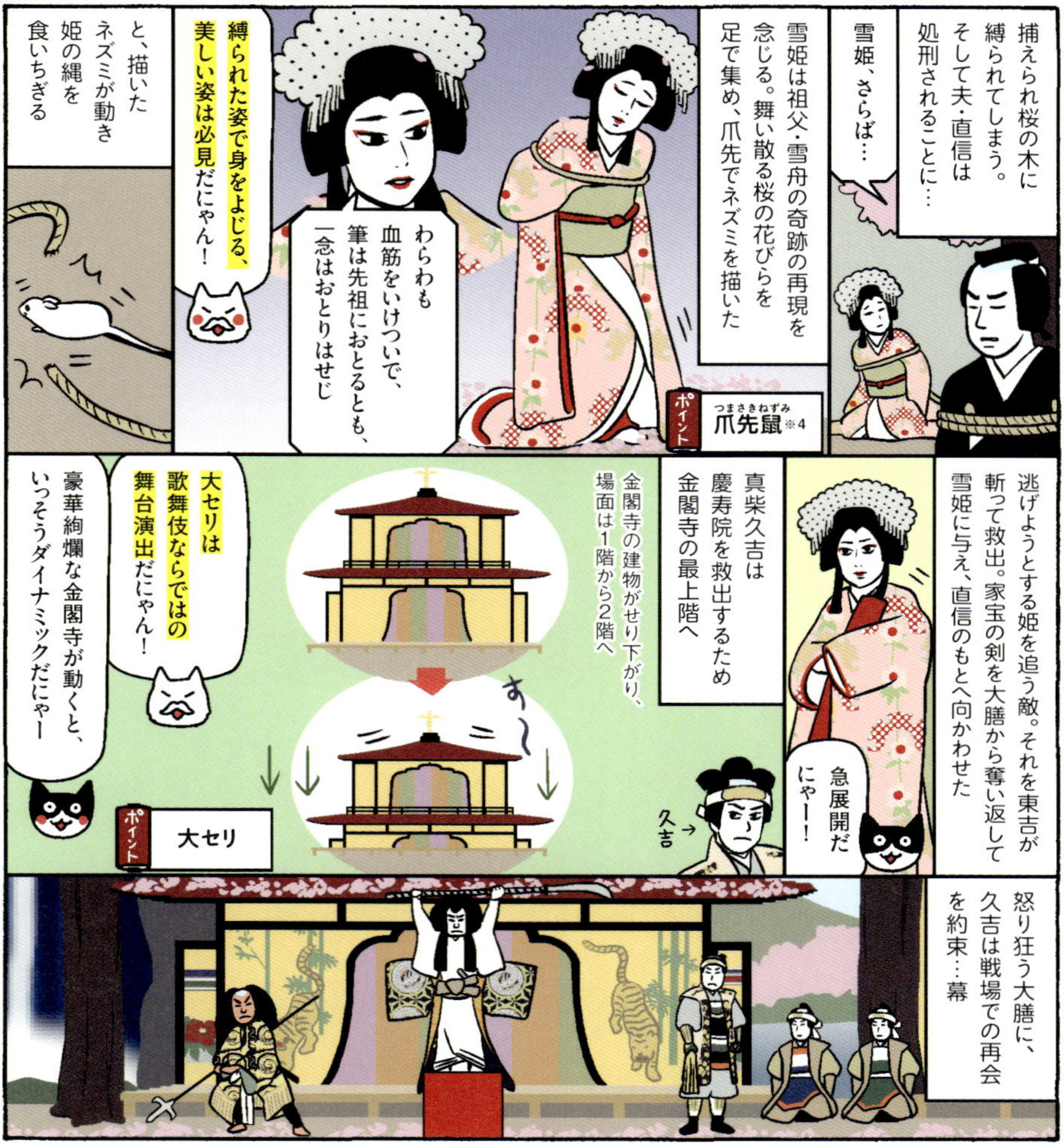
捕えられ桜の木に縛られてしまう。そして夫・直信は処刑されることに…
雪姫、さらば…
雪姫は祖父・雪舟の奇跡の再現を念じる。舞い散る桜の花びらを足で集め、爪先でネズミを描いた
ポイント 爪先鼠《つまさきねずみ》※4
わらわも血筋をいけついで、筆は先祖におとるとも、一念はおとりはせじ
縛られた姿で身をよじる、美しい姿は必見だにゃん!
と、描いたネズミが動き姫の縄を食いちぎる
逃げようとする姫を追う敵。それを東吉が斬って救出。家宝の剣を大膳から奪い返して雪姫に与え、直信のもとへ向かわせた
急展開だにゃー!
久吉→
真柴久吉は慶寿院を救出するため金閣寺の最上階へ
金閣寺の建物がせり下がり、場面は1階から2階へ
す〜
ポイント 大セリ
大セリは歌舞伎ならではの舞台演出だにゃん!
豪華絢爛な金閣寺が動くと、いっそうダイナミックだにゃー
怒り狂う大膳に、久吉は戦場での再会を約束…幕

僧になるための修行をしていた寺で絵ばかり描いていたため柱に縛られた雪舟は、床に落ちた涙を足の指につけてネズミの絵を描いた。その絵が見事だったので絵を描くことを許されたという逸話がある。本作では、雪姫は雪舟の孫という設定。**「爪先鼠」※4の演出は、涙を桜に変えて美しいシーン**として描いている。

### 此下東吉《このしたとうきち》※3

此下東吉(実は真柴久吉《ましばひさよし》)は豊臣秀吉のこと。江戸時代の関西で上演された芝居に描かれる秀吉は、本作のりりしい武将姿のように、たいてい二枚目キャラ。秀吉好きの土地柄がうかがえる。

### 爪先で絵を描く倒錯美

大膳が「あの縛られた姿を見よ。雨を帯びたる海棠桃李《かいどうとうり》」と言うほど美しい雪姫。**倒錯美とも称される、縛られたまま爪先を使って絵を描く姿**は見どころ。

41

# 鎌倉三代記

KAMAKURASANDAIKI

## 親と恋の板ばさみに苦しむ悲劇のヒロイン

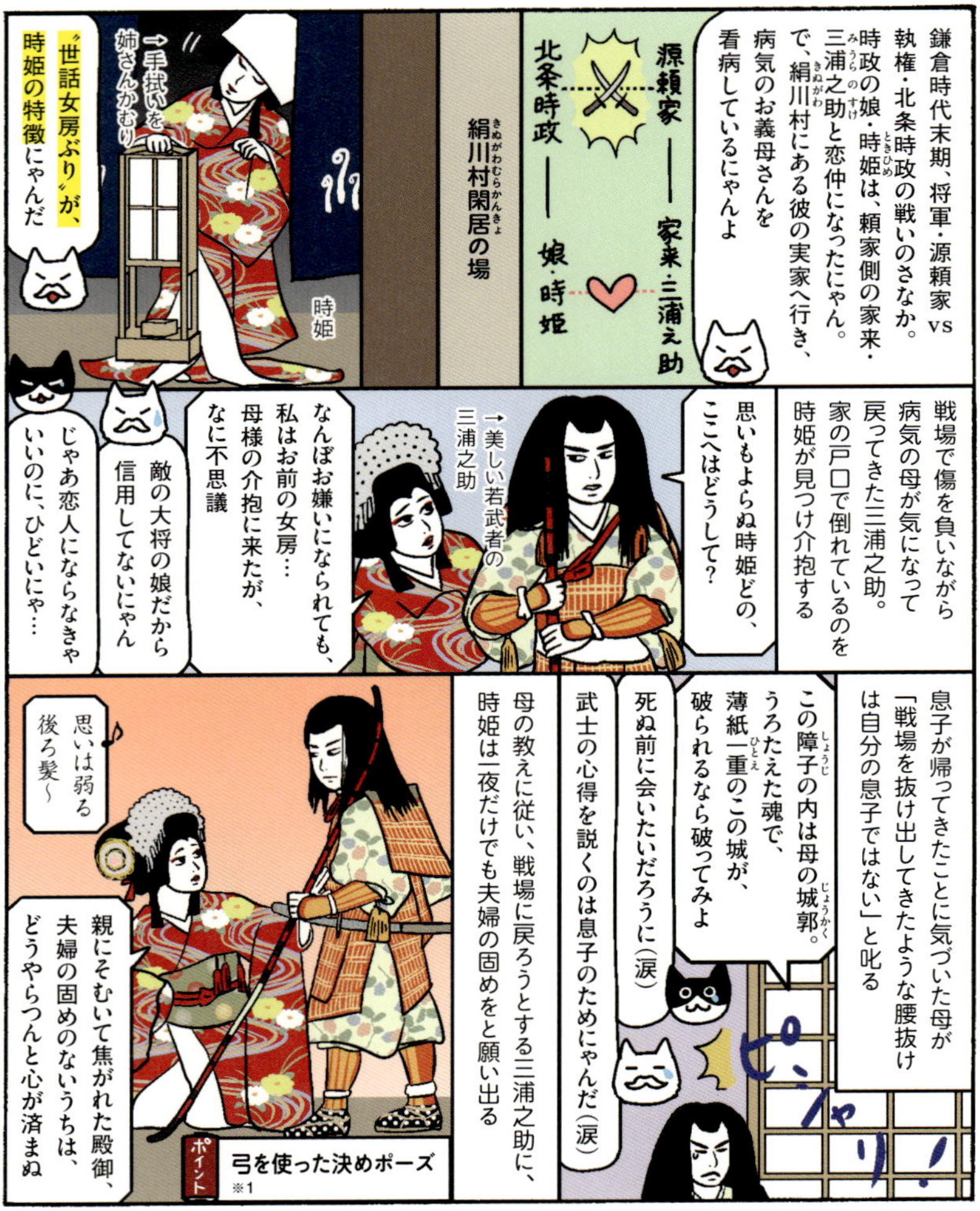

鎌倉時代末期、将軍・源頼家vs執権・北条時政の戦いのさなか。時政の娘・時姫《ときひめ》は、頼家側の家来・三浦之助《みうらのすけ》と恋仲になったにゃん。で、絹川《きぬがわ》村にある彼の実家へ行き、病気のお義母さんを看病しているにゃんよ
源頼家 ― 家来・三浦之助
北条時政 ― 娘・時姫
絹川村閑居《きぬがわむらかんきょ》の場
→手拭いを姉さんかむり
時姫
"世話女房ぶり"が、時姫の特徴にゃんだ
戦場で傷を負いながら病気の母が気になって戻ってきた三浦之助。家の戸口で倒れているのを時姫が見つけ介抱する
思いもよらぬ時姫どの、ここへはどうして?
→美しい若武者の三浦之助
なんぼお嫌いになられても、私はお前の女房…母様の介抱に来たが、なに不思議
敵の大将の娘だから信用してないにゃん
じゃあ恋人にならなきゃいいのに、ひどいにゃ…
息子が帰ってきたことに気づいた母が「戦場を抜け出してきたような腰抜けは自分の息子ではない」と叱る
この障子《しょうじ》の内は母の城郭《じょうかく》。うろたえた魂で、薄紙一重《ひとえ》のこの城が、破られるなら破ってみよ
死ぬ前に会いたいだろうに(涙)
武士の心得を説くのは息子のためにゃんだ(涙)
ピシャリ!
母の教えに従い、戦場に戻ろうとする三浦之助に、時姫は一夜だけでも夫婦の固めをと願い出る
思いは弱る後ろ髪～
親にそむいて焦がれた殿御、夫婦の固めのないうちは、どうやらつんと心が済まぬ
ポイント
弓を使った決めポーズ ※1

作者：近松半二《ちかまつはんじ》らによる合作。

初演：人形浄瑠璃で一七七〇（明和七）年五月に大坂・竹田新松座。歌舞伎では一八一八（文政元）年二月、江戸・中村座。

概要：**時代物の義太夫狂言**。全十段だが、現在は七段目にあたる〈絹川村閑居〉の場が単独上演される。

**歴史上の人物がモデル**

大坂夏の陣を鎌倉時代に移しているので、登場人物のモデルは戦国乱世の人々。美しく勇敢な若武者・三浦之助は木村重成《きむらしげなり》（豊臣家家臣）、時姫は千姫《せんひめ》、佐々木高綱《ささきたかつな》は真田幸村《さなだゆきむら》がモデルだと言われている。

**世話女房ぶりが時姫の特徴**

敵味方に分かれて戦う父（北条時政《ほうじょうときまさ》）と恋人（三浦之助）の板ばさみに苦しみながらも父を討つ決意する

「母は今日明日の命だから今夜一晩くらい泊まっていけば」と時姫に説得され、奥に入る三浦之助。そこへ、時政の指示で時姫を連れ戻しに来たという藤三郎が登場
たとえ父上でも敵味方、敵の家へ何の帰ろう…返事に及ばぬ、帰りゃ帰りゃ
せめてあの世で夫婦にと、自害しようとする時姫を見た三浦之助は、夫の敵として父・北条時政を討てと迫る
三浦が最後を見届けたうえ、夫の敵を討つ気はないか…親につくか、夫につくか
…北条時政、討ってさしあげましょう
父と恋人の板ばさみに苦しみながらも決断する、この場面はみどころだにゃん
時姫に刀を奪われ追いかけられ、藤三郎は井戸の中へ逃げてしまう
その様子を陰で見ていた富田六郎が、時政に報告に行こうとするが…
←六郎は井戸から突き出たヤリで息絶える
井戸から藤三郎、実は源頼家の家臣・佐々木高綱が…※2
↑藤三郎が←佐々木高綱に戻る
高綱の策略だったにゃん
陣太鼓が鳴り響き、高綱に励まされた三浦之助は再び戦場へ…幕

時姫は、芯の強さを持つ女性。育ちの良いお姫様だが、恋人のために手ぬぐいをかぶって家事や義母の世話をする健気《けなげ》さも持ち合わせている。それを表現するのは、時姫役の見せどころだ。

**弓を使った決めポーズ** ※1

母に叱咤《しった》され出陣しようとする三浦之助を時姫が止めるシーンで、美男美女が弓を使い、美しいポーズを決めるところは見どころの一つ。

**なぜいきなり佐々木高綱？** ※2

藤三郎は源氏方の佐々木高綱にそっくりだという理由で北条方に捕らえられた元農民。時姫奪還を申し出て使者となるが、この藤三郎こそ高綱本人だった。「藤三郎と名乗る男は怪しい…」と察していた時政は、富田六郎に監視させていた。時姫が時政の命を狙うことを知った六郎が、時政に知らせようとしたので、高綱にヤリで打たれた。

42

# 阿古屋

AKOYA

本名題『壇浦兜軍記《だんのうらかぶとぐんき》』

## 三つの楽器が拷問道具の音楽裁判劇

作者：文耕堂《ぶんこうどう》、長谷川千四《はせがわせんし》の合作。

初演：人形浄瑠璃で一七三二（享保十七）年九月、大坂・竹本座。歌舞伎では翌年三月、大坂・角の芝居で初演。

概要：近松門左衛門作**『出世景清』**をもとに作られた。現在は、三段目の〈阿古屋琴責め〉の場のみが**『阿古屋』**という通称で上演されている。また、**「琴責め」**の名でも親しまれている。

三曲演奏は難しくて、今できるのは坂東玉三郎さんだけだにゃん
『阿古屋』を観られるのは幸運なんだにゃ!!
と、遊女・阿古屋《あこや》が連行されて来た
源頼朝の命を狙う平家の残党・景清《かげきよ》を探し出したい幕府の役人・重忠《しげただ》と助役の岩永は、景清の愛人で景清の子を宿している遊女・阿古屋を詮議《せんぎ》することに
↓赤っ面の岩永は意地の悪い敵（かたき）役。人形振（にんぎょうぶ）り※1で演じる
↓白塗りの重忠（しげただ）は正義感あふれる人物
岩永、コミカルで笑えるにゃ（笑）
←遊女・阿古屋（あこや）
→伊達兵庫（だてひょうご）の髪型
←蝶と牡丹が縫い込まれた豪華な打掛
←孔雀（くじゃく）の刺繍（ししゅう）が入った前帯
キレイだにゃ
景清と会えない哀しさも漂って、それがまた美しさを匂わせてるにゃん
「居場所は知らない」「自分が責める！」と言う阿古屋にいきり立つ岩永
塩煎《しおい》り責《ぜ》めにしてくりょう
おほぉぉぉぉ〜、そんなこと怖がって苦界《くかい》が片時《かたとき》なろかいな
権力者に屈しない傾城《けいせい》の心意気だにゃん！
「いっそ殺してくださんせ」と身を投げ出す
色っぽいにゃー
岩永の指示で責め道具を持ってきた竹田奴《たけだやっこ》
えっ？？？子どもの落書きみたいな顔
竹田奴はユニークな端役だにゃん（笑）
重忠は責め道具として、琴・三味線・胡弓を用意。阿古屋に弾くよう命じた
楽器は偽りの心で弾くと音色が乱れるから、ウソか誠かを見抜こうと考えたにゃん


**阿古屋を演じられた女方は、戦後二人だけ**

琴、三味線、胡弓、この三つの楽器を「三曲《さんきょく》」と呼ぶ。演奏は高度な技術を要するのはもちろんのこと、実際に舞台で美しく演奏しながら、傾城の気品や色気、心情を細やかに表現するのは至難の業と言われている。この女方の大役を演じられたの

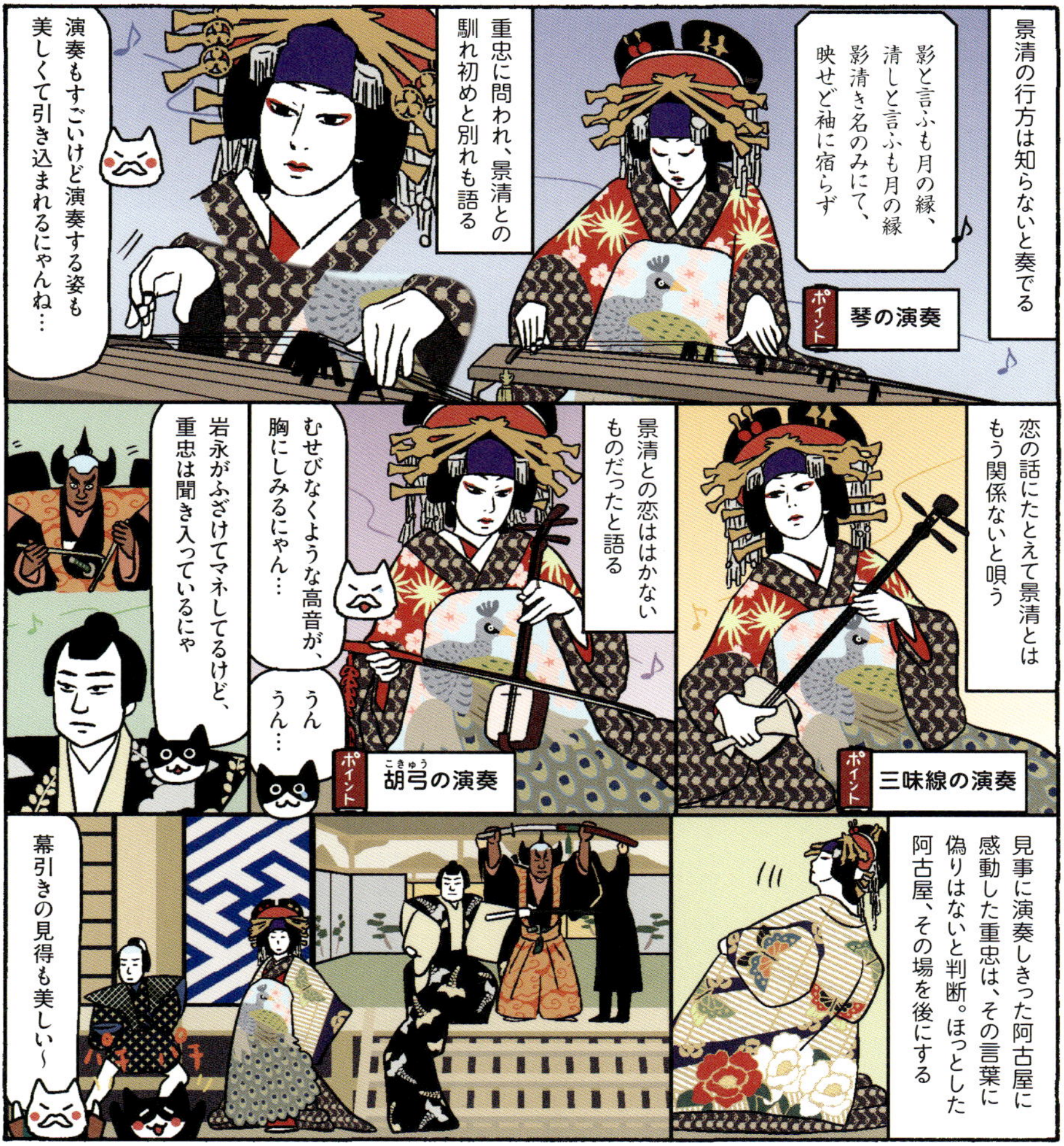
景清の行方は知らないと奏でる
影と言ふも月の縁、清しと言ふも月の縁
影清き名のみにて、映せど袖に宿らず
ポイント 琴の演奏
重忠に問われ、景清との馴れ初めと別れも語る
演奏もすごいけど演奏する姿も美しくて引き込まれるにゃんね…
恋の話にたとえて景清とはもう関係ないと唄う
ポイント 三味線の演奏
景清との恋ははかないものだったと語る
むせびなくような高音が、胸にしみるにゃん…
うん うん…
ポイント 胡弓《こきゅう》の演奏
岩永がふざけてマネしてるけど、重忠は聞き入っているにゃ
見事に演奏しきった阿古屋に感動した重忠は、その言葉に偽りはないと判断。ほっとした阿古屋、その場を後にする
幕引きの見得も美しい〜

は、戦後、六代目中村歌右衛門と五代目坂東玉三郎だけだ。

**コミカルな人形振り《にんぎょうぶ》**※1

義太夫狂言では、人形の動きをまねた「人形振り」という演出を組み入れることがある。役の緊張感を表すときに使われたりするが、本作では岩永左衛門が「人形振り」。コミカルな動きとセリフ回しが面白い。

**演奏を通じて愛する人への思いを表現**

まずは琴を弾きながら、「景清の行方は知らない、平家が都落ちしてから景清とは会えなくなった」と唄う。三味線では、謡曲の「班女《はんじょ》」の一節を演奏し、捨てられた我が身を嘆く。最後は胡弓の哀しい調べに乗せ、「吉野龍田の花紅葉　更科越路の月雪も　夢とさめては跡もなし…」と、景清との縁は、まるではかない煙のようだったと別れの哀しみを表現する。

43

# お染の七役

OSOMENONANAYAKU

本名題
『於染久松色読販《おそめひさまつうきなのいろどり》』

↑質店油屋の娘・お染（そめ）
↓油屋の丁稚・久松（ひさまつ）
↑久松の許嫁・お光（みつ）
↓久松の姉で奥女中の竹川（たけかわ）
↑お染の兄と恋仲の芸者・小糸（こいと）
↓お染の母・貞晶（ていしょう）
↑竹川の元使用人・土手のお六（ろく）
この七役を一人の女方が早替りで演じるのが見どころだにゃん。物語の大まかなあらすじは下でね※1
柳島妙見の場
お染には親が決めた許嫁《いいなずけ》がいるが、丁稚《でっち》の久松と恋仲。その久松を伴い妙見神社に参詣《さんけい》に来たが、はぐれてしまった
久松さ〜ん
in
out
お染様〜
はっ、一瞬！
久松もお染を探しに行くと、入れ違いに久松の許婚・お光が登場
↑田舎娘のお光へ
→久松から
お染さまと久松さんのウワサを聞いて、いてもたってもいられずに…
お光と入れ違いに、奥女中の竹川《たけかわ》（実は久松の姉）が登場
←お光から
↑奥女中の竹川へ
お六がもと、その文を届けたもぉ
竹川が去った後、芸者の小糸に、小糸からお染の母・貞晶に、貞晶から土手のお六に早替りするにゃん
年齢もキャラも全然違う役を、一瞬で演じ分けてる…。すごいっ！

## ひとり七役の早替り

作者：四代目鶴屋南北《つるやなんぼく》
初演：一八一三（文化十）年三月、江戸・森田座。
概要：**世話物**。三幕八場。**お染久松の物語がもと**だが、七役を主役の女方が早替りでつとめる演出が原則なので、通称『**お染《そめ》の七役《ななやく》**』という。早替りの演出などは、演じる役者の工夫によって違いがある。

**大まかなあらすじ** ※1

久松は侍の子。主家の宝刀・義光《よしみつ》と折紙《おりかみ》（保証書）を紛失した責任で父は切腹、お家は断絶。姉の竹川は千葉家の奥女中、久松は油屋で丁稚奉公しながら刀を探して汚名を晴らし、お家再興を目指していた。宝刀・義光の紛失は、千葉家の侍・弥忠太と、油屋を乗っ取りお染をわがものにしたい番頭・善六のしわざ。彼らの手先となって刀を盗んだのが、お

小梅莨屋《こうめたばこや》の場
吉原土手でたばこ屋を営む土手のお六。元上司の竹川から「百両を工面して欲しい」という手紙が…
↑髪を結わずに後ろでまとめた「馬のしっぽ」と呼ばれるかつら
百両…
↑土手のお六。落とした眉
紛失した刀と折紙が質店油屋に預けられているのが分かって、受け出すのに百両必要にゃんだ
お六は知らないんだけど、夫の喜兵衛は刀を盗んだチームの一人。油屋に刀を質入れして百両借りて、勝手に全部使っちゃったにゃん
百両…
↑喜兵衛
百両が欲しい二人は、預かった桶に死体を見つけ、ゆすりのアイデアを思いついた…
油屋の場
身分はしがねえが、ゆすりかたりをするわっちじゃぁねえよ
ケンカがきっかけで弟が死んだとウソをついて油屋をゆするんだけど。死体は息を吹き返して、二人はすごすご帰るにゃん
〈向島道行〉の場までのあらすじ※2は下でね
向島道行《むこうじまみちゆき》の場
お染を追って来た久松と、むしろを巻いて逃げて来たお染がぶつかって…
久松
お染
ドンッ
パッ
この場面のお染は別の役者が扮しているにゃん
それにしても…早すぎーーー！
お染と久松は心中を決意するが、心配して追って来たお六の「御家再興を願い出るように」という説得で、思いとどまる二人だった…幕




六の夫・喜兵衛だが、お六は以前、竹川に仕えていたという人間関係。

## 土手のお六が大活躍

土手のお六は、女性ながらゆすりや殺人をする毒婦《どくふ》キャラだが、ねっからの悪人ではなく、きっぷがよくて元上司のために奔走する情の人。お六の活躍は、見どころでもある。

## 〈向島道行〉の場までのあらすじ ※2

油屋から義光を盗むところをお染に見られた喜兵衛は、番頭・善六の用意した駕籠《かご》でお染を拉致《らち》。追いかけようとした久松は、喜兵衛を斬ってしまうが義光を手に入れ、お染の後を追いかけた。

## 早替りは流行だった!?

南北がこの作品を書いた文化文政期、一人で何役も踊り分ける「変化舞踊」が大流行。本作も初演当時、大ヒットロングランを記録したという。

# 衣裳の模様カタログ

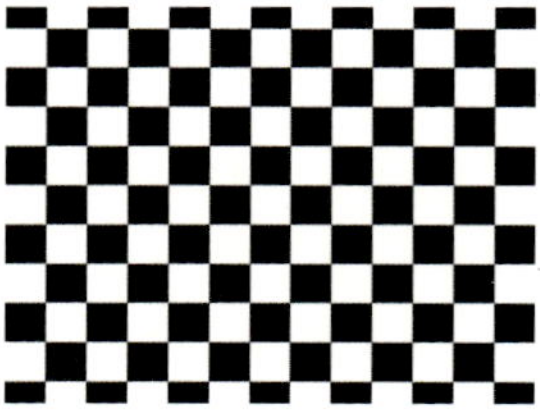

**市松模様《いちまつもよう》**

基盤の目のようなデザイン。江戸中期に活躍した初代佐野川市松が『高野心中』という芝居で白と紺の正方形を交互に配した袴を着用したのをきっかけに流行。

**かまわぬ**

カマ・輪・「ぬ」の文字を配して「かまわぬ」と読ませる。町奴（まちやっこ ※町人出身の侠客）が着ていたのを、江戸後期、七代目市川團十郎が着用し復活流行。

## 歌舞伎役者は江戸のファッションリーダー

歌舞伎が庶民の間で広まるにつれ、スターである歌舞伎役者はあこがれの存在に。衣裳をまねる人も多く、そこから流行が生まれました。中には「市松模様」のように、今も一般に残っているデザインも少なくありません。

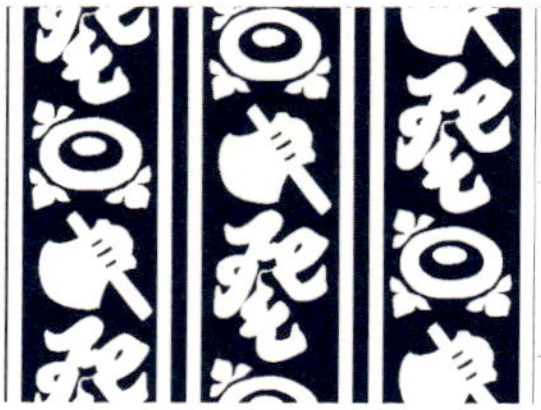

**斧琴菊《よきこときく》**

斧（よき ※斧（おの）の別称）・琴・菊を合わせて「善きこと聞く」と読ませる。一時廃れていた文様を、江戸後期に活躍した三代目尾上菊五郎が舞台で着たことで復活流行。

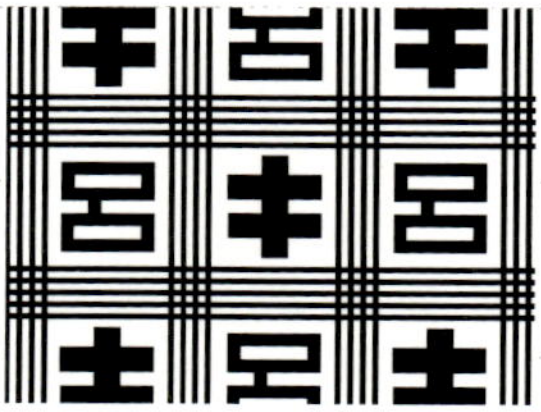

**菊五郎格子《きくごろうごうし》**

三代目尾上菊五郎が考案したと言われる、四本筋と五本筋の格子に「キ」と「呂」を配したデザイン。「キ」「九」「五」「呂」＝菊五郎を表す。

**芝翫縞《しかんじま》**

江戸後期、初代中村芝翫（三代目中村歌右衛門）が考案したと言われる。芝翫（しかん）＝四環の語呂合わせで、四本の縦縞と鐶（かん）つなぎを交互に配したデザイン。

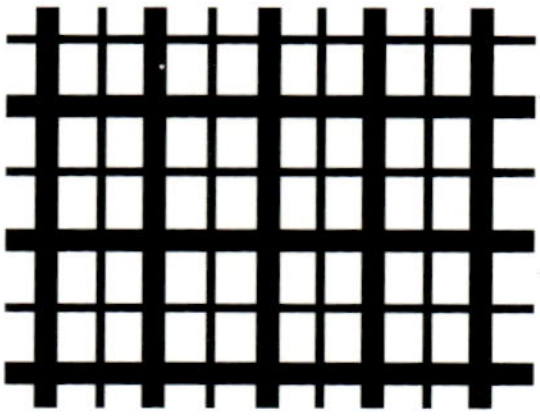

**高麗格子《こうらいごうし》**

太細を交互にした格子模様。江戸後期、四代目松本幸四郎が舞台で着用し流行。屋号「高麗屋」にちなんで、「高麗格子」または「高麗屋格子」とも呼ばれる。

**花かつみ**

「花かつみ」は水草の一種。以前からあった文様だが、江戸後期に活躍した三代目坂東三津五郎が舞台で着用し流行。

**半四郎鹿子《はんしろうかのこ》**

江戸後期、五代目岩井半四郎が八百屋お七を演じたとき、浅葱色（あさぎいろ）の「麻の葉鹿子（あさのはかのこ）」を着たところ大流行。以後、半四郎鹿子と呼ぶようになった。

PART Ⅱ

50演目を観てみよう

第12章

# とりつかれ、獅子の精…舞踊もいろいろ

44

# 娘道成寺

MUSUMEDOJYOJI

本名題『京鹿子娘道成寺《きょうがのこむすめどうじょうじ》』

## 愛する男を焼き殺した清姫の亡霊が…

振った男を恨んで、隠れていた鐘ごと焼き殺した伝説※1がもとにゃんだが…
ひぇ〜〜
桜が満開の道成寺
筋は怖いけど、いろいろな女心を踊り分けるのが見どころの華やかな舞台だにゃん!
よーぉ
ポンポポン
ピィー
最初の舞の伴奏は鼓《つづみ》と笛で能の世界だにゃん
花子、鐘を気にしてるにゃ…
→鐘供養に来た白拍子（しらびょうし）（芸を見せる遊女）の花子。実は、僧・安珍に振られたのを恨み、大蛇となって道成寺の鐘ごと安珍を焼き殺し、自身も息絶えた清姫の幽霊
三味線が入って長唄が始まったにゃん
♪鐘に恨みはかずかずござる〜♪
道成寺は女人禁制だけど、舞を舞うから入れてと頼み込んだにゃん
ポイント
引抜《ひきぬき》
わっ、早替り!

作者：作詞＝藤本《ふじもと》斗文《とぶん》、作曲＝初代杵屋《きねや》弥三郎《やさぶろう》

初演：一七五三（宝暦三）年三月江戸・中村座。

概要：**歌舞伎舞踊**の「道成寺物」の代表作。能の『道成寺』を歌舞伎風にアレンジ。一人の役者が約一時間、**多様な女心を踊り分けるので「女方舞踊の大曲」**とも言われる。**安珍清姫《あんちんきよひめ》伝説をベース**に、

**安珍清姫伝説** ※1

清姫は僧・安珍に恋をしたが、修業中の安珍は逃走。怒った清姫は安珍が隠れた道成寺の鐘ごと焼き殺す、という道成寺（和歌山県）に伝わる伝説。**道成寺伝説**とも言う。

**百以上ある道成寺物**

安珍清姫伝説をテーマにした作品は、**道成寺物**と呼ばれる。歌舞伎の

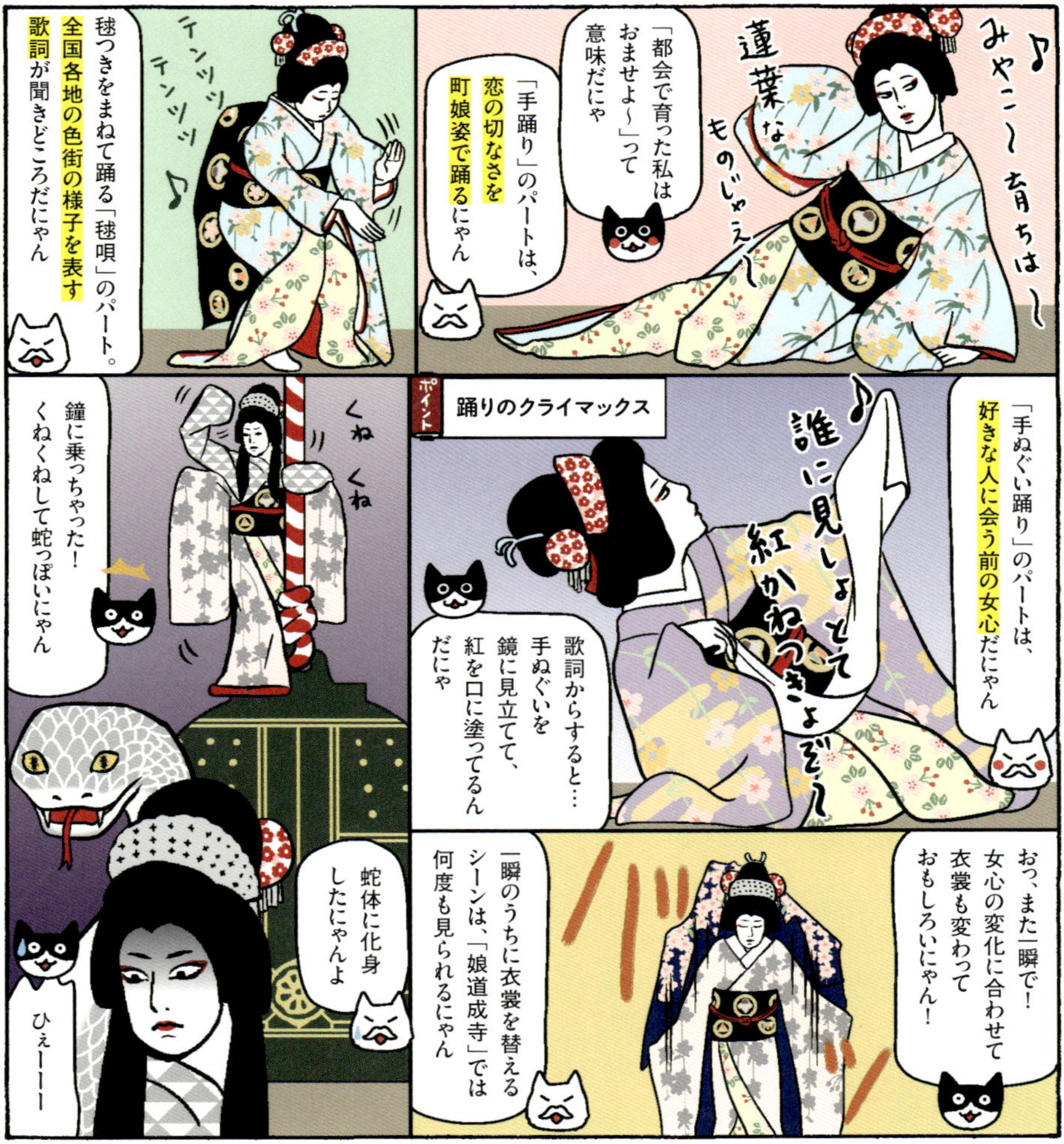
みやこ〜 育ちは〜
蓮葉なものじゃえ〜
「都会で育った私はおませよ〜」って意味だにゃ
「手踊り」のパートは、恋の切なさを町娘姿で踊るにゃん
テンツツ テンツツ
毬つきをまねて踊る「毬唄」のパート。全国各地の色街の様子を表す歌詞が聞きどころだにゃん
ポイント 踊りのクライマックス
「手ぬぐい踊り」のパートは、好きな人に会う前の女心だにゃん
誰に見しょとて紅かねつきょぞ〜
歌詞からすると…手ぬぐいを鏡に見立てて、紅を口に塗ってるんだにゃ
くね くね
鐘に乗っちゃった！くねくねして蛇っぽいにゃん
おっ、また一瞬で！女心の変化に合わせて衣裳も変わっておもしろいにゃん！
一瞬のうちに衣裳を替えるシーンは、「娘道成寺」では何度も見られるにゃん
蛇体に化身したにゃんよ
ひぇーーーー

他、能や文楽でも数多く作られ百以上ある。本作をもとに二人で踊る『男女《めおと》道成寺』、二人の女方で踊る『二人《ににん》道成寺』、狂言師に扮した立役が踊る『奴《やっこ》道成寺』など、さまざまなバリエーションもある。

## 美しさに負けた僧たち

物語は、清姫が安珍を焼き殺した事件後。舞台では再興された鐘供養を行うところ。事件以来、道成寺は女人禁制だが、白拍子が舞を舞うと願うので、その美しさに見ほれた僧たちは承知してしまう。

## クライマックスは「クドキ」

音曲で心情が訴えられている部分を「クドキ」というが、「手ぬぐい踊り」のパートでの「恋の手習いつい見習いて〜」から始まる部分が、この演目のクドキ。自分を振った男に対する恨みを切々と歌い踊るクドキのシーンは、多様な女心のクライマックスだ。

45

# 藤娘

FUJIMUSUME

本名題『歌へすぐ《かえすがえす》余波《おなごり》大津絵《おおつえ》』

藤の精が娘の姿になって、意のままにならない男のことを思い嘆く女心を、切々と踊るにゃん。とりたててストーリーはなくて、娘の愛らしい踊りが見どころの人気舞踊だにゃん
暗くて何も見えないにゃ
暗い舞台のなか長唄が流れる。一節が切れたところでぱっと明るくなり…舞台には、松の大木にからみついた藤の花。その前に娘姿の藤の精が立っている
パッ
わぁー、暗かったのは鮮やかさを際立たせるための演出か！ にくいにゃー
いとしと書いて藤の花 エエ しょんがいなー
松が男、藤が女を表しているにゃん。笠をかぶっているのは、人目を逃れるため。人目を忍んで会いに来たわけだにゃん
娘すがたの恥ずかしや
お、変身!?
男ごころの憎いのは ほかのおなごに 神かけて あはづと三井《みい》のかねごとも 堅い誓いの石山に
男って憎らしいワ、他の女に会わないって誓ったくせに～ってすねてるの～♪
師匠、キャラが変わってきた？
こころ矢橋のかこちごと
ポイント
近江八景を読み込んだクドキ


## 藤の花が咲く舞台で藤の精が舞う

作者：作詞＝藤井源八《ふじいげんぱち》、作曲＝四代目杵屋六三郎《きねやろくさぶろう》、振付＝藤間大助《ふじまだいすけ》、四代目西川扇蔵《にしかわせんぞう》

初演：一八二六（文政九）年、江戸・中村座。

概要：**歌舞伎舞踊**で**変化物《へんげもの》**というジャンルの一つ。音楽は長唄。

### もともとは五変化舞踊の一つ

短かい舞踊を組み合わせ、一人の踊り手が次々と違う人物に変化して踊る「**変化舞踊**」は、江戸時代後期の文化文政期に流行。近江（滋賀県）の大津絵の題材からとった五役を、一人の女方が踊り分ける五変化舞踊として、江戸時代は演じられていた。五変化舞踊のうちの一曲が「藤娘」で、絵から出て来た娘が踊るという趣向だった。

ここで、上手、下手、中央と順にお辞儀をする演出
動きがかわいいにゃー
ペこり
ちょこまか
ちょこまか
パチパチ
ここからは少しお酒を飲んで愛しい男を思う「藤音頭」※1
藤の花房
色よく長く
可愛いがろとて
酒買うて
飲ませたら
ふら～り
藤の木に飲ませてから、恋人に進められて飲む、という状況を表しているにゃん
酔っぱらってるにゃ（笑）
「藤音頭」が終わると明るい拍子で浮き浮き…
恋に悩んでいた少女が、「藤音頭」で大人の女性に成長したみたいだ。いろいろ吹っ切れて…大人になるってこういうことかにゃ
宵寝まくらの
まだ寝が足らぬ
藤にまかれて
寝とござる
これじゃ寝不足～。もお松にからみついて寝たいわー
すっかり大人の女性。ん？ 師匠、どうした…
鐘の音で我に返った娘は、枝をかついで名残りを惜しむように藤の花の中に帰って行く…
空もかすみの夕照に
名残惜しみて　帰る雁金《かりがね》
ゴ～ン！
はっ、夢みたいにきれいな舞台だったにゃん！
目が覚めたか…
いろんな意味でよかった

**新演出が定番に**

一九三七（昭和十二）年、六代目尾上菊五郎が、藤の精が抜け出て踊るという新たな解釈で演出を一新。岡鬼太郎に依頼した「藤音頭」※1を新たに加え、『藤娘』として独立させた。現在演じられるのは、この六代目菊五郎バージョン。

**観客を楽しませる工夫**

暗いままで幕が開き「チョン」という柝《き》を合図にパッと明るくなる。そこには、藤の花がからみついた松の大木の前に娘姿の藤の精が立っている。これも、六代目菊五郎による新演出の一つだ。

**少女から大人の女性へ**

前半は、男性の浮気性をなじってすねてみせたり、女心を愛らしく表現。そして「藤音頭」では、お酒を少し飲まされて恋しい男性を想いながら踊る。少女から大人の女性へ成長していく姿を想像できる。

46

# 鏡獅子

KAGAMIJISHI

本名題『春興鏡獅子《しゅんきょうかがみじし》』

## かわいい女の子が獅子に変身！

ここは江戸城内。お鏡曳き《かがみひき》※1という正月の行事の余興《よきょう》で、上様の希望により小姓《こしょう》・弥生《やよい》が踊ることになった
一人の役者が女方と立役を演じるのが見どころだけど、後半のクライマックスの毛振《けぶ》りは最高の見せ場だにゃん
老女たちに手を引かれて出てくるが、恥ずかしがって逃げてしまう。再び連れ出され、舞う覚悟を決める
恥ずかしがって、かわいいにゃー
恥じらっていた少女がじょじょに踊りにのめり込んでいくんだけど、見ている側も自然と引き込まれるにゃんよ
川崎音頭を華やかに踊りながら、どんどん踊りの世界にのめり込んでいく
春は花見に心移りて山里《やまざと》のお〜谷の川音《かわおと》雨とのみ〜
あんなに照れていた子が、上手に踊ってかっこいいー！
ひら ひら
風のそよぎとかを扇で表す、見立てる振りが見どころでもあるにゃんね
おぼろ月夜や〜、ほととぎす
ほととぎすの行方《ゆくえ》を追う目の使い方は大事なところだにゃん
続いて二枚の舞扇を使っての踊り
咲き乱れたる
くるん くるん
↑二枚の扇を重ねて指でくるくる回して、牡丹（ぼたん）の花が咲き乱れる様子
↓扇を右から左へキャッチ！ 風の香りをのせて牡丹の花々が波のように揺れている様子
風の香《か》ある花のなみ
パシッ
弥生ちゃんたら、すごいテクニックの持ち主！
舞はいよいよクライマックスへ。弥生が獅子頭《ししがしら》を手にすると蝶が飛んで来て、獅子頭は蝶を追って勝手に動き出してしまう
あっ、獅子頭に魂が入ったみたいに動き出したにゃ！
カッ カッ カッ


作者：作詞＝福地桜痴《ふくちおうち》、作曲＝三代目杵屋正次郎《きねやしょうじろう》、振付＝九代目市川團十郎、二代目藤間勘右衛門《ふじまかんえもん》

初演：一八九三（明治二十六）年三月、東京・歌舞伎座。

概要：**歌舞伎舞踊の石橋物《しゃっきょうもの》というジャンルの代表作**。「新歌舞伎十八番」の一つ。九代目市川團十郎が舞踊『枕獅子』にヒントを得て、舞台を廓から千代田城の大奥に変えて初演。それ以降、途絶えていたが、六代目尾上菊五郎が再演し、上演を重ねながら大成させた。現在、歌舞伎舞踊を代表する人気作の一つ。

### 道成寺物と並び歌舞伎舞踊の二大ジャンルの一つ

**石橋物**は、能の『石橋』をもとに作られた舞踊のこと。『石橋』には中国の聖地・清涼山《せいりょうざん》に住む霊獣《れいじゅう》・獅《し》子が登場することから**獅子物《ししもの》**とも呼

そして弥生は、獅子頭の力に引きずられて…
ポイント 踊りのクライマックス
右手は獅子頭に引っ張られているけど、身体はその場にとどまろうとしている様子を演じるのが見どころだにゃん
弥生が花道から姿を消すと、舞台には胡蝶《こちょう》の精が二人現れた。蝶の心情の歌に合わせて、楽しく踊る
←子役たち→
かわいいにゃー
「世の中に花がなかったら私たちはどこに宿を借りればよいのだろう」と軽快に展開。音楽と振り、足拍子の間《ま》が楽しい
やがて弥生に乗り移った獅子の精が花道から登場
ピィー
ポン!
えっ、弥生ちゃんが!?
一瞬、眠りについた獅子を胡蝶の精たちが起こすと…
ポンッ
ぱちっ
目を覚ました獅子は狂ったように胡蝶を追いまくる
←髪を前に垂らすようにして右左に振り、一足ずつ後退する「髪洗い」
←白い毛を片側に回す「巴（ともえ）」
ポイント 毛振り※2
←右と左へ叩きつけるように振る「菖蒲（しょうぶ）たたき」
ポン!
激しい毛振りの後、獅子の座に直って幕
パチ
パチ

ばれる。

**お鏡曳《かがみひ》き** ※1
大名から贈られた鏡餅を、城内で引いてまわる行事のこと。

## 女小姓と獅子の精を一人の役者が演じ分ける

前半の愛らしい女小姓、後半の勇壮な獅子は同じ役者が演じる。女方と立役で、なおかつ両極端な役柄を踊り分けるのは難しいと言われている。

## クライマックスは迫力満点の毛振り ※2

終盤の**「毛振り」**は歌舞伎のオリジナルで、最大の見どころ。長い髪を前に垂らして左右に振る**「髪洗い」**、巴の文字のように長い毛を回す**「巴」**、大地をたたきつけるように左右に毛を大きく振る**「菖蒲たたき」**など、華やかで迫力のあるさまざまな振り方を見ることができる。

47

# 連獅子

RENJISHI

## 獅子伝説に役者親子の情愛がオーバーラップ

親獅子が子獅子を谷に突き落とし、駆け上がってきた子だけ助けるという故事《こじ》がストーリーの軸。
歌舞伎役者の実の親子が親獅子・子獅子を演じることがよくあって、感慨深いものがあるにゃん
歌舞伎の親子は師匠と弟子でもあるからにゃ…
舞台は聖地・清涼山《せいりょうざん》。獅子頭を持った狂言師の右近《うこん》と左近《さこん》が、石橋《しゃっきょう》（神仏の力で出現する橋）のいわれや清涼山の様子を舞で見せる
↓白い手獅子を持った右近
↓赤い手獅子を持った左近。前髪があるのは子どもという印
最初は狂言師だけど、踊っているうちに獅子の精が乗り移るにゃん
獅子の親子の様子を踊り始める二人。子獅子は親獅子に、登っては突き落とされ、登っては突き落とされ…
強臆ためす親獅子の、恵みも深き谷間へ、蹴落とす子獅子はころころころ…
コロコロコロ…
→谷底に転がり落ちる様子
ううっ、がんばれ子獅子!!
木蔭にしばし休らひぬ
↓登り疲れて休んでいる様子
登り得ざるは臆せしかあら育てつるかひなやと
親獅子は、子獅子が登って来れるか心配だにゃん
タン タン タン
水にうつれる面影を、見るより子獅子は勇み立ち…駈上りたる勢ひは、目覚しくもまた勇ましし
心配している親獅子の顔が水面に映って、それを見た子獅子が気持ちを奮い立たせて勢いよく登るにゃん!
けなげー!
喜び合う親子の獅子
迎える親獅子の姿が感動的だにゃ

作者：作詞＝河竹黙阿弥《かわたけもくあみ》、作曲＝三代目杵屋正次郎《きねやしょうじろう》

初演：一八七二（明治五）年、東京・村山座。

概要：**歌舞伎舞踊**の**石橋物**。**松羽目物**。音楽は長唄。能の『石橋《しゃっきょう》』の演出にある白頭《しろがしら》と赤頭《あかがしら》の親子獅子の舞を歌舞伎にアレンジしたもの。

### 松羽目の舞台の始まり

一九〇一（明治三十四）年、二代目市川段四郎と四代目市川染五郎（後の七代目松本幸四郎）が上演した際、背景を松羽目にしたのをきっかけに、現在までその様式が継承されている。

### 人気の親子共演

親獅子と子獅子を実際の役者親子で舞うことがよくある。芸の修業の厳しさと親子の愛情が自然と連想さ

二人は手獅子を再び手にし、蝶を追って去っていく
よかった、よかった～
やがて石橋に現れたのは、法華宗と浄土宗のそれぞれの僧。互いに自分の宗派が優れていると言い争いになり、法華宗の僧がお題目「南無妙法蓮華経《なむみょうほうれんげきょう》」を、浄土宗の僧が念仏「南無阿弥陀仏《なむあみだぶつ》」を唱えるが…
れんげきょー、
カン
なむだー、
タン
こりゃとりちがえた
あれ逆になっちゃった（笑）
吹きつける暴風に二人は慌てて逃げていく
獅子がやって来るのではあるまいか
ピョコ
ピョコ
こうしてはいられぬわい
石橋に、親獅子の精と子獅子の精が現れた。牡丹《ぼたん》の花にたわむれて遊び始める
いよいよ人気の場面が始まるんにゃ！
ポイント
毛振り
てんてんてけてけ
てんてんてんてん
ピッピッピッ
舞い納めて、獅子の座へ
パチパチ
パチパチ
わーっ



れ、胸に迫るものがある。

## 親子の役柄は色で区別

連獅子では、白は親・赤は子と、色で親子を区別。前半は狂言師の持つ手獅子の毛と「しころ」と呼ばれる布の色で示す。後半は、親は白頭、子は赤頭と、頭の色で示される。

## 親子の情愛

色の違いに加え、親獅子役は落ち着いた威厳を感じさせる動き。一方の子獅子役は、活発で若々しい動き。こうした役柄の違いの表れが、前半の見どころである親子の情愛をより印象的にしている。

## 息の合った毛振りが見どころ

自分の背よりも長い獅子の毛を、大きな弧を描きながらぐるぐる回すのは、相当な体力が必要。親子の毛振りがピタッと重なるときには、息の合った演技に観客から大きな拍手が沸き起こる。

# 「大向う《おおむこ》」とは?

**にゃんざえもんのワンポイントアドバイス**

掛け声で多いのは、役者の屋号。あとは「四代目!」などと、名跡(みょうせき)の代数を呼ぶこともあるにゃん。名跡は、代々受け継がれている名前のことだにゃん。

## 参加資格はないけれど…

掛け声には掛けどころがあります。中には、大向うの掛け声を利用した演出が定着しているものもあり、例えば『お祭り』では、客席から「待ってました!」と声が掛かると、役者が「待っていたとはありがてえ」と応える場面があります。舞台を盛り上げる大事な役割を担っているだけに、プロ化した会が存在し、そこに所属している人たちが「大向う」として声掛けを行っています。

## 上演中に客席から声を掛ける人たち

上演中に客席から、役者の屋号《やごう》である「成田屋!」「松島屋!」などと、掛け声が聞こえることがあります。こうした声をかける人たちを「大向う」と呼びます。もともとは、舞台から見て一番後方の席をさす言葉で、客席の最上階の後方や立見席のことでした。このあたりの席に、声を掛ける人が集中していることから、“大向うさん”と呼ばれるようになったそうです。「大向う」の掛け声は、歌舞伎見物になくてはならないものになっています。

お客さんも
一緒になって舞台を盛り上げる
歌舞伎の楽しみ方も、
今に継がれてきたんだにゃ

待ってました!
待っていたとはありがてえ

PART Ⅱ

50演目を観てみよう

第13章

# 美女が鬼に〝ぶっかえり〟

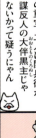

48

# 関の扉

SEKINOTO

本名題『積恋雪関扉《つもるこいゆきのせきのと》』

## 桜の精と謀反人がそろって〝ぶっかえり〟

ここは逢坂山《おうさかやま》の関――。雪が積もる庭に、先の帝《みかど》が愛した「小町桜」がなぜか満開だった
←ここで暮らしている良峯宗貞（よしみねのむねさだ）
←関を守る関守（せきもり）の関兵衛（せきべえ）
宗貞《むねさだ》は、亡くなった帝の忠臣だったけど政変に巻き込まれ、ここでわびしく暮らしているにゃん
そこへ、都に暮らす宗貞の恋人・小野小町姫が通りかかる
←小野小町姫は赤姫ファッション
宗貞が奏でる琴に引かれ関の扉に歩み寄ると…
なんだか、あやしいぞ？
若い女性の一人旅を怪しんで、関兵衛があれこれ難題を吹っかけるにゃん
そこへ宗貞が表れ恋人の小町姫と分かり、ともに喜ぶ関兵衛《せきべえ》だったが、その懐《ふところ》から「勘合《かんごう》の印《いん》」と「割符《わりふ》」がポロリ…
ポロリ
やっ これは…
それは…
この二つは帝が失脚した証拠品だにゃん
宗貞と小町姫が二人きりになったところへ、一羽の鷹が片袖を運んで来た
弟・安貞《やすさだ》の片袖。血文字は中国の故事の例えで、自らの死を知らせたにゃん
←袖には「二子乗舟」の血文字
片袖を庭石に置くと、鶏の姿が描かれた鏡が…
鏡は「八声《やごえ》の鏡」で大伴家の重宝。二人は関兵衛が謀反人の大伴黒主《おおとものくろぬし》じゃないかって疑うにゃん
琴の裏に袖を隠しこの出来事を報告するため、小町姫は都へ
夜の庭では、関兵衛が雪見酒。大盃に映った星で占うと「天下を取る」配置が示されていた
にんまり
宗貞たちの推理どおり、大伴黒主だにゃん


作者：作詞＝宝田寿来《じゅらい》、作曲＝初代鳥羽屋里長《とばやりちょう》・二代目岸澤式左《きしざわしきさ》、振付＝二代目西川扇蔵《にしかわせんぞう》

初演：一七八四（天明四）年十一月、江戸・桐座。

概要：**歌舞伎舞踊**。常磐津の代表作。六歌仙の伝説に謡曲「墨染桜《すみぞめざくら》」の筋を加えた『重重人重小町桜《じゅうにひとえこまちざくら》』という長編作品の大詰めの舞踊部分。現在では、ここだけが独立した形になり『関《せき》の扉《と》』（本名題『積恋雪関扉《つもるこいゆきのせきのと》』）として上演されている。

**平安の勇名歌人がモデル**

関守の関兵衛は、実は天下を狙う大悪人・大伴黒主《おおとものくろぬし》。良峯宗貞《よしみねのむねさだ》は出家前の僧正遍照《そうじょうへんじょう》。『古今和歌集』に記されている代表的な六人の歌人を「六歌仙《ろっかせん》」と言うが、登場人物の大伴黒主、遍照、そして小野小町の三人とも六歌仙だ。

大願成就を願う護摩木(祈祷に使う木)を作るため、まず琴を切ると…
落ちてきた片袖を手に入れて桜の木を伐ろうとしたら、体がしびれて気を失ったにゃん
暗くなったにゃ…
と、桜の幹の中に浮かぶ美しい女の姿…
←傾城の墨染(すみぞめ)、実は桜の精
目を覚ました関兵衛に、「あなたにあこがれて都から来た」と告げる。見知らぬ女の告白に疑いつつも、廓の恋のやりとりを教えてもらう
女郎買いをしたことがないが、廓の駆け引きは?
この残り香は、先に帰った客?…腹の立つ!
待ったァ〜
痴話ゲンカのまねごとを始めたにゃん
関兵衛が片袖を落とし…
この小袖は夫の形見…
我こそは…大伴黒主!
桜の精は傾城・墨染に変身し、安貞の恋人になってたにゃんよ
↓正体を現した桜の精
←正体を現した大伴黒主
激しく争う両者だった…幕

## おおらかな天明《てんめい》振《ぶ》り

関兵衛が小町姫に難題を吹っ掛ける場面では、**江戸天明期の歌舞伎特有のおおらかさが感じられる振りが特徴的**。少し体を丸くする踊り方は、初演で演じた初代中村仲蔵《なかぞう》が工夫したもので、その名から**「仲蔵振り」または「天明振り」**と呼ばれる。

## 天明歌舞伎の特徴が分かる

大らかな作風が喜ばれた天明期、スケール感のある様式が完成されたとも言われている。またこの時期、立役も舞踊を演じるようになった。本作は、そうした天明歌舞伎の特徴を伝える代表的作品。

## 公家悪へ“ぶっかえり”

親しみやすいキャラの関兵衛が、スケールの大きい**公家悪**の大伴黒主へ**「ぶっかえり」**。墨染も負けじと髪型を変え、桜の精の本性を現す。観る側の気持ちも別世界へ瞬間移動してしまうのが、ぶっかえりの魅力。

49

# 紅葉狩

MOMIJIGARI

『紅葉狩《もみじがり》』は、竹本・長唄・常磐津の三つの音曲《おんぎょく》で伴奏される舞踊だにゃん
紅葉を狩る?
紅葉を見物する行楽のことを「紅葉狩」と言うにゃん。秋の行楽シーズンに紅葉を見たいのは、今も昔も同じ。そういう変わらない文化を知るのも、歌舞伎の面白さの一つかもにゃ
平維茂《たいらのこれもち》は従者を伴い戸隠山《とがくしやま》へ紅葉狩りに訪れた
平維茂
→烏帽子(えぼし)
←狩衣(かりぎぬ)
信濃路にその名も高き戸隠のお〜
↑常磐津
平維茂は従者を連れて紅葉狩ぃ〜
↑竹本
そこには、宴をしている身分の高そうな姫と侍女たち
←更科姫(さらしなひめ)。実は戸隠山の鬼女
一人の役者が、前半ではしとやかなお姫様、後半では激しい動きで戦う鬼女を踊り分けるのが『紅葉狩』の見どころだにゃん
更科姫と名乗る姫が「ご一緒したい」と誘ってきたので、すすめられるまま酒をどんどん飲んでしまう
なみなみならぬ銘酒ゆえ、思わぬ酔を覚えしぞ
維茂が姫に舞をお願いすると、恥ずかしがりながらも舞い始めるにゃん
あらしに散りて紅《くれない》の〜
↑常磐津
水をしめなす〜
↑長唄
ポイント
二枚扇《にまいおうぎ》※1

## 紅葉狩で出会った姫の正体は…

作者：作詞＝河竹黙阿弥《かわたけもくあみ》、作曲＝六代目岸澤式佐《きしさわしきさ》（常磐津）・鶴澤安太《つるざわやすた》郎《ろう》（義太夫）・三代目杵屋正次郎《きねやしょうじろう》（長唄）振付＝九代目市川團十郎。

初演：一八八七（明治二十）年十月、東京・新富座。

概要：**新歌舞伎**。九代目團十郎が制定した**「新歌舞伎十八番」**の一つ。信州（長野県）に伝わる伝説をもとにした能の『紅葉狩《もみじがり》』を歌舞伎化したもの。音楽は常磐津・義太夫・長唄の掛合。

### 姫と鬼を同じ役者が演じる

信州・戸隠山《とがくしやま》へ紅葉狩りに訪れた平維茂《たいらのこれもち》は、更科姫《さらしなひめ》という姫から酒をすすめられ酔いつぶれてしまう。更科姫は鬼女の正体を現し維茂を襲うが、名刀小烏丸《こがらすまる》のおかげで難を逃れた、というストーリー。

前半の見どころは更科姫が二枚の

酒に酔い
うたた寝を始めた
維茂の様子を
うかがう更科姫
維茂が熟睡したのを確認した更科姫は山へ姿を消す。入れ替わり、山神《やまのかみ》が現れた
やがて目を覚ました維茂は、更科姫たちの姿がないのは怪しい、さては鬼女に違いないと気づき、山の中に探しに入る。が、従者二人は怖がってあわてて山を下りていく
つん つん
↑杖で突つく
やさ やさ
↑肩をゆする
ダン ダン
↑じたんだを踏む
「山奥には鬼神がいて人を取って食うから、こんなところで寝ていたら命は風前の灯同然」と、山神は杖を突いたりして一生懸命、起こそうとしているにゃん
全然起きない。あーあ、山の神があきれて帰っちゃうよ
ぱち
ぴゅー
維茂に追われて出てきたのは、すさまじい形相の鬼女
あのしとやかなお姫様が、こ、こわい…
維茂は平家に伝わる名剣小烏丸《こがらすまる》の力で、鬼女を追い詰めていく…幕
更科姫と同じ役者が鬼女なんだよねぇ、演じ分けがすごいにゃ…

扇を曲芸のように扱う「二枚扇《にまいおうぎ》」※1。九代目團十郎の振付で、姫役の踊りとしては大胆な振りとして知られる。後半は、美しい更科姫が怖ろしい形相の鬼で姿を現す。対照的な役柄を一人の役者がどう演じ分けるのかが見どころだ。

### 史実に基づいた衣装

維茂の烏帽子《えぼし》に狩衣《かりぎぬ》という服装は史実にもとづいたもの。初演当時の明治期、九代目團十郎は歌舞伎をより高尚な演劇にしようと、時代物の演出などを史実にもとづいたものに見直していた。そうして新たに生まれた作品を活歴物《かつれきもの》と言ったが、本作もその影響を受けている。

### 珍しい三方掛合《さんぼうかけあい》

舞踊の伴奏が複数出て、順番または交互に演奏することを「掛合《かけあい》」という。本作は、常磐津、義太夫、長唄、の「三方掛合」という演奏方法。

50

# 鳴神

NARUKAMI

本名題『雷神不動北山桜《なるかみふどうきたやまざくら》』

## 高僧も美女の誘惑にはメロメロ

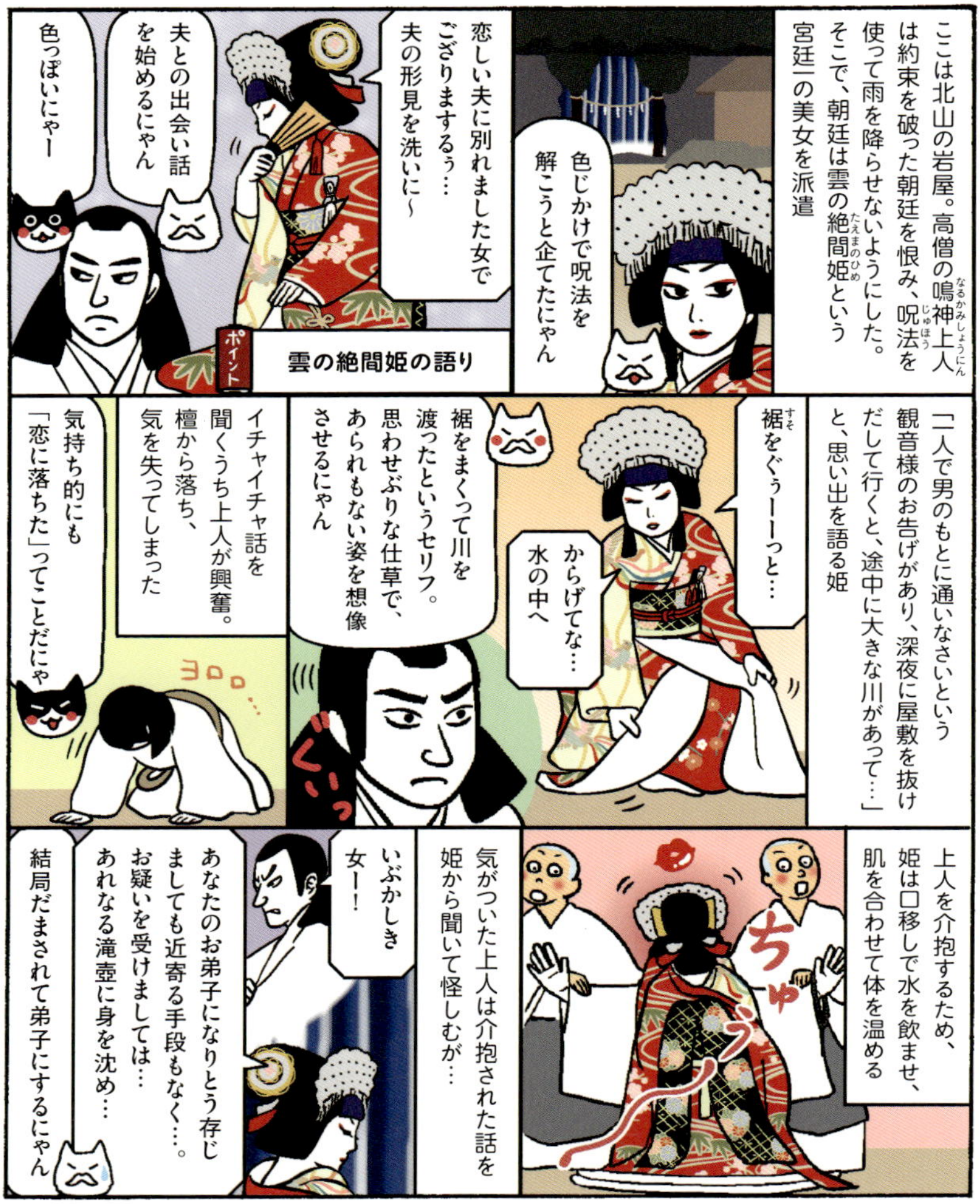

ここは北山の岩屋。高僧の鳴神上人《なるかみしょうにん》は約束を破った朝廷を恨み、呪法《じゅほう》を使って雨を降らせないようにした。そこで、朝廷は雲の絶間姫《たえまのひめ》という宮廷一の美女を派遣
色じかけで呪法を解こうと企てたにゃん
ポイント
雲の絶間姫の語り
恋しい夫に別れました女でござりまするぅ… 夫の形見を洗いに～
夫との出会い話を始めるにゃん
色っぽいにゃー
「二人で男のもとに通いなさいという観音様のお告げがあり、深夜に屋敷を抜けだして行くと、途中に大きな川があって…」と、思い出を語る姫
裾《すそ》をぐぅーーっと…
からげてな… 水の中へ
裾をまくって川を渡ったというセリフ。思わせぶりな仕草で、あられもない姿を想像させるにゃん
ぐいっ
イチャイチャ話を聞くうち上人が興奮。檀から落ち、気を失ってしまった
ヨロロ…
気持ち的にも「恋に落ちた」ってことだにゃ
上人を介抱するため、姫は口移しで水を飲ませ、肌を合わせて体を温める
ちゅう
気がついた上人は介抱された話を姫から聞いて怪しむが…
いぶかしき女ー！
あなたのお弟子になりとう存じましても近寄る手段もなく…。お疑いを受けましては…あれなる滝壺に身を沈め…
結局だまされて弟子にするにゃん


作者：津打半十郎《つうちはんじゅうろう》・安田蛙文《やすだあぶん》・中田《なかだ》万助《まんすけ》らの合作。
初演：一七四二（寛保二）年一月、大坂・佐渡嶋長五郎座。
概要：全五幕の『雷神不動北山桜《なるかみふどうきたやまざくら》』のうち四幕目〈岩屋の場〉が独立したもの。「歌舞伎十八番」の一つ。

**美女が仕掛ける恋に徐々に堕ちていく上人**

雲の絶間姫《たえまのひめ》は、死に別れた夫の形見を洗う水を求めて岩屋に来たとウソをつく。そして偽りの恋物語を、身振り手振りを交えた、いわゆる「仕方話《しかたばなし》」で思わせぶりに語る。下品にならないよう、色じかけで上人を誘いこむ流れは前半の見どころであり、姫役の腕の見せどころ。

**絶間姫の原動力、それは恋の力**

絶間姫のミッションは、色じかけ

急に具合が悪くなったふりをする姫。上人が治してあげようと、着物の中に手を入れ…
よいか、よいか～
心ようござんす…
きゃーーーー！
地獄に堕ちてもいいからと、とうとう姫にプロポーズ
堕落した～。生きながら地獄へ落ちた
固めの杯をしたいと、姫は上人にどんどん酒を飲ませるにゃん
上人が酔って寝入ると、しめ縄を切り、竜神を解き放って雨を降らせた
目的を果たしたとたん逃げたー！
目を覚ました上人は、姫にだまされたことを知り、怒りの形相
→怒りを表す隈取り
→怒りを表す髪が逆立ったいがぐりの髪型
口惜しいぃぃ!!
ポイント ぶっかえり
白無垢の衣裳がぶっかえると、火炎の衣裳。ここからは荒事で、いろいろな見得を見せてくれるにゃんよ
ポイント 荒事
引っ込みは「飛び六方」で姫を追いかけていく
バン
バ
「だまされた！」って共感できるせいか、荒事のあらあらしさが気持ちいいにゃー

で上人を堕落させ、雨を降らせること。姫が必死に頑張るのは、このミッションを成功させれば思いを寄せる文屋豊秀《ぶんやのとよひで》と結婚させてあげると、朝廷が約束したからだ。

## 勇ましい荒事の世界

だまされたと知った上人は、髪を逆立て、白無垢の衣裳から「ぶっかえり」で火炎の衣裳へ。その後は、炎となって荒れ狂う場面となる。柱に巻きつくように両手と片足をかけて見得をする「**柱巻きの見得**」をはじめ、正面を向いた「**四方祈りの見得**」、その他「**不動の見得**」など、勇壮な見得の連続で怒りを表す。

## 厳しく生きてきたからこそいったんキレるとすごい!?

立ち回りでは、止める弟子を相手に大暴れ。岩を投げ、あげくは弟子まで投げる。清く正しく行を積んできた高尚な上人が破戒したからこその怒りの強さが見どころだ。

歌舞伎役者には、
家ごとに「屋号」が
あるにゃんよ

# 家系図

〔　〕内は世代数

## 市川猿之助家
（いちかわえんのすけけ）

**【澤瀉屋】**
（おもだかや）

市川猿之助〔初〕
大正11年没
｜
長男
市川猿翁〔初〕
※前名猿之助〔2〕
昭和38年没
｜
長男
段四郎〔3〕
昭和38年没
├─ 長男
　猿翁〔2〕
　※前名猿之助〔3〕
　昭和14年生
　｜
　前妻の子
　市川中車〔9〕
　※俳優:香川照之
　昭和40年生
　｜
　長男
　市川團子〔5〕
　平成16年生
└─ 次男
　段四郎〔4〕
　昭和21年生
　｜
　猿之助〔4〕
　昭和50年生

## 市川團十郎家
（いちかわだんじゅうろうけ）

**【成田屋】**
（なりたや）

市川團十郎〔初〕
元禄17年没
｜
略
｜
團十郎〔7〕
安政6年没
├─ 長男
　團十郎〔8〕
　嘉永7年没
└─ 五男
　團十郎〔9〕
　明治36年没
　｜
　長女婿
　市川三升〔5〕
　※團十郎〔10〕追贈
　昭和31年没
　｜
　養子
　團十郎〔11〕
　※七代目松本幸四郎長男
　昭和40年没
　｜
　長男
　團十郎〔12〕
　平成25年没
　｜
　長男
　市川海老蔵〔11〕
　昭和52年生

## 尾上菊五郎家
（おのえきくごろうけ）

**【音羽屋】**
（おとわや）

尾上菊五郎〔初〕
天明3年没
｜
略
｜
養子
菊五郎〔3〕
嘉永2年没

├ 長女婿
菊五郎〔4〕
万延元年没

└ 次女婿
市村羽左衛門〔12〕
※十一代目羽左衛門次男
嘉永4年没
｜
長男
菊五郎〔5〕
明治36年没
｜
長男
菊五郎〔6〕
昭和24年没

├ 養子
尾上梅幸〔7〕
平成7年没
｜
長男
菊五郎〔7〕
昭和17年生
｜
長男
尾上菊之助〔5〕
昭和52年生

└ 娘婿
中村勘三郎〔17〕
中村勘三郎家へ

## 片岡仁左衛門家
（かたおかにざえもんけ）

**【松嶋屋】**
（まつしまや）

片岡仁左衛門〔初〕
正徳5年没
｜
略
｜
養子
仁左衛門〔8〕
文久3年没

├ 養子
片岡我當〔2〕
※仁左衛門〔9〕追贈
明治4年没

├ 三男
仁左衛門〔10〕
明治28年没
｜
養子
仁左衛門〔12〕
昭和21年没
｜
長男
我童〔13〕
※仁左衛門〔14〕追贈
平成5年没

└ 四男
仁左衛門〔11〕
昭和9年没
｜
養子
仁左衛門〔13〕
平成6年没

├ 長男
我當〔5〕
昭和10年生
｜
片岡進之介〔初〕
昭和42年生

├ 次男
片岡秀太郎〔2〕
昭和16年生
｜
養子
片岡愛之助〔6〕
昭和47年生

└ 三男
仁左衛門〔15〕
昭和19年生
｜
長男
片岡孝太郎〔初〕
昭和43年生
｜
長男
片岡千之助〔初〕
平成12年生

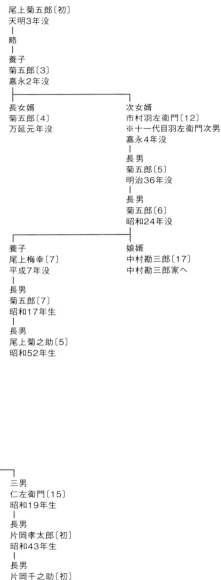

# 家系図

〔　〕内は世代数

## 中村歌右衛門家
（なかむらうたえもんけ）

**【成駒屋】**
（なりこまや）

中村歌右衛門〔初〕
寛政3年没
｜
略
｜
養子
歌右衛門〔5〕
昭和15年没

- 長男
  中村福助〔5〕
  昭和8年没
  ｜
  芝翫〔7〕
  平成23年没
  - 長男
    福助〔9〕
    昭和35年生
    ｜
    長男
    中村児太郎〔6〕
    平成5年生
  - 次男
    芝翫〔8〕
    昭和40年生
    - 長男
      中村橋之助〔4〕
      平成7年生
    - 次男
      中村福之助〔3〕
      平成9年生
    - 三男
      中村歌之助〔4〕
      平成13年生
- 次男
  歌右衛門〔6〕
  平成13年没
  - 養子
    中村梅玉〔4〕
    昭和21年生
  - 養子
    中村魁春〔2〕
    昭和23年生

## 中村鴈治郎家
（なかむらがんじろうけ）

**【成駒屋】**
（なりこまや）

四代目歌右衛門養子
中村翫雀〔3〕
明治14年没
｜
中村鴈治郎〔初〕
昭和10年没

- 次男
  鴈治郎〔2〕
  昭和58年没
  ｜
  長男
  坂田藤十郎〔4〕
  ※前名鴈治郎〔3〕
  昭和6年生
  - 長男
    鴈治郎〔4〕
    昭和34年生
    ｜
    長男
    中村壱太郎〔初〕
    平成2年生
  - 次男
    中村扇雀〔3〕
    昭和35年生
    ｜
    長男
    中村虎之介〔初〕
    平成10年生
- （娘婿）→ 中村富十郎家 富十郎〔4〕

## 中村富十郎家
（なかむらとみじゅうろうけ）

**【天王寺屋】**
（てんのうじや）

芳澤あやめ〔初〕
享保14年没
｜
三男
中村富十郎〔初〕
天明6年没
｜
略
｜
初代中村鴈治郎の娘婿
富十郎〔4〕
昭和35年没

- 長男
  富十郎〔5〕
  平成23年没
  ｜
  長男
  中村鷹之資〔初〕
  平成11年生
- 三男
  中村亀鶴〔初〕
  平成6年没
  ｜
  長男
  亀鶴〔2〕
  昭和47年生

## 中村吉右衛門家
（なかむらきちえもんけ）

**【播磨屋】**
（はりまや）

## 中村時蔵家あ
（なかむらときぞうけ）

**【萬屋】**
（よろずや）

## 中村勘三郎家い
（なかむらかんざぶろうけ）

**【中村屋】**
（なかむらや）

- 中村歌六〔初〕 安政6年没
  - 次男 歌六〔2〕 明治24年没
  - 三男 歌六〔3〕 大正8年没
    - 長男 中村吉右衛門〔初〕 昭和29年没
      - 養子 吉右衛門〔2〕 ※初代吉右衛門の孫、初代松本白鴎次男 昭和19年生
    - あ 次男 中村時蔵〔3〕 昭和34年没
      - 長男 中村歌昇〔2〕 ※歌六〔4〕追贈 昭和48年没
        - 長男 歌六〔5〕 昭和25年生
          - 長男 中村米吉〔5〕 平成5年生
          - 次男 中村龍之助〔初〕 平成7年生
        - 次男 中村又五郎〔3〕 昭和31年生
          - 長男 歌昇〔4〕 平成元年生
          - 次男 中村種之助〔初〕 平成5年生
      - 次男 時蔵〔4〕 昭和37年没
        - 長男 時蔵〔5〕 昭和30年生
          - 長男 中村梅枝〔4〕 昭和62年生
          - 次男 中村萬太郎〔初〕 平成元年生
        - 次男 中村錦之助〔2〕 昭和34年生
          - 長男 中村隼人〔初〕 平成5年生
      - 三男 中村獅童〔初〕 ※廃業
        - 長男 獅童〔2〕 昭和47年生
    - い 三男 中村勘三郎〔17〕 昭和63年没
      - 長男 勘三郎〔18〕 平成24年没
        - 長男 中村勘九郎〔6〕 昭和56年生
        - 次男 中村七之助〔2〕 昭和58年生

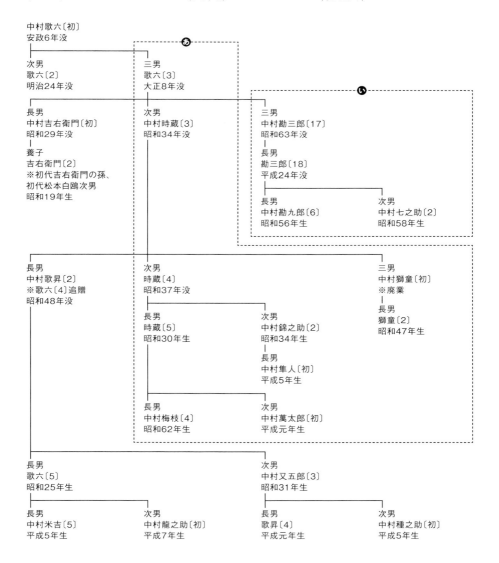

〔　〕内は世代数

## 坂東三津五郎家

(ばんどうみつごろうけ)

**【大和屋】**

(やまとや)

## 守田勘弥家 う

(もりたかんやけ)

**【喜の字屋、大和屋】**

(きのじや、やまとや)

う

守田勘弥〔12〕
明治30年没

長男
坂東三津五郎〔7〕
昭和36年没
｜
養子
三津五郎〔8〕
昭和50年没
｜
長女婿
三津五郎〔9〕
平成11年没
｜
長男
三津五郎〔10〕
平成27年没
｜
長男
坂東巳之助〔2〕
平成元年生

三男
勘弥〔13〕
昭和7年没
｜
養子
勘弥〔14〕
昭和50年没
｜
養子
坂東玉三郎〔5〕
昭和25年生

## 松本幸四郎家　尾上松緑家 え

（まつもとこうしろうけ）（おのえしょうろくけ）

**【高麗屋】**（こうらいや）　**【音羽屋】**（おとわや）

松本幸四郎〔初〕
享保15年没
｜
略
｜
幸四郎〔7〕
昭和24年没

長男
市川團十郎〔11〕
市川團十郎家へ

次男
松本白鸚〔初〕
前名幸四郎〔8〕
昭和57年没

- 長男
  幸四郎〔9〕
  昭和17年生
  ｜
  長男
  市川染五郎〔7〕
  昭和48年生
  ｜
  長男
  松本金太郎〔4〕
  平成17年生
- 次男
  中村吉右衛門〔2〕
  中村吉右衛門家へ

え

三男
尾上松緑〔2〕
平成元年没
｜
長男
尾上辰之助〔初〕
※松緑〔3〕追贈
昭和62年没
｜
長男
松緑〔4〕
昭和50年生
｜
長男
尾上左近〔3〕
平成18年生

娘婿
A へ

二代目松緑の弟子
尾上松助〔6〕
平成17年没
｜
長男
尾上松也〔2〕
昭和60年生

## 中村雀右衛門家　大谷友右衛門家

（なかむらじゃくえもんけ）（おおたにともえもんけ）

**【京屋】**（きょうや）　**【明石屋】**（あかしや）

A
六代目大谷友右衛門次男
中村雀右衛門〔4〕
平成24年没

- 長男
  大谷友右衛門〔8〕
  昭和24年生
  - 長男
    大谷廣太郎〔3〕
    平成4年生
  - 次男
    大谷廣松〔2〕
    平成5年生
- 次男
  雀右衛門〔5〕
  昭和30年生

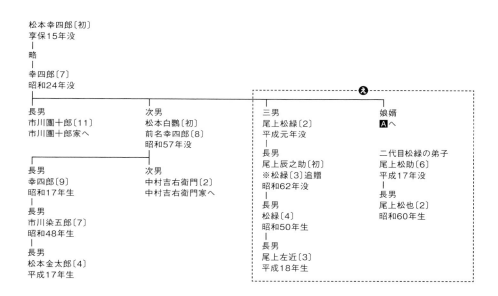

**監修:漆澤その子(うるしざわ・そのこ)**
1970年東京都生まれ。1993年筑波大学第一学群人文学類卒業。1999年筑波大学大学院博士課程歴史・人類学研究科単位取得退学。2001年博士(文学)。現在、武蔵大学人文学部教授。主な著書『歌舞伎の衣裳鑑賞入門』(共著・東京美術)、『明治歌舞伎の成立と展開』(慶友社)など。

**イラスト:永田ゆき(ながた・ゆき)**
1980年千葉県生まれ。『マンガでわかる仏像』(誠文堂新光社)のイラスト担当など。理想のタイプは「勧進帳」の富樫。
http://nagata-yuki.jimdo.com/

**取材・文・マンガ原作:嶋崎千秋(しまざき・ちあき)**
鎌倉市在住。日本文化を主とするライター。著書に『マンガでわかる仏像』『手づくりする竹のかごと器』(誠文堂新光社)など。

**主な参考文献**
(順不同)

『演劇百科大事典』
(平凡社)
『歌舞伎事典』
(平凡社)
『歌舞伎の衣裳』
(東京美術)
『カブキハンドブック』
(新書館)
『歌舞伎ハンドブック』
(三省堂)
『歌舞伎名作ガイド50選』
(成美堂出版)
『国史大辞典』
(吉川弘文館)
『名作歌舞伎50』
(世界文化社)
『名作歌舞伎全集』
(東京創元社)

あらすじ、登場人物《とうじょうじんぶつ》のキャラがひと目《め》で理解《りかい》できる

**マンガでわかる歌舞伎《かぶき》**

NDC 774

2017年5月12日 発　行
2023年4月3日 第5刷

編　者　マンガでわかる歌舞伎編集部《かぶきへんしゅうぶ》
発行者　小川雄一
発行所　株式会社 誠文堂新光社
〒113-0033 東京都文京区本郷3-3-11
電話03-5800-5780
https://www.seibundo-shinkosha.net/
印刷所　広研印刷 株式会社
製本所　和光堂 株式会社



ISBN978-4-416-51658-4

装丁・デザイン
佐藤アキラ